Fränkische Heimat

Copyright 1987
Oberfränkische Verlagsanstalt und Druckerei GmbH
8670 Hof (Saale)
Printed in Germany — Imprimè en Allemagne
ISBN 3-921615-74-7

Godehard Schramm

Fränkische Heimat

*Zeichnungen von
Peter Wörfel*

Oberfränkische Verlagsanstalt · Hof

*„ . . . in Form dieses Tagebuches . . .
wovon soll ich sprechen?
Von allem, was mich ergreifen oder
zum Nachdenken zwingen wird . . ."*

*F. M. Dostojewskij,
Tagebuch eines Schriftstellers (1873)*

Harmonie in Lichtenberg

Zur Idee dieses Buches

Hartnäckig verwehte der Winterwind die Straße mit Schnee. Der Weg führte durch die ,,Hölle" nach Lichtenberg, einem der nördlichsten Orte Frankens, ganz nahe der Zonengrenze, in einem Landstrich, der schon seit Jahrhunderten als Grenzland geprägt ist.

Von ganz da oben einmal herabschauen, um einen Überblick über Franken zu gewinnen. Franken, oft als Inbegriff des Kleinen und Verwinkelten genannt, mag manchmal klein anmuten − etwa nach einem längeren Aufenthalt in Paris; sobald ich mich aber in dieses klar begrenzte Gebiet vertiefe, weitet es sich ins Grenzenlose. Oft schon war ich überzeugt, nun wäre das Ganze erfaßt − doch ein endgültiger Abschluß ist nicht zu erreichen. Wer alles will, macht sich unglücklich und unfrei. Was in jahrelanger Arbeit entstand, ist eine Auswahl − durch nichts anderes gedeckt als meine Erkundungen, Erlebnisse, Erfahrungen und Erkenntnisse: umgewandelt zu Sprache.

Auf einem Berg liegt Lichtenberg. Der Schnee brachte die hellen Farben der Häuser des Marktplatzes zum Leuchten. Oberhalb dieses engen Beieinanders liegt das Wirtshaus, mit einem Namen aus der Gründungszeit von Sängerbünden: die ,,Harmonie". In den Wirtsstuben sind die Wände ringsum mit dunklem Fichtenholz getäfelt; das spricht das Auge an und wärmt wie der mattgrüne Kachelofen. Es ist ein Glücksfall, wenn man auf ein solches Haus aufmerksam gemacht wird.

Harmonie in Lichtenberg

Es hängt stets von einem selbst ab, was man als harmonisch empfindet, denn Harmonie kann immer nur erklingen, wenn Töne durch ihre jeweiligen Abstände einen Zusammenklang ergeben, so daß aus der Spannung zwischen ihnen das Miteinander entsteht. Zur Harmonie gehört der Konflikt ebenso wie die Auflösung einer Spannung – Mozart hat es in seinem ,,Dissonanzenquartett" deutlich gemacht.

Wer an Harmonie denkt, bestreitet keineswegs, daß es Unergründliches, Unangenehmes und Schlechtes gibt, doch setzt er darauf, daß ein jeder das Widrige überwinden will. So hat schon Dostojewskij scharf abgegrenzt: ,,Wo das Milieu aufhört und die Pflicht beginnt." Die Idee des russischen Dichters zielt darauf ab, daß der Einzelne letztlich nicht Schuld und Verantwortung auf ,,die Gesellschaft", ,,die Umstände", ,,das Milieu" abwälzt, womit er sich ,,entpersönlichte", sondern für seine Lebensgestaltung selbst verantwortlich ist. Auch dies gehört zur Harmonie.

Heimat hat mehrfache Bedeutung. Am Lebensanfang ist sie der Lebensgrund, die Grundausstattung; Orte, Räume, Zeiten und Menschen sind hineinverwoben zu einem Teppich.

Später, wenn man die erste Heimat verlassen hat, wird Heimat der Bereich, an dem man sich mitbeteiligt – soweit eben die Kraft der eigenen Fähigkeit und Verantwortung reicht.

Zuletzt könnte Heimat ganz und gar ortlos sein, dann wäre die eigentliche Heimat die Sprache. In dieser Heimat der Sprache könnte man ganz frei sein, doch will Sprache ja auch Mitteilung sein.

Zur Idee dieses Buches

Ort und Sprache als Heimat sind Töne, die sich erst dann zu einer Harmonie entwickeln, wenn es Beziehungen gibt; Heimat setzt Beziehung voraus. Heimat ersetzt nicht das Verlangen nach Gewißheit, doch muß sie auch mit Gewissen zu tun haben, um zu wissen, was man tun darf und was nicht. Das Selbstverständnis der Heimat wird sich immer wieder verwandeln; unwandelbar bleiben sollte, was selbstverständlich ist.

Der Fülle wird man nur Herr, wenn man auswählt. Auswahl ist Befreiung. Immer wieder sich selbst überwinden — und schreiben. Alles Beschreiben würde in der Überfülle der Entscheidungen ersticken, käme man nicht heran an die „ihnen innewohnende Idee" (Dostojewskij).

Wir saßen in der „Harmonie" in Lichtenberg. Bevor der Blick durchs Fenster zum Schneetreiben hinausschweifte, streifte er mächtige Brocken von Feldspaten, die auf dem breiten Fensterbrett liegen. Es ist merkwürdig, wie sich im Innern der Erde Kristallformen bildeten von geradezu geometrischer Klarheit. Noch einmal waren wir das Manuskript durchgegangen, und der Verleger erinnerte an Fontanes „Wanderungen durch die Mark Brandenburg". Ich nickte und nannte noch einen anderen Bezug, wieder zur Musik: Smetanas Zyklus „Mein Vaterland", und noch mehr sein Streichquartett in e-moll „Aus meinem Leben".

„Fränkische Heimat" — das heißt ja auch, das erlebte Franken anzunehmen. Wenn ich sage: das ist mein Land, so ist damit kein Besitz angezeigt, sondern, daß ich für dieses Land einstehe, denn es teilt sich mit als Land auch meiner Geschichte. Herkunft und Vergangenheit sind mit diesem Land letztlich zu einem harmonischen Teppich verwoben. Manche meiner Vorfahren väterlicherseits lebten im Oberfränkischen; es waren evangelische Exulanten aus dem Ländlein ob der Enns. Eine andere Linie, über die Mutter des Vaters, führt in den Aischgrund, wo sich Bauern und Korbflechter nachweisen lassen. Eigenartigerweise dieselben Berufe, denen Vorfahren mütterlicherseits im Schwäbischen nachgingen. So bin ich denn gleichermaßen stolz auf die fränkischen Korbmacher, Bauern, den Dorfpolizisten und Volksschullehrer wie auf die schwäbischen Handwerker, von denen der Großvater als Bildhauer in Konstanz am Bodensee arbeitete. Heimat heißt auch: Sich darauf gelegentlich beziehen, um seinen eigenen Lebensstil mit der eigenen Familie zu finden. Heimat ist undenkbar ohne Fortsetzung. Zur Heimat gehört ebenso die Liebe – sie ist bedingungslos, sie stellt, wenn sie den freien Menschen meint, keine Bedingungen, und Anforderungen nur an sich selbst.

Über meinem Stehpult habe ich ein Stück Zimmerwand nach und nach behängt mit Fotografien von Menschen, die auf meinem bisherigen Lebenswege eine bedeutsame Rolle gespielt haben. Wenn ich manchmal vom Schreibpapier aufschaue zu dieser Freundschaftswand und mir Augenblicke der Begegnung mit diesem oder jenem vergegenwärtige, dann wird mir wieder einmal klar, wie wichtig in all den Landschaften, in den Ländereien des Arbeitens und Geldverdienens die Stützpunkte der Menschen sind.

Es hätte sich trotz aller Vertrautheit mit der Stadt Paris uns nicht so erschlossen, wenn wir dort nicht häufig

Zur Idee dieses Buches

Jenka und Manès Sperber besuchten. So ist es für jeden Ort wichtig, ob es uns gelingt, dort ein offenes Haus zu wissen — egal mit welcher Regelmäßigkeit man dort einkehrt. Mit diesem Netz an Stützpunkten sind wir erst mit Landschaften verwoben; man könnte Bekanntschaften mit Blüten vergleichen inmitten des Immergrüns der Landschaft. Vielleicht wird eines Tages ein Buch folgen, das sich allein Porträts von Menschen in Franken widmet, so wie ich auch meiner Heimatstadt Nürnberg ein eigenes Buch vorbehalte.

Das Mantelfutter der Heimat bilden Menschen. Umgang und Begegnung bereichern, verändern uns, ja, sie belehren uns auch. Wer überzeugt ist, daß der Grundakkord unserer Welt die Disharmonie sei, der entschuldigt sich schon im voraus, daß er keine Geduld aufbrachte, der Harmonie zu dienen, zu der man selbst stets den ersten Schritt tun muß über jede Verstimmung.

Das Mantelfutter der Heimat gleicht einem zusammengenähten Pelz. Manches Stück Fell fühlt sich warm an: wenn ich mich erinnere. Es können kleine Szenen sein . . . Ein Gang über die Felder der fränkisch-hohenlohe'schen Landschaft mit Gottlob Haag . . . Als uns Wilhelm Staudacher in Rothenburg sein schmales Elternhaus zeigte . . .

Auf einer Hotelterrasse mit Horst Krüger sitzen, über Bad Berneck schauen, fragend, ob man es hier für immer aushielte. Dies bezweifelnd sogleich davon angetan sein, daß es diese kleine Welt gibt, von der aus es nicht weit ist nach Bayreuth. Wir waren anschließend zusammen im Richard-Wagner-Haus; es ist gut, wenn man erlebt, daß einen älteren Freund die Musik Wagners ergreift. Und mir scheint, daß Freundschaft — als Harmonie — nur gelingen kann, wenn jeder auf seine Weise den anderen an seinem Leben teilhaben läßt, wenn er sich mitteilt, wenn es das wechselseitige Hin und Her gibt.

Manche Gestalt tritt nicht häufig im eigenen Leben auf, doch prägt sie sich ein wie ein Feldkreuz — dank ihrer Entschiedenheit. Ich denke an Joseph E. Drexel, den Mitbegründer der ,,Nürnberger Nachrichten" und Verleger, der sich trotz seines Zwangsaufenthalts im KZ des Hitler-Staates nicht zum Haß verleiten ließ. Mit einem Mal fallen mir Briefe ein, die ich als Suchender mit dem Kaplan wechselte, der inzwischen Weihbischof der Erzdiözese Bamberg geworden ist.

Fränkische Heimat — das ist für mich auch Musik, insbesondere Musik unserer Zeit, deren Partituren ich sah, manchmal erläutert vom Komponisten Werner Heider in Erlangen. Ohne die Welten der Bilder fränkischer Maler wäre unsere Wohnung nicht das Heim, in dem wir gerne daheim sind — manches in Raten abgezahlt, manches ein Geschenk; wie denn zur Heimat auch das Beschenktwerden gehört — so kamen an einem Tag der Weihnachtszeit ,,unsere" Bauern in die Stadt mit einem Korb eigener Birnen, deren Gelbgrün nur darum so schön leuchtete, weil die Bäuerin einen Fichtenzweig darauf gelegt hat. Wir sind es, die verschiedene Bilder in einem Raum zur Harmonie verbinden — Arbeiten von Manfred Daut, Lydia Hasselt, Werner Knaupp, Oskar Koller, Hermann Leber, Erwin Oehl, Winfried Schmidt, Gerhard Wendland und Peter Wörfel. Wir leben mit Bildern; auch die geglückten Formen der Keramiken von Elly und Wilhelm Kuch gehören dazu.

Zur Idee dieses Buches

Über meine Begegnungen mit Malern und mit den Dichtern Hermann Kesten und Friedrich Hagen habe ich andernorts geschrieben — es kommt ja nicht auf einen vollständigen Katalog an; vielmehr zählt, daß man sagen kann: hier gab es Menschen, zu denen ich gerne ging und es gibt hier Menschen, die ich gerne aufsuche; immer weiter spannt sich das wie ein Pfauenrad auf. Um vom Wirrwarr nicht verwirrt zu werden, gilt es standzuhalten; Vincent van Gogh schrieb darüber 1888 an seinen Freund Bernard: ,,. . . wir können ein Atom des Chaos malen, ein Pferd, ein Porträt, Deine Großmutter, Äpfel, eine Landschaft."

Zur ,,Harmonielehre der Heimat" gehört es, daß man unaufhörlich an einer Verbesserung seiner selbst arbeitet, um begegnungsfähiger zu werden. Wie schwer ist es doch, sich frei zu machen von der Erwartung: daß jemand nach dir fragt. Überhaupt frei werden: eine gute Beziehung sollte sich so entwickeln, daß man nicht aneinander klebt — und daß man nicht in Abhängigkeit gerät.

Wir saßen in der ,,Harmonie" von Lichtenberg, das Schneetreiben wurde immer dichter, wir erzählten einander — und jeder wußte auf seine Weise, daß es am Ende bedeutsam ist, wenn man gemeinsame Erlebnisse hat, die einen verbinden. Es kommt in der Harmonie nicht darauf an, daß man mit jedem übereinstimmt; wohl aber erreichen wir Freiheit, wenn wir gelegentlich zustimmen können: in dem unaufhörlichen Versuch, auch der Heimat einen Sinn zu abzuringen — mit Sprache: ,,Und das Schönste zeigt die kleinste Dauer" (Heimito von Doderer).

Harmonie in Lichtenberg

Als ich vor Jahren für eine Weile mein Geld durch kleine Beiträge für den Rundfunk verdiente, mußte ich oft innerhalb kurzer Zeit kreuz und quer durch Franken fahren: zu einer Theaterpremiere nach Coburg, anderntags zu einer Ausstellungseröffnung nach Aschaffenburg, unterwegs noch einen kurzen Besuch in Dinkelsbühl, tags darauf nach Hof oder Bamberg oder Schweinfurt, so daß mir spät abends die Autobahnen als sehr segensreich erschienen, denn weit war ich zwar herumgekommen, doch gesehen hatte ich nur wenig. Die Erkundungen dieses Buches, in nördlichen und südlichen Landschaften sowie in Städten, sind Vorstöße ins Innere, so wie man an einem Ort tief in die Erde bohrt, um einen gleichnishaften Aufschluß über die ,,Güte" des Bodens zu finden. Die Zeichnungen Peter Wörfels, mit dem ich seit langem befreundet bin und der inzwischen drei meiner Bücher illustriert hat, sind Ergänzungen, die anschaulich zeigen, was sich der Beschreibung entzieht.

Das Buch . . . Dieser ungebrochene Zauber des Buches . . . Vielleicht wurde bei mir ein Grundstock dazu durch meinen Vater gelegt, der mir bald nach dem Krieg Bilderbücher, vor allem Tierbücher schenkte – und auch von diesem Schatz muß man sich lösen können; auch Heimat ist ja eingebettet im Ungewissen. Draußen schneite es heftiger. Erst wenn es kein erforschenswertes Geheimnis mehr gibt, erübrigt sich auch die Heimat. Froh machten wir uns auf, denn wir wußten, was anderntags zu tun war.

Nürnberg, am Dreikönigstag 1987

Heimat – geschenkt

Ein Kindheitsdorf: Thalmässing

Mein Kindheitsdorf liegt im südlichen Mittelfranken an dem kleinen Flüßchen Thalach; an einen Nordhang des fränkischen Jura gelehnt – mit ausreichend weiter Sicht nach Norden zu, und eingebettet in eine Talmulde, auf deren anderer Seite ein Buckelberg ansteigt, der Landeck.

In dem Augenblick, da ich mich zu erinnern beginne, was sich in diesem Kindheitsort ab 1948 für mich ereignete, ist es, als stiege ich einen Bergfluß hinauf und käme von Gumpe zu Gumpe – immer tiefer werden die gestauten Wasserbecken. Flußauf bewege ich mich – dem Lachs vergleichbar, der zur Laichzeit aus dem Meer zurückkehrt in den Fluß. Lachssprung – das ist das Sinnbild für die Suche nach dem eigenen Ursprung.

Kaum begonnen, löst eine Erinnerung die andere aus – einander ansteckend wie der Kuß des Dornröschenprinzen, und mit einem Mal ist ein ganzer Ort wieder lebendig, obwohl er in dem Augenblick, in dem ich das schreibe, ganz weit entfernt und ein anderer geworden ist, mit dem ich nichts mehr zu tun habe.

Das erste Gefühl ist das einer grenzenlosen Geborgenheit, in die immer wieder rattenhaft Schatten der Bedrohung und Unsicherheit hereinfielen. Jetzt aber ist mir, als hielte ich einen Apfel in der Hand, den ich wende – er ist schon ein wenig hutzlig geworden, doch duftet er nach einer Fülle, die niemand rauben kann.

Heimat – geschenkt

In diesem fränkischen Kindheitsdorf, das damals an die 2000 Einwohner zählte, muß die Landschaft und der Ort selbst für das Kind die allerselbstverständlichste Grundlage gewesen sein; etwas Unverrückbares. Wir bewohnten das Lehrerhaus an der Hauptstraße. Eine doppelseitige Treppe führte zu ihm hinauf. Das Haus war ockergelb und die Fensterläden ockergelbbraun. Vor dem Haus, von Eisenzäunen begrenzt, blühten in den beiden Vorgärten die Judenkirschen; im Herbst leuchteten orangerot ihre Lampions.

Jeden Werktagmorgen weckte uns das Klappern der Milchkannen, die zunächst von Fuhrwerken, dann von Lastwagen abgeladen wurden, die nicht nur aus dem Dorf, sondern aus der weiteren Umgebung zur Molkerei kamen, die unserem Haus gegenüberlag. Der Morgen begann mit einem regelmäßigen, lauten Hantieren, und bald wußte das Kind, woher welches Fuhrwerk kam.

Ebenfalls gegenüber wohnte der Schreiner Horndasch, der zudem eine kleine Landwirtschaft betrieb, deren Misthaufen in Seh- und Riechweite lag. Dieser Mann lebte mit seinen drei Schwestern zusammen – bis er in fortgeschrittenem Alter sich plötzlich doch noch zur Heirat entschloß; das waren für ein Kind ferne Vorgänge. Der Schreiner Horndasch, stets mit arbeitsblauem Anzug und ebensolcher Schürze angetan, oft einen Stift hinterm Ohr, wurde mir zum Urbild des arbeitsamen Menschen. Niemals sah ich ihn untätig. Leimte er keine Stühle zusammen, fuhr er mit seinem Kuhgespann Mist aus. Niemals habe ich ihn schimpfen hören. Als mir eines Tages ein schmales Holzschiff mit seinen drei Masten als Kreuzer nicht mehr genügte und ich den heftigen Wunsch nach einem Schlachtschiff hatte, den ich meinen Eltern nicht mitzuteilen wagte, ging ich rasch zum Schreiner Horndasch hinüber und beschrieb ihm meine Vorstellungen. Es dauerte nicht lange, da kam er und brachte einen massiven, gewiß 6 cm dicken Schiffsrumpf mit, um den er sogar aus dünnem Sperrholz eine Bordwand genagelt hatte. Das Erstaunen der Eltern war groß, noch größer, als ich, vom Wunsch getrieben, endlich einen eigenen Blumenkasten zu besitzen, ebenfalls beim Schreiner Horndasch meine Bestellung aufgab, die er zum damals stattlichen Preis von fünf Mark ausführte.

Das Beglückende solcher Erlebnisse liegt wohl darin, daß ein Kind in seiner nächsten Umgebung Menschen weiß, von denen es auf Anhieb sagen kann, was sie tun und was sie auch für es tun können. Im übrigen galt es nicht allein für den Schreiner-Bauern, was ganz allgemein angenehm in diesem Dorf war: fast jedes Haus war auf eine selbstverständliche Weise betretbar. Ich erinnere mich nicht, jemals an einer Glocke geläutet haben zu müssen.

Vielleicht ist es ein Segen des Sich-Erinnerns, daß man im Lauf der Jahres das Vergangene nicht mehr als einen Verlust empfindet, sondern als einen Gewinn – nur muß man sich immer wieder hüten, das Damals unmittelbar mit dem Heute zu vergleichen. Das Kind erlebt ja den Wandel, wenn nicht abrupte Eingriffe schmerzlich geschehen, als etwas so leise Selbstverständliches, so daß es ihn fast gar nicht wahrnimmt – und wenn, dann ist es allemal auf Seiten des Fortschritts. Die Pferde der Bauern kannte man ja bald, aber um wieviel interessanter war es, die nach und nach an Zahl zunehmenden Traktoren zu unterscheiden, von denen die blaugrauen Lanz-Bulldogs die einprägsamsten waren, da sie blubbernde Geräusche verursachten.

Im Sommer öffnete die Trompete des Kuhhirten magnetisch und offenbar ohne Zutun anderer Menschen die Stalltüren. In sein Instrument blasend, das Fahrrad schiebend, zog er vom Unterdorf langsam herauf, gefolgt von einer immer größer werdenden Herde. Auch aus des Schreiners Horndasch Stall kamen ein paar Kühe, während aus der gegenüberliegenden Lebermühle eine wesentlich größere Zahl an Rindern sich anschloß. Das Verwunderlichste für das Kind war des abends die Selbstverständlichkeit, mit der sich die heimkehrenden Kühe aus der Herde lösten und dann ein wenig hangan ortskundig zu ihren Ställen trotteten.

Die Trompete hatte zweierlei Klangfarbe: den Kuhlockruf – und manchmal, des nachts, da war sie der Alarmschreck. Einmal hörte ich sie besonders schrill: Es goß schon tagelang in Strömen, ich hörte das schrille Signal, fuhr auf, schaute auf die spärlich beleuchtete nächtliche Hauptstaße und gewahrte – halb froh, halb entsetzt –, daß nur noch in der Straßenmitte ein halbwegs trockener Streifen war, während links und rechts rauschende Bäche dorfabwärts schossen. Bald darauf polterte es laut – unter meinem Zimmer war das Feuerwehrgerätehaus –, und die Feuerwehr rückte aus. Damals gab es nur zwei oder drei Lastwagen von Fuhrunternehmern im Dorf. Der eine hatte einen Opel, der andere einen breitmaulschnauzigen Ford; der dritte aber, den ich unerklärlicherweise eben deshalb mit der größten Sympathie betrachtete, der hatte die stolzeste Marke: einen Mercedes. Anderntags, nach der Nachttrompete, beschauten wir im Unterdorf die Folgen des Regens: vor vielen Türen waren Wälle aus Misthaufen aufgeworfen; in manchen ebenerdigen Stuben schwammen Möbelstücke — und Kinder fuhren in Zubern auf dem See, den die Thalach in schmutzig hellbraunen Wassermassen in das Dorf geleitet hatte. Das kleine Flüßchen war mit einem Mal etwas Böses geworden.

Meinen Onkel Wilhelm, einer der drei Bäckermeister am Ort — und nur verstohlen getraute ich mich manchmal zu den anderen beiden Bäckern im Ober- bzw. Unterdorf, weil es dort Laugenbrezen gab, die der eigene Onkel nicht führte: und bei der nichtverwandten Konkurrenz einzukaufen, das kam einer Sünde gleich . . . diesen Onkel also sah ich nie, wenn die Feuerwehr, was selten geschah, ausrückte — aber wenn am Sonntag vormittag Feuerwehrprobe war, dann stieg er die hohen Treppen seines zentral an einer Kreuzung gelegenen Hauses herab, schnallte sich den schwarzen Gürtel um und setzte sich den dunklen, goldrandglänzenden Helm auf. Dieser Onkel wurde ebenfalls zu einem Urbild. Nur in zweierlei Gestalt sehe ich ihn vor mir: feuerwehrbehelmt oder backstubenmehlweiß.

Dieser Mann, vom tagtäglichen und frühmorgendlichen Broteinschießen krumm geworden, hat zeit seines Lebens keinen anderen Sinn für sein Leben gesehen, als wie ein Besessener zu arbeiten. Als Kind schon gar nicht, und später ebenfalls niemals, hatte ich den Eindruck, als schufte er, um reich zu werden — vielmehr zeichnete ihn eine Arbeitsversessenheit aus, die den

Blick allein auf die Arbeit richten ließ. Andere Lebensinteressen waren ihm vollkommen fremd. Auch ihn zeichnete eine seltsame Gutmütigkeit aus; zwar konnte man ihn manchmal knurrend und fauchend durch Backstube und Laden schreien hören, mitunter fluchend, daß sich seine Frau im Laden dafür genierte, aber etwas Böses war von ihm niemals zu erwarten. Für die Ungereimtheiten der Welt hatte er einen bündigen Satz: ,,Hast ä Welt!" — Was soviel wie: reg dich nicht auf, nimm dich nicht so wichtig! bedeutete. Er war auf eine zwinkernde Art stets zu Scherzen aufgelegt — und es genierte ihn nicht, zum Zeichen wohlgefälligen Abschieds kurzerhand das Gebiß aus dem Mund zu nehmen und damit zu winken. Für ihn war es klar, daß ein Mann, wie sein Schwager — mein Vater —, noch so viel im Kopf haben möge: der blieb halt immer bloß ein ,,Schulmasster" — ein richtiger Beruf war das nicht.

Schule war etwas Respektheischendes, zugleich aber auch etwas Lästiges, dem man mit Geringschätzung begegnete. Auch das färbt auf ein Lehrerskind ab: es erlebt seinen Vater als Mächtigen und Angesehenen im Dorf, zugleich als einen Mann, dem die Dorfbewohner bei geschlossenen Zähnen bedeuten: ,,Schulmasster — du kannst noch so viel im Kopf haben — wir aber sind, die wirklich was haben, nämlich Haus und Hof, Grund und Geschäft . . ."

Diese klar umgrenzte Welt war zugleich unermeßlich. Dies teilte sich mit in einem Grundton der Umgangssprache — nur wenige Menschen gebrauchten ein Schriftdeutsch. Alle Bekehrungsversuche von Vater oder Mutter fruchteten nicht, der gegenüber wohnenden

Ein Kindheitsdorf: Thalmässing

Bäuerin von der Lebermühle beim Abholen der Milchkanne beizubringen, daß es nicht „der Frau Lehrer sei' Kannä", sondern „ihre" wäre. Demgemäß war der Georg dieser Mühle, die längst keine Mühle mehr war, immer der Läbermüllers Gärch, der das Lehrerskind nicht nur im Pferdefuhrwerk, sondern auch auf dem Bulldog mitnahm.

Im Dialekt war der Anteil von Achtung und Geringschätzung wohldosiert: eine ältere Frau – sie hieß wohl Babette Wendler – wurde lediglich „Wendlers-Bäbern" gerufen; sie fuhr eine Zeitlang mit einem flachen Holzkarren Pakete aus.

Als etwas Vorgegebenes, Unveränderbares und wohl auch Uneinholbares muß das Kind eine bestimmte Staffelung von Bedeutung erlebt haben: mit etwas Neid, aber auch anerkennender Zustimmung wußte es bald, daß eben dem Apotheker sein Garten der größte und schönste war; und daß es nichts Ehrenrühriges war, wenn der Doktor Hofmann als erster im Dorf einen spitzschnauzigen Opel Kapitän fuhr.

Mit einem Mal leuchten jetzt Namen auf – die Kinder, die mit hinter denselben Schulbänken saßen: sie hießen Waldstein und Rücknagel, Pfitzinger und Nestmeier, die Müller Frieda und die Leuthel Christa, der Kraus Günther und die Kohr Renate, der Jakobitsch Waldemar und der pfiffige Waldmüllers Willi, der Denk Manfred und die Beck Christa, der Eberle Hans und die Grießhammers Veronika . . . Dem müßte ich einmal nachgehen: wie jeder Gleichaltrige auf eine unbegreiflich heftige Weise wichtig war – und dabei dürfte ich mich nicht verlieren im Beschwören von Episoden. Jedenfalls einer dieser Klassenkameraden hieß Bachsleitner und stammte aus einer Familie im Unterdorf, deren Kinderschar man nie so genau zahlenmäßig erfassen konnte, weil sich Buben wie Mädchen kaum voneinander unterschieden: wurden sie doch sommers meist zu Hause so kahlköpfig geschoren, daß ihnen nur ein Stirnwuschel blieb. Es lag auf der Hand, daß bei so vielen Kindern jedes schon von früh auf mit zupacken mußte. Für das verhältnismäßig verwöhnt aufgewachsene Lehrerskind war das wohl befremdlich — und es ist mir nie gelungen, diesen Kindern, die ja erstens wegen ihrer zahlreichen Geschwister und zweitens wegen des frühzeitigen Mitarbeitens sich kaum an gemeinschaftlichen Spielen mitbeteiligten, jemals zu sagen, wie sympathisch sie mir waren; und ein oder zwei von ihnen waren gewiß immer in einer Klasse. Damals waren ja die erste und zweite, sowie dritte und vierte Klasse noch jeweils in einem Klassenzimmer untergebracht. In einer geheimen Weise beneidete ich sie: so bekamen sie beispielsweise immer bald nach den Sommerferien frei. Zwar schaute man sie etwas verächtlich an, daß sie gegen Ende der Sommerferien, und das auch noch barfuß, mit der Mutter die Felder abstoppeln mußten beim Ährenlesen — aber wenn sie zu ihren Herbstsonderferien verschwanden, beneidete ich sie: als eigener Trupp fuhren sie meist in die Gegend um Spalt oder gar in die Holledau zum Hopfenzupfen. Die Dolden der Hopfenschnüre beizten ein dunkles Braun in ihre Hände, so daß ihre Haut wie gegerbt wirkte. Ich beneidete sie nicht nur wegen dieser Sonderration an Ferien, sondern wegen ihrer Fähigkeit, gleichsam aus jeder Lage heraus erkennen zu können,

Ein Kindheitsdorf: Thalmässing

wo man etwas verdienen könnte und sei es mit Alteisensammeln. Allerdings erfuhr ich an ihnen auch, wie man Menschen erniedrigen kann. Eine Weile störte in unserer Klasse ein Furzer. Um der Quelle des üblen Geruchs auf die Spur zu kommen, wurde einer vom Lehrer als Er-Riecher zwischen die Bänke geschickt — es war einer von den Bachsleitners. Zwar sahen wir alle belustigt zu, wenn er schnüffelnd dieses Amtes waltete, ich aber empfand dieses als unzumutbar und demütigend. Ich glaube allerdings, das war ein Typus von Menschen, die niemals zugrunde gehen können, da sie überlebenswillig sind.

Auf ganz andere Weise lebten mir zwei Flüchtlingsfrauen die Kunst des Überlebens vor. Das war die Fippels-Oma, die das gesegnete Alter von hundert Jahren erreichte und mit ihrer Tochter die Wälder durchstreifte. Kein Schulunterricht hätte mir besser den Reichtum der Wälder zeigen können: denn zu jeder Jahreszeit kamen sie mit Früchten zurück. Diese beiden Waldläuferweiber brachten nicht nur Waldhimbeeren und Walderdbeeren mit, nicht nur Pfiffer und Steinpilze, sondern auch den Austrieb der Fichten, deren hellgelbgrüne Astspitzen nach einem bitteren Honig schmeckten — sie machten daraus Saft. Daß sie ihr Brennholz eigenhändig aus dem Wald holten und dabei kilometerweite Märsche bestanden, war selbstverständlich. Trotz dieser Fülle, die diese beiden Frauen umgab, trotz ihrer Freundlichkeit und trotz ihrer Fähigkeit, von ihrem genügsam erworbenen „Reichtum" reichlich zu spenden — vergessse ich nie eine gewisse Ängstlichkeit, die manchmal aus ihnen flackerte: es war die niemals ganz überwundene Angst des Heimatvertriebenen, der eigentlich immer vergeb-

Heimat – geschenkt

lich in der neuen Heimat darum wirbt, als ein Gleicher anerkannt zu werden. Es wurde ihnen nirgendwo Mißachtung entgegengebracht, aber als Katholiken hatten sie es eben schwer in einem fast durchweg evangelischen Dorf. Manchmal schien es, als nötigte sie diese Lage zu einem Werben um Anerkennung, das bis zur Selbstentäußerung ging, indem man mit dem Geringsten vorlieb nahm und so tat, als habe man selbst keine Wünsche.

Etwas freudvoll Genügsames strahlte von einem anderen Menschen ab. Ich weiß nichts von seiner Herkunft; ich entsinne mich nur, daß er bloß gerufen zu werden brauchte, und dann kam er. Das war das Treichelsmännlein, den man winters zum Holzhacken und im Frühling zum Bäumeausschneiden holte. Für das Kind hatte es jedenfalls den Anschein: da verrichtet ein Mensch gerne seine Arbeit. Noch höre ich den hellen Klang seines Beils – neben unserem Schuppen, in dem ich eine Weile in einem großen Käfig (selbstverständlich vom Schreiner Horndasch gefertigt) einen kranken Eichelhäher pflegte – bis er eines Tages doch einging.

Die meisten Erinnerungen an das Kindheitsdorf sind an Orte gebunden, doch treten diese Orte nicht als etwas hervor, das man wie eine Sehenswürdigkeit anschaut – die Ereignisse sind an Orte gebunden; die Orte haben Erlebnisse an sich gebunden.

So sehe ich die Dorfstraße als eine lange Gerade vor mir: wenn sich die Kuppel langer Sommer darüber wölbte, so daß ich noch jetzt spüre, ab welcher Stelle ich im Oberdorf wußte, wieviel noch an Schritten in der Gluthitze zurückzulegen waren, bis endlich die Krümmung an der Bahnbrücke erreicht war und das elterliche,

Ein Kindheitsdorf: Thalmässing

das Schatten und Trunk spendende Haus in Sicht kam. Und einen ganz anderen Ausdruck nahm dieselbe Straße an, wenn vom Unterdorf ein schwarzgetüpfelter Trauerzug zum oberen Friedhof sich bewegte; ein Zug, der wie ein Strudel wirkte, da er am Straßenrand stehende Menschen ansog. Es war für das Kind immer geheimnisvoll, wenn es, halb hinter dem Fensterladen verborgen, so daß man seiner Zeugenschaft nicht gewahr werden konnte, hinabspähte und das Anschwellen des Trauerschwarz verfolgte. Wie da zuerst der schwarzgekleidete Kreuzträger kam, dann der eigene Vater mit dem Kinderchor, dann die Pferde mit schwarzen Decken, die den Sargwagen zogen, sodann die Angehörigen, von denen das Schluchzen heraufdrang in Wellen, und die anzuhören fast wie etwas Sündiges empfunden wurde — und schließlich der Zug der Menschen, die einem Toten das Geleit gaben. Bedeutend war, ob es eine ,,große Leich" war. Überraschend war — und das nahm ich erst später wahr —, daß auch in diesen Beileidsbekundungen etwas Leichtes, ja sogar Verlogenes zu stecken schien. Es war nämlich so, daß Menschen, die am Weg des Trauerzuges wohnten und auch ihr Geschäft hatten, zwar den Leidtragenden ihr Beileid ausdrückten, indem sie, schwarzgekleidet, kondolierten, aber nicht den ganzen Weg mitgingen, sondern sich gleichsam nur wie in einer Verkleidung zeigten, den schwarzen Mantel überm Alltagskleid und dazu den schwarzen Hut, um nach kurzer Zeit wieder ihrer üblichen Beschäftigung nachzugehen. Ich bin mir nicht sicher, ob man ein solches Verhalten als vorsätzliche Täuschung bezeichnen kann — denn es ist ja einleuchtend, daß eine Bäckersfrau wegen jeder Beerdigung nicht eine Stunde lang am Nachmittag ihren Laden schließen mochte; indes war es verblüffend, daß diese eingespielte Täuschung, bzw. Vortäuschung als eine Art Ersatz-Trauer-Bezeugung nicht nur von allen Dorfbewohnern anerkannt, sondern auch erwartet wurde. In dieses Bild paßt, daß die Mutter, wenn sie in einem größeren Laden im Unterdorf eingekauft hatte, Tasche und Korb wohlweislich mit einem Tuch bedeckte, damit niemand aus den Geschäften, wo sonst eingekauft wurde, sehen sollte, daß sie auch anderswo Kundschaft war. Diese Art betrügerischen Falschspiels gehört offensichtlich zu einem charakteristischen Zug mittelfränkischer Lebensart – zumindest der Nachkriegszeit.

Dieselbe Dorfstraße sehe ich wieder vor mir: wie nun in umgekehrter Richtung einmal ein hochbeladener Kammerwagen herabfuhr und immer wieder Kinder Schnüre aufgespannt hatten, um durch den Halt ein Lösegeld für sich zu erbetteln. Ansonsten entsinne ich mich kaum an feste Bräuche – allenfalls daran, daß wir als verkleidete Kinder am Faschingsdienstag durch den Ort stromerten und allein durch unser Kostüm in Geschäften eine Art Freibrief für den Empfang kleiner Gaben hatten: beim Metzger gab es Wurst, beim Bäcker eine Salzstange oder einen süßen Amerikaner, und in der Molkerei vielleicht eine Sonderzulage an jenen Voss-Margarine-Bildern, mit denen ich meine ersten Tieralben vollklebte, die mir eine Vorstellung vom unermeßlichen Reichtum an Tieren gaben.

Und wieder ändert sich Ausdruckskraft und Atmosphäre derselben Straße: am Heiligen Abend war es üblich, zusammen mit dem evangelischen Vater in die

Ein Kindheitsdorf: Thalmässing

Obere Kirche zu gehen, wo mit Einbruch der Dunkelheit der Gottesdienst begann. Am Nachmittag nahm ja ohnedies die Spannung der Erwartung auf das Christkind zu; sobald man sich zu diesem Weg aufmachte, war gewiß: bald ist es soweit. Bei diesem Gang war es, als schlummere jetzt in jedem Haus ein Geheimnis. Zudem verband einen zu dieser Stunde etwas Gleiches mit den anderen Menschen, die denselben Weg gingen. Der Gottesdienst, während dem der Kirchenchor unter des Vaters Leitung sang, war ein erstes Vorzeichen der sehnlichst erwarteten Weihnachtshelligkeit; schon leuchtete ein Weihnachtsbaum – doch war er natürlich noch längst nicht so schön, wie der eigene. Und wenn dann die Glocken läuteten, dann ging alles in einer frohen Erwartung die Treppen hinab und die lange Dorfstraße hinunter, auf der an diesem Abend, so scheint mir, fast immer der Schnee hart und kalt, aber nicht abweisend, sondern eher ermunternd unter den Schuhen knarrte. Es durchzog mit diesem gemeinsamen Gang etwas Frohes das ganze Dorf, und ich empfand es als etwas Ganzes.

Nun folgte in der dunklen Küche eine Weile des Wartens, bis die Tür ins Weihnachtszimmer aufging. Gemeinsam wurde gesungen – erst dann durften die Geschenke ausgepackt werden. Damals, in dieser festlichfrohen Stimmung, begriff ich nie, warum die Mutter sich dann an den Kachelofen stellte und heulte – als müsse sie Mann und Kind dafür bestrafen, daß sie selbst nicht bei ihren Eltern sein konnte. Der Weihnachtsbaum blieb dennoch die stärkere Kraft, auch wenn ich mich mit ihm an den Zwist der Eltern erinnere.

Von solchen Erlebnissen her, mit ihrer Regelmäßigkeit, mag es rühren, daß ich annehme: da wurde ein Lebensfundament gelegt, welches auf eine unzerstörbare Dauer hin gerichtet ist. Von daher leuchtet mir auch die Beschreibung des Wortes ‚konservativ' durch einen deutschen Dichter ein: daß es nicht zu verstehen sei als ,,ein Hängen an dem, was gestern war", sondern ,,als ein Leben aus dem, was immer gilt."

Das Kindheitsdorf entfaltete alle seine Kraft zu einem Ereignis, das gleichsam auf unbegrenzten Vorschuß in die Zukunft hinein gelten sollte. Die Gesinnung der Menschen trug dies wie eine große Sicherheit. Wohl dem, der etwas vom ,,immer Gültigen" erfahren hat, denn es stärkt die Willenskraft, es zu wiederholen. Wie schwer die Fortsetzung bzw. Übertragung in späterer Zeit fällt, wird jeder wissen, der erfahren hat, daß solches ,,immer Gültige" zwar der Form bedarf, diese aber niemals dieselbe sein kann.

Überhaupt rührt die Kraft eines solchen Kindheitsdorfes von Regelmäßigkeiten – sie geben wie in einem Musikstück den Takt an, machen Melodie erst möglich. Hierzu gehörte der Pfiff der Dampflok, die lange Jahre hindurch den polternden, rauchschwarzgrünen Personenzug von Greding herauf zog und deshalb nur die ,,Gredl" genannt wurde. Es war, wiewohl ohne Tender, ein freundlich wirkendes Ungetüm, das mich später vier Jahre lang als Fahrschüler allmorgendlich fort und am frühen Nachmittag wieder heimbrachte. Einmal hat die Gredl auch Unheil angerichtet: ein Personenwagen, ein Opel Olympia, war an einem unbeschrankten Bahnübergang bei Eysölden auf die Gleise geraten, mitgeschleift worden, und die beiden Insassen auf der Stelle tot.

Der Nachhauseweg vom Bahnhof führte durch Gärten. Das Kindheitsdorf war voller Gärten. Manche blieben für immer verschlossen. Aus manchem durfte man sich Beeren zupfen; aus einem, in der Merleinsgasse, hingen nicht nur rote, sondern auch schwarze und gelbweiße Johannisbeeren. Zum Kindheitsdorf gehört Fülle. Manchmal gibt es Augenblicke der Bitternis: wenn man weiß: etwas ist nicht mehr da, ist ausgerottet worden — wie unser lichtes Gartenhäuschen aus grauen Holzlatten, dessen Eingang wilde hellrote Heckenrosen und gefüllte weiße Rosen bis zum First überwucherten.

Das Kindheitsdorf ist selbst wie ein Rosenhäuschen. An Dornen fehlte es nicht. Damit meine ich nicht die obligatorischen Raufereien unter Jungen, die einerseits die Demütigung mit sich brachten, vor allen einmal der Unterlegene zu sein, andererseits aber die Chance bargen, die Scharte wieder auswetzen zu können. Ich meine damit auch nicht mehr die Spitznamen, die manchem von uns wie Kletten auf der Haut hingen und einen ,,für immer stempelten"; ebensowenig die sich rasch bei einem Kind einstellende Gewißheit, daß ein Gleichaltriger dank seiner Kräfte bzw. seines Herkommens auf manchem Gebiet einen solchen Vorsprung hatte, daß man ihn nie würde einholen können.

Manchmal war es ein Dornenstachel, wenn ein Erwachsener, der einen beispielsweise beim verbotenen Gehen auf der schmalen Eisenbahnbrücke sah, damit drohte, es dem Vater zu sagen. Stachliger war es, aus einem Spiel gleichsam aufzuwachen und jäh zu wissen, daß man sich trotz der Zusage an die Eltern verspätet hatte — was unweigerlich Schläge und andere Strafen nach sich zog. Freilich haben solche unangenehmen Ereignisse nichts mit dem Ort zu tun — er kann dafür nichts, aber er blieb freilich die Fassung von allem, was einem widerfuhr.

Eine der einnarbendsten Dornen war die Tatsache einer gewissen Unversöhnlichkeit zwischen den beiden Konfessionen. Uneinholbar groß war die Gegenwart des Evangelischen: die Obere Kirche, die spitztürmige Mittlere Kirche, und die vom Stil her schwer einzuschätzende gelbliche Untere Kirche. Sozusagen weit abgeschlagen auf dem vierten Platz lag das kleine weiße katholische Kirchlein, dem man gleichsam als zusätzliche Demütigung einen Platz direkt neben der Bahnlinie zugewiesen hatte. Der Katholik war immer Minderheit — zwar nicht täglich, aber wenn er in die Kirche ging oder im Religionsunterricht mit einem kümmerlichen Schulkämmerlein vorlieb nehmen mußte. Aber ich empfand das nicht als etwas Minoritäres. Es erwuchs mir aus den regelmäßigen Kirchgängen sogar etwas Stolz, und oft summe ich in Gedanken jene Lieder, die wir während des Gottesdienstes sangen — vor allem Marienlieder waren es oder das ergreifende Lied aus der Schubertmesse: ,,Wohin soll ich mich wenden, wenn Gram und Schmerz mi-hich drüü-cken . . .'' Es störte uns weder, daß unsere Kirche nur mit einem schwer tretbaren Harmonium ausgestattet war, noch daß unser Pfarrer niemals pünktlich die Messe zu lesen begann. Für uns Ministranten war überdies häufig Gelegenheit zu allerlei Schabernack — etwa wenn man nach dem Ostergottesdienst die gefärbten Eier über das Wohnhaus des Pfarrers zu werfen versuchte, so daß sie manchmal auf einem Autodach oder Kopf zerdätschten oder, wenn ein Vertretungspfarrer den typisch katholischen Priesterhut mit der schwarzen Bommel liegen ließ, einer von uns sich traute, damit in die Kirche zu gehen, und ein anderer just in dem Moment, da man sich vor dem Altar niederkniete, das Licht anschaltete . . .

Das Dornige war das für das Kind Unbegreifliche des Warum: warum gibt es für den Vater eine andere Kirche als für die Mutter? Warum gehen sie niemals (außer Weihnachten) gemeinsam in dieselbe Kirche? Warum wird immer wieder darüber geschimpft? Warum sollen die ,,Schwarzen falscher" als die Evangelischen sein? Und schließlich: warum wurde darüber niemals offen gesprochen? Woher rührte die Scheu, darüber zu sprechen — obgleich sich jeder zu seiner Konfession bekannte? Ich weiß es nicht. Ich vermute in diesem Verhalten eine generelle Scheu der Menschen dieser Gegend, etwas schwer zu Lösendes, etwas Unangenehmes beim Wort zu fassen. So wie es ja auch nur andeutungsweise, und damit halb lüstern, halb verdammend über ein junges Mädchen hieß: ,,Die hat si' mit 'äm Ammi ei'-glassn."

Deutlich entsinne ich mich des gaffenden, aber hinter den Vorhängen versteckten Blicks der evangelischen Verwandtschaft, als ich mich als Ministrant erkühnte, während der Fronleichnamsprozession an der Spitze des Zuges mit einer Fahne durch das Dorf zu gehen. Da es der Zufall — oder die Fügung — wollte, daß ausgerechnet im Lehrerhaus eine Weile der katholische Pfarrer mit seiner Katechetin wohnte, wurde einmal einer der vier Fronleichnamsaltäre vor unserem Haus aufgebaut. Es war Juni und stechend heiß. Die Kerzen bogen sich. Der Pfarrer, der nur der ,,Herr Professor" genannt wurde, sprach die Gebete mit der Inbrunst des überzeugten Gläubigen — und deshalb sah er die Kerzen nicht, die sich bogen, sich zur Seite neigten und schließlich das Tuch hinter dem Altar entzündeten, so daß die Flammen hoch aufschlugen — nicht minder groß war die Schadenfreude der Evangelischen.

Ich glaube, es ist ein gutes Zeichen, wenn man sich solcher Geschehnisse erinnert, ohne gegen irgendeinen Menschen einen Vorwurf zu erheben, auch wenn man erst später erkannte, welche Macht der Pfarrer auf manche Frau und ihre Entscheidungen ausübte. Was zählte, waren nichts anders als vollendete Tatsachen.

Tatsache, und daher selbstverständlich, und deshalb im Grunde auch vertrauenspendend war die Einfügung des Ortes in die Jahreszeiten. Erst aus der gewaltigen Dimension von vierzig gelebten Jahren spüre ich noch nachträglich, wie sich dieses Kindheitsdorf den Jahreszeiten, also auch dem Wetter unterwarf, es annahm wie eine Selbstverständlichkeit. So prägte sich die schier unermeßliche Dauer des Sommers als eine Kuppelwölbung ein, die dem Kind lange Waldwege ermöglichte, zugleich auch ein ungestörtes Baden in dem lange Zeit unvollendeten Freibad. Nicht minder dauerhaft war der Winter — der nach Eisblumen schmeckte und Bratäpfeln, die in der Röhre des Kachelofens schmurgelten, bis ihre Haut aufsprang und das Apfelfleisch süßmatschig wurde und wundersam mundete.

Ein Kindheitsdorf: Thalmässing

Die Jahreszeiten waren angenommen durch den Menschen — der seinerseits mit Regelmäßigkeiten antwortete.

Es war für mich eines der schönsten, ja, innigsten Feste, daß im ausklingenden Winter mein Onkel, der Stollbäck, jedesmal eine Sau schlachten ließ: vom Metzger Rothenzimmer. Jetzt erst erkenne ich, daß da immer Menschen in großer Zahl beisammenstanden, wenn die Sau, im Hof zwischen Hafnersmichel und Stollbäck, aus einem Karren gezerrt wurde, sie ein fürchterliches Quiecken von sich gab, bis der Beilschlag ihrem Leben ein Ende setzte — und nach dem sicheren ersten Messerstich die Tante eine große Schüssel unter den Schweinehals hielt, um das Blut aufzufangen. Jedermann kennt den Spruch von den Äpfeln in Nachbars Garten, die bekanntlich immer besser schmecken ... Es gab eben keine bessere Wurst als bei dieser Gelegenheit; ebenso war die Brotsuppe auf der Läbermühl die schmackhafteste — vermutlich empfand das Kind die Gegenwart der vielen Menschen als etwas Herrliches. Für eine kurze Spanne Zeit traten sie aus dem Mühlrad des Tagtäglichen; alle sonst bestehenden Verbote waren aufgehoben, wenn es um solche Feste ging.

Kunst, oder das, was man gemeinhin ,,höhere Bildung" nennt, spielte damals im Kindheitsdorf keine Rolle. Ich entsinne mich keines Menschen — außer dem Vater natürlich —, der jemals ein Buch in der Hand gehalten hätte. Doch, ich muß mich verbessern, es gab einen beklemmenden Anblick: die Schwester des Onkels, die sich zu einem Leben als Dienerin von Bruder und Schwägerin verschrieben hatte, die Zeit ihres Lebens, von winzigsten Ausnahmen abgesehen, niemals diesen Ort verließ — diese Patin fand ich manchmal Samstag nachmittags, wenn alle Putzarbeit, auf Knien (versteht sich) verrichtet war, in der warmen Badstube auf dem Boden liegend und in der Heiligen Schrift lesend. Wahrscheinlich war diese offenkundige Erniedrigung nur die sichtbare Seite ihres Lebens — während die unsichtbare durchaus Listen kannte, mit denen sie in ihrem Bezirk auch Macht ausüben konnte; und sei es, indem sie durch besonders langsam-sorgfältiges Putzen der Schwägerin den Nachmittag vergällte.

Bücher also und Bildung spielten keine Rolle. Es war geradezu aberwitzig komisch, als während einer gewissen Zeit eine Frau abends zu meinem Vater kam und bei ihm, der ja den Kinder- und Kirchenchor leitete, Gesangsunterricht nahm — währenddessen der Vater sie am Klavier begleitete. Ich verstand natürlich von dem Gesungenen nichts, aber es wirkte nicht nur komisch, sondern auch blöde: in einem Dorf mit überschaubaren, jedermann erkennbaren Tätigkeiten war es nicht einzusehen, warum jemand Lieder in einer kreischend hellen Stimme sang, worin ,,kein Hälmlein betaut" war . . .

Ebenso, und das fällt mir jetzt erst auf, gab es für das Kind in diesem Kindheitsdorf keinen ausgesprochen schönen Menschen, dem ich hätte gleichen wollen. Irgendwann einmal werde ich wohl begonnen haben, Mädchen zu beneiden, die sich mit Jungen irgendwohin ins Duster verdrückten oder sich während der Kirchweih unter einem Zelt versteckten, wo sie dann aufgescheucht mit rasch herunter gestrichenen Röcken und kopfrot davonliefen.

Ein Kindheitsdorf: Thalmässing

Stattdessen bleibt mir unverlierbar die asketische Gestalt des evangelischen Dekans Graf in Erinnerung, der zusammen mit seiner spindeldürren Schwester, die eigentümlich gelbe Haare hatte, im Pfarrhaus wohnte, zu dem es in steilen Treppen hinauf ging, von mächtigen Bäumen gesäumt. Dieser Dekan war das Inbild des gütigen Menschen. Es ist mir unvorstellbar, daß dieser Mann einen Menschen erhört, oder auch nur angehört hätte, der über andere Dorfbewohner ,,gebatscht" hätte. Er war die Verkörperung des ,,gerechten Menschen", der seinem Gegenüber jeweils zu bedenken gibt: ,,Hast du denn selbst gerecht gehandelt? Hast du den ersten Schritt getan, um eine verfahrene Lage wieder ins Lot zu bringen?" Zudem verkörperte er das Ideal einer Unbestechlichkeit. Es war unvorstellbar, daß er zugunsten irgendeines Vorteils einen Grundsatz verraten hätte.

Die Zuneigung des Kindes gewann er sich dadurch, indem er mich während der Weihnachtstage in seiner großen Krippenlandschaft unterm Tannenbaum im — für das Kind mächtigen — Pfarrhaus nach Belieben spielen ließ. Es störte ihn nicht, wenn nach unserem Besuch seine Schafe auf den unmöglichsten Plätzen gelandet waren. Später kam etwas anderes hinzu — eine schwer faßbare Lauterkeit: Der Dekan muß intuitiv erfaßt haben, daß alles, was mit dem erwachenden Geschlecht zu tun hatte, eine Gefährdung sein konnte. Keineswegs verdammte er dies — aber er muß eine tiefe Angst davor gehabt haben, daß alles Geschlechtliche ins Frivole absank, und daß es — trotz eingestandenem Vergnügen — des Menschen unwürdig sei, überall und mit jedermann

„zu rammeln". So umgab diesen evangelischen Pfarrer die Aura einer Achtung, die mit zu dem Segensreichen dieses fränkischen Kindheitsdorfes gehört. Da er überdies nur krächzend singen konnte, wog diese Autorität doppelt. Ich glaube, von diesem Mann empfing ich die Vorstellung vom Menschen-der-nie-lügt.

Manchmal erfaßt mich ein bitterer Schmerz: daß es keine Möglichkeit mehr gibt, einem Menschen für das Empfangene zu danken, daß wir immer wieder Zu-Spät-Kommende sind.

Vielleicht ist eine der wichtigsten Erfahrungen die des Nebeneinanders. Ein Kind empfindet ja nicht gleichzeitig; das heißt: es ist immer ganz nur bei einer Sache. Zwar ist alles bisher Erlebte miteinander verwoben, wie ein Teppich — doch die Hauptsache ist das Jetzt.

Ein solches Jetzt war die Möglichkeit, etwas, was man falsch gemacht hat, abstreifen zu können. Dazu gab es die Erleichterung der Beichte. Es war stets ein feierliches Gefühl, wenn ich den Beichtstuhl betrat und wußte, daß hinter dem Holzgitter zwar der Pfarrer, der Herr Professor saß, er aber im Beichtstuhl ein anderer war. Es galt als abgemacht, daß das im Beichtstuhl Geflüsterte niemals ans Tageslicht kam. Das war eine Erleichterung, eine Art Reinigung; doch hielt sie zum einen nicht lange an, zum anderen gab es Unangenehmes, das der Beichtschwamm nicht abwischte.

Der Beichtstuhl war einer der geheimnisvollen Orte im Kindheitsdorf; er stellte unter den Mit-Beichtenden eine zwinkernde Verschworenheit her — das Flüsternde aber: erzog es nicht — wenn auch ohne Vorsatz — zu einer Unaufrichtigkeit?

Daneben gab es magische Orte. Zu ihnen zog es das Kind, und gleichzeitig mied es auch diese Plätze. Dazu gehörte der Judenfriedhof, dessen Steine damals alle noch windschief und durcheinander im nie gemähten Gras standen; der Schauer rührte von dem zerfallenden Häuschen hinter seiner Mauer, in dem die Toten gewaschen worden sein sollen.

Oberhalb einer Sägemühle hatte jemand in Käfigen Bisamratten. Diesen Tieren eignete etwas Gefährliches; ich fürchtete mich vor ihnen und schaute sie dennoch ob ihrer Behendheit gerne an, auch weil sie so geschickt sich im Wasser bewegen konnten. Die breitschwänzigen Nager paßten nicht in die kindliche Vorstellung von Wassertieren. Ansonsten prägte etwas Mitleidsloses den Umgang mit Tieren. Wo man einen Ratz erwischte, erschlug man ihn; der Mäuseplage, die öfter über Mutters Eingemachtes herfiel, konnte man sich kaum mit Fallen erwehren. Eigenartig war auch das erste scheue Anfassen eines Maulwurfsfelles − eines Morgens hatte ich lange mit dem Vater auf einem Feld mit vielen Erdhaufen gewartet, eine Schaufel in der Hand, bis eine Bewegung auszumachen war und der Vater mit einem Stich zustieß, so daß der ,,Moltewurf'', herausgeschleudert, verzweifelt auf dem Boden wuselte, ehe ihn der Vater erschlug. Alle anderen Tiere waren etwas Nützliches. Achtung genossen allein zwei Tiere: der Gänserich, der auf eine bedrohliche Weise schnattern und zischen konnte, und das Pferd. Doch habe ich niemals im Dorf einen Menschen reiten sehen. Nie konnte ich verstehen, daß das Beschlagen mit neuen Hufen in der Schmiede der Merleinsgasse den Tieren keinen Schmerz verursachen sollte.

In der Nähe dieser Gasse gab es ein weiteres Gäßlein, in dem gewaschen wurde – in einer Art Dampfhaus, das die Mutter oft und regelmäßig auch zum Baden aufsuchte. In dieser Gasse wurde einmal an Fasching ein großer Böllerschuß aus einer Pappkanone losgelassen: zum Zeichen des Faschings – der aus nichts anderem bestand, als daß sich die Kinder an einem Tag verkleideten, so ins Oberdorf hinaufgingen und von einem Musikanten begleitet durch das Dorf bis zum Tucherwirt zogen, wo es Brezen umsonst gab.

Magische Anziehungskraft besaßen dann später die aufgelassenen Bierkeller an der alten steilen und niemals geteerten Straße nach Waizenhofen hinauf. Wir benutzten diesen, von Pappeln bestandenen Weg, den Leitenberg, gerne zum Rodeln, denn bei gutem Schnee konnte man bis zur Oberen Kirche kommen – genauso gut, wie wenn man von Reinwarzhofen herabgefahren wäre. In diese Keller führte mich mein um einige Jahre älterer Cousin. Wir hielten uns in diesem Alter schon nicht mehr an das Verbot, sie zu betreten. Wir fanden darin kurze Tropfsteine; niemals ermaßen wir die ganze Ausdehnung der Keller, in denen es unheimlich gluckste, und in manchen Seitengang wagten wir uns nur mit heimlich mitgenommenen Taschenlampen und langen Schnüren. Da lag es auf der Hand, daß in einem dieser geheimnisvollen Keller mein Cousin jenes Geheimnis lüftete, von dem ich nur vage Vorstellungen hatte. Er, mit der Tochter jenes Mercedesbesitzers befreundet, erkärte mir, was es mit dem Steifwerden jenes Dings da zwischen den Schenkeln auf sich habe; wenn man ordentlich daran reibe, käme ein schöner weißer Saft heraus — aber wirklich schön würde es erst, wenn man nicht mit der Hand reiben müsse, sondern zwischen den Schenkeln eines Mädchens läge, die dazu eine weiche Öffnung hat. Beim ersten Versuch konnte ich freilich mit keinem schönen Saft aufwarten, aber nun wußte ich Bescheid.

Die Landschaft, die uns umgab, wurde stets als etwas wahrgenommen, das einem etwas gab: das konnte die Weite des Waizenhöfer Espans sein, auf dem sich Drachen in die Höhe zerren ließen, oder ein zerfallener Steinbruch, in dem versteinerte Schnecken zu finden waren, oder Sandgruben, in denen mein Vater prähistorische Werkzeuge aufspürte. Das alles freilich waren Gegenstände, die den Dorfbewohnern nichts bedeuteten; wie es sie ebenso wenig berührte, daß auf dem Weg nach Ohlangen eine Keltenschanze im Wald versteckt lag. Dennoch erschöpfte sich das Interesse der Menschen nicht an dem, was im Ort vor sich ging. Ich konnte lange nicht begreifen, daß viele Menschen am Morgen den Ort mit der ,,Gredl" verlassen mußten, um anderswo zu arbeiten. Auf irgendeine Weise verglich man sich selbst stets mit dem Geschehen, das anderswo geschah. Freilich reichte diese Anteilnahme nicht weit. Die Ausdehnung der Welt war kurz. Nur an meinen schimpfenden, ja fast wütenden Vater kann ich mich entsinnen, als man darüber sprach, daß die Russen in Ungarn mit Panzern herumführen und Menschen erschossen. Als drei Jahre zuvor eines Nachmittags in unser Schulhaus einer der ganz großen Achtklässler stürmte und rief: ,,Lait, dätt Leichbetn, der Stalin is gschtorm!", war dies für mich ferner als die Nachricht von einem Nibelungenhelden.

Selbst die ab und zu durch das Dorf rasselnden Amipanzer hatten keine große Bedeutung, außer der, daß man ihre Fahrzeuge bewunderte. Wichtiger war da schon, wenn ganz selten einmal Wagen ins Dorf gezogen wurden und deren Menschen am Gänsanger ein Zirkuszelt aufbauten. Nun war die Erwartung aufs höchste gespannt. Einmal fragte ich eine stark geschminkte Frau, ob denn auch noch Tiger und Löwen kämen — da dies der Inbegriff des richtigen Zirkus war: ,,Wärterä scho seeh'', sagte die Frau in einem fremdartigen zusammengekniffenen Ton, der die Spannung noch mehr antrieb. Es folgte aber keine Enttäuschung, als es nur Pferde und andere kleinere Tiere in dem kleinen Rund aus Sägemehl zu sehen gab.

Die Landschaft, ja selbst die Häuser — sie waren nichts anderes als Fassung für das Leben der Menschen. Es gab für das Kind undurchschaubare Wortkämpfe zwischen den Menschen; Urteile über andere, die etwas Endgültiges hatten. Erst viel später begann ich zu begreifen, daß jeder Mensch von einer anderen Vergangenheit zehrt — daß aber gerade in so einem Dorf seine Vergangenheit bekannt ist. Wie ein Schatten haftete meinem Vater die Gestalt seines Vaters an, der Dorfpolizist war. Indessen versuchte man einen Onkel durch Schweigen vergessen zu machen — dieser, nur der Schramms-Gerch genannt, soll nicht nur keiner geregelten Arbeit nachgegangen sein, sondern auch noch Kommunist gewesen sein. Wessen er sich schuldig gemacht hatte, erfuhr ich nie; außer den bitteren Vorwurf meines Vaters, daß sein Onkel, dieser vermaledeite Schramms-Gerch, bei Herannahen der Amis eine Kiste mit Erinnerungsgegenständen, darunter eine schöne Offizierspistole, an einem Ort vergraben haben solle, der unauffindbar blieb. Ich sah diesen Mann nur einmal — in unserer Küche, wo er es als einziger verstand, einen Hasen abzuziehen, der an der Speisekammertür hing. Von Fremden wollte sich meine Mutter offenbar aus einem unbegreiflichen Stolz nicht helfen lassen.

Indem ich mich diesen Erinnerungen überlasse und dabei spüre, wie in einem allmählich sich erleuchtenden langen Gang eine vergessen geglaubte Tür nach der anderen sich öffnet, spüre ich, daß das jeweils einem Menschen Gehörige an Erinnerung niemals sagt: ,,meine Zeit war besser". Wohl fordert das Erinnern zu einem Vergleich heraus, doch zu einem konkurrenzlosen. Ohne es zu wissen, begann ich in diesem mittelfränkischen Kindheitsdorf, dessen Häuser und Wege stets etwas Geordnetes und zugleich Freies für mich waren, zu lernen die schwere Kunst des Nebeneinanders. Diese Kunst läßt sich nicht lernen wie man Vokabeln lernt um sie für immer als sicheren Besitz zu wissen — es ist eine Kunst, die immer wieder aufs neue im Umgang mit Menschen gelernt werden muß.

Ohne Zweifel gehört zu diesem Erlernen die Führung. Wäre der Vater nicht gewesen, der mich immer wieder in die Wälder mitgenommen hätte — den Landeck hinauf, weiter weg nach Stauf, durch dunkles Walddickicht hinüber nach Schwimbach, oder zu den wie verloren wirkenden Orten Feinschluck, Hundszell, Dixenhausen oder Landersdorf —, von den Dorfbewohnern hätte mich niemand in diese Welt geführt, denn für sie war Landschaft nur dann ein Ziel, wenn es dort zu arbeiten galt. So wurde das Kindheitsdorf erfahren als etwas Eingerahmtes, Umfriedetes: von anderer Landschaft, wo dem Kind die Augen dafür aufgingen, daß es woanders immer anders sein mußte und es dort manchmal sogar schöner sein konnte — wenn ich etwa an das Flach-Geduckte der schiefergedeckten Häuser der Eichstätter Gegend oder des Anlautertals denke.

Zur Grundstimmung des Dorfes gehörte eine Atmosphäre des Bleibenwollens. Das Bewahren neigte dabei fast immer zu einer Erweiterung. Im Lauf der Jahre wuchs das Fuhrunternehmen; das Ziegelwerk beim Bahnhof schien große Erdlöcher aufzureißen, und auch beim Sägewerk war es, als nähme die Zahl der gestapelten Breiter zu; und der Onkel erwarb einen großen Garten, in dem nach und nach Sträucher und Bäume Frucht zu tragen begannen. Was sich nicht erweitern ließ, schmeckte manchmal wie Stillstand, der den Anschluß verloren hatte — ja sogar wie etwas, das wie ein Überbleibsel aus anderer Zeit in die unsere hereinwirkte: das graue Haus bei der Dorfeinfahrt, die Ziegelhütte, in der nur noch zwei alte Leute hausten, bei denen der Vater von fernen Erinnerungen sprach. Daneben gab es Dinge, die etwas Gleichbleibendes an sich hatten und damit auch eine besondere Ausstrahlung besaßen: der Grasweiher, der im Winter den Kindern zum Schlittschuhlaufen zur Verfügung stand; Gärten, Hänge, Waldbäche, Plätze, an denen im März die Leberblümchen aufleuchteten — und die Bäume, die den Treppenweg zum Pfarrhaus hinaus bewachten. Erst als diese eines Tages abgesägt wurden, empfand ich einen Einbruch und damit einen unwiederbringlichen Verlust.

Ein Kindheitsdorf: Thalmässing

Als Kind veränderten sich für einen die Erwachsenen nicht. Es kam dem Kind auch nie darauf an, wissen zu wollen, wie ein Mensch ist — ihm galt allein, wie ein Mensch auf ihn wirkte. Dazu gehört auch das Erlebnis der Umstimmung: Wenn der Vater altes Spielzeug hinausgeworfen hatte, ließ sich die Mutter zu einer Rettungsaktion überreden. Der Vater, der unter einem Machtmittel der Mutter litt — schlechte Laune mit Schweigen —, durchbrach das Eis, indem er unerwartete Geschenke mitbrachte; einmal war es ein Igel, den ich anderntags vor ein Holzwägelchen spannte.

Einer der Vorzüge eines solchen Dorfes war es, daß ein Name wie die Münze einer Währung überall anerkannt war; das heißt, man brauchte nur einen Namen zu nennen, und damit wußte ein anderer schon, woran er war. Diese Überschaubarkeit, dieses Sich-Auskennen war freilich auch eine scharfe Begrenzungslinie; denn wer sich einmal durch ein bestimmtes Verhalten einen Namen gemacht hatte, der wurde ihn nimmer los. Ein Kind empfand freilich nicht, wie schwer es jeweils ein Mensch in dieser Gemeinschaft hatte, wenn er seine eigenen Wege ging; doch witterte ein Kind instinktiv, daß so ein Mensch weiche Stellen hatte. Die weiche Stelle war dies: einen solchen Menschen schützte nicht rundum Achtung; die Kinder griffen die herablassende Erwähnung von so einem Menschen durch die anderen Erwachsenen auf und erkühnten sich zu manchem Schabernak. So wohnte eine Lehrerin im Dorf, der man wie einen Schneeballen den Diphtong „aj" an den Namen gepappt hatte, so daß sie nur die „Bunkaj" gerufen wurde. Es war außer einer vergleichsweise größeren

Güte und Nachsichtigkeit an dieser Frau nichts weiter Auffallendes; doch sprach sie von Dingen, die den anderen Dorfbewohnern lästig und zugleich lächerlich waren – was wollte denn auch ein Handwerker vom ,,Geistfeuer Gottes" wissen, einem Buch von Carl Welkisch, aus dem diese Frau öfter etwas ins Gespräch einfließen ließ. Sie schien sich überdies ohne Fleisch zu ernähren – und wenn dann einer sagte: ,,Brouder, wenndsd nix gscheits frißt, nacher wird nix gscheits aus der", dann war eine solche Haltung ein für allemal der Lächerlichkeit und Hilflosigkeit preisgegeben. Allerdings hatte dann eine solche Lage keinen Ausschluß zur Folge; es war ja auch lange über das ,,Flüchtlingsgschwertel" geschimpft worden, ohne daß man es hinausgedrängt hätte – vielleicht lag das auch daran, daß selbst so ein Dorf keine abgeschlossene Welt mehr sein konnte, das unabhängig von aller Welt hätte leben können; und so ließ man ins Dorf herein, was an ,,Modernem" hereinwollte. Mit welcher Neugierde betrachteten wir nicht die Plakate, die am Zaun des einen Wirtshauses angeschlagen wurden, um einen Film anzukündigen, der dann am Wochenende im großen Saal gezeigt wurde. Einer hieß ,,Meines Vaters Pferde" – und er erinnert mich heute daran, wie schwer es ist, zu begreifen, daß zwar Heimat immer an Landschaft und Ort gebunden ist, aber zu etwas Vergangenem werden muß, wenn man daran keinen Anteil mehr hat. Doch erfuhr das Kind rechtzeitig den Unterschied zwischen Landschaft und Heimatlandschaft; letztere besteht immer aus einer intimen Beziehung zwischen Mensch und Umgebung, aus einer Mischung von Bleiben und Entdecken.

So hat mich das Kindheitsdorf in einer späteren Zeit gelehrt, daß fortan beim Betrachten und Entdecken anderer Landschaften immer hinzugedacht werden muß: dies ist auch Heimatlandschaft — für andere Menschen. Das von innenheraus auf die nächste Umgebung Schauen ist eine besondere Art der Anteilnahme — sie gehört zur Glücksmitgift des Kindes; aber auch das geschickte Umgehen der Menschen mit der Wahrheit: dem Betroffenen hätte man nie mit einer so anteilnahmsvollen Offenheit gesagt, was man untereinander über einen sterbenden Menschen sagte: ,,der is fei arch z'sammgangä . . ."

Vor dem inneren Auge ist das Kindheitsdorf etwas Unwiederbringliches geworden: ein Ort mit Häusern und Menschen, dem die vier Kirchen besondere Akzente gaben. Manchmal hat es zwar den Anschein, auch solche Orte verlören nach und nach ihre Unverwechselbarkeit, aber man braucht sich nur auf einige Menschen zu besinnen, und es stellt sich das Unverlierbare wieder ein, und ebenso die Einsicht, daß manches Bedeutende eben nur eine Zeitlang wirken kann: wie etwa der selbstbewußte Ruf ,,Bekanntmachung" des Gemeindedieners, der mit seiner Glocke das Wichtige ausläutete, oder die oberösterreichischen Exulanten, für die Thalmässing zuerst Zuflucht und dann Heimat wurde.

Birkenfeld – Schloß

Recheldorf

Nördliche Landschaften

Immer wieder in die Fränkische Schweiz

Vielleicht lag es tatsächlich nur am sonnenklaren Wetter — je weiter ich von Forchheim aus hineinfuhr, desto schöner fand ich die Gegend; ja, es wunderte mich, daß ich dort schon lange nicht mehr gewesen war: es sieht zauberhaft aus.

Vielleicht lag es auch noch mit an meinem Reisetag: mitten in der Woche, ziemlich früh am Morgen; wenig Verkehr also.

Kurz nach Weihnachten war ich in Forchheim gewesen, hatte mir die mechanische ,,Fuchs-Krippe" angeschaut — die Hinweisschilder ,,Fränkische Schweiz" waren mir wie Schilder in eine Fremde vorgekommen, und ich mußte immerzu denken: Das ist diese eine deutsche Eigenart: wenn du schon etwas Gewünschtes nicht hast, holst du es dir mit einem Vergleich. Es ist wie mit der Reklame für Seifen, die einem einredet, mit dem Kauf eines solchen Stücks sei man bereits im Meer; Betrug allenthalben.

Jetzt, im Mai, kann es aber doch nicht nur am Wetter gelegen haben, denn von der B 470 aus geht der Blick immer gerader in eine ruhige Landschaft, die zusehends den Eindruck des Unversehrten macht.

Ach, sagte ich mir im Auto, denk einmal nicht an den Zusatz ,,Schweiz", versuch nichts mit der schweizerischen Wohlbehütetheit zu vergleichen, nimm es so, wie es kommt.

Es kamen Rüssenbach und Ebermannstadt, die Ruine Neideck und Streitberg, Burg Gaillenreuth und Wohlmannsgesees. Bald bog ich aus dem Tal ab, fuhr eine Höhe hinauf; an einem Waldrand blühte üppig lila und rot das Lungenkraut.

Plötzlich fängt eine andere Landschaft an: man braucht nur fünfzig, sechzig Kilometer von Nürnberg aus zu fahren und alles sieht anders aus – mit einem Mal empfindet man: trotz allen Wachstums: dieses Rest-Deutschland ist immer noch erstaunlich geräumig.

Auf der Hochfläche, von Moggast aus, Richtung Morschreuth, hinüber nach Urspring oder Türkelstein – es ist nicht die Sprödigkeit der fränkischen Jurahochflächen, auf denen ich stets eine angenehme und zugleich rauhe Weltverlorenheit empfinde: hier ist die Fläche immer wieder durchbrochen. Die Wälder sind gemischt, Hecken ziehen sich quer durch die Felder, blumendurchsetzte Raine sind zu sehen, keine allzu großen Wege, die Felder sind nicht ausgewalzt, immer wieder Bäume, Obstbäume und um diese Zeit nach frühem Honig riechende Ahornbäume.

Diese Gliederung, dieses Abwechseln gibt der Landschaft etwas Mildes. Auch fiel mir auf, daß allenthalben Kruzifixe in Dörfern und an Wegen stehen; sehr ruhige, schöne Zeichen. Viele sind aus Gußeisen, manche zeigen einen großen, weißen Leib. Wohl sah ich niemanden davor stehen, doch als Erinnerung einer vergangenen Haltung wirken sie nach: man hat sakrale Zeichen in die Landschaft gesetzt – das muß aus einer Zeit stammen, als man das Leben, das zur Kirche als Mitte gehörte, noch hineintrug ins eigene Land.

Je länger ich herumging, desto mehr staunte ich auch über kleine Wegkapellen. Die eine, ein Bildstock in der Nähe von Zaunsbach, war mit drei Votivbildern behängt; nicht vergittert, nicht vernagelt — offen —, und eines der Bilder, das eine Heiligengeschichte nacherzählte, war mit Bildunterschriften versehen: italienisch, spanisch, französisch und dann erst deutsch.

In Hundshaupten muß jemand auf den Einfall gekommen sein, dem Einfallsreichtum der Natur etwas nachzuhelfen, denn es könnte ja die bloße Natur den Menschen zur Abwechslung nicht genügen; Zerstreuung, so scheint es ja gelegentlich, wirkt nur noch in immer stärkerer Dosierung. Vielleicht ist das so wie mit dem Rauschgift . . . Jedenfalls gibt es in einer kleinen, waldigen Bachkerbe bei Hundshaupten einen kleinen Wildpark mit allerhand schönem Getier. Für Kinder mag das nach einer Wanderung recht hübsch sein: Schäfchen streicheln, Schweinchen füttern, Damhirschen zuschauen . . . Es haken sich solche Anlagen im Gedächtnis fest, und einige Jahre später geht man hin, läßt die Kinder Steinbock und Hirsch betrachten — und selbst staunt man über das Alter mächtiger Bäume, so daß man sie wie Boten des Göttlichen anschauen kann.

Gewiß wäre es unfair, angesichts von Hirschen zu sagen: ,,Schaut nur hin, früher ist solches Viehzeug frei in der Natur herumgelaufen!'' Wir werden ohnedies nicht mehr um das Reservat herumkommen, in dem das Erhaltene in beschränkter Freiheit immerhin wenigstens überhaupt noch erhalten wird. Ein Reservat — mir scheint, dies ist die beste Bezeichnung für die fränkische Schweiz.

Immer wieder in die Fränkische Schweiz

Ein paar Tage später fuhr ich wieder hin. Diesmal über die Strecke, die von Gräfenberg aus hineinführt. Inzwischen wußte ich, daß es aus Anlaß der ,,150 Jahre Fränkische Schweiz" einen ,,Festsommer" gibt; der Fränkische Sängerbund wird mit von der Partie sein, Höhlenseminare gehören dazu wie Dressur- und Springreiten, Segelfliegen und Festzüge, geistliche Konzerte und ein Kürbisfest; ,,preiswert und abwechslungsreich", so der Prospekt, werde alles sein. Wäre dagegen etwas zu sagen? ,,Veranstaltungen" scheinen die uns gemäße Form geworden zu sein für ,,das" Ereignis.

Ich sah die kräftige, kantige Silhoutette der Burg von Hiltpoltstein, einen Torturm, die gelben Löwenzahnwiesen der Vorwoche hatten sich zu einem fliederleichten Weiß verfärbt; noch mehr Hecken und Obstbäume sah ich, und öfter als anderswo Menschen mit geprägten Gesichtern auf ihren Feldern hacken und mähen, sogar mit einer Sense. Ich sah nicht sehr neue Häuser, in Weidenhüll zum Beispiel, und ich freute mich, daß Menschen die Fenstersimse mit Geranien schmücken. Bei Kirchbirkig stieg ich aus, und gleich hinterm Ort begann eine wuchtige Allee aus kräftigen Lindenbäumen in den Wald zu führen.

Mancher Backofen zeigt noch den Ruß des Gebrauchtseins; manches Bauernhaus hat hoch unterm Giebel die schmalen Bretter an den Einflugöchern der Tauben; in modischem Rustikalholz weisen Schilder auf die Möglichkeit des ,,Urlaubs auf dem Bauernhof" hin.

Die bäuerliche Lebensform − sie hat ihren Rhythmus, ihre Mühe, gewiß auch ihr gleichmäßig einströmendes Geld, aber eben auch diese Abwechslung, die−

ses Verpflichtetsein dem Grund und Boden gegenüber; vielleicht färbt davon etwas auf die Besucher ab. Hasenställe waren zu sehen, und mit einem Mal geht es hinab zur Schüttersmühle — mit einem Mal wird alles anders: rund gescheuerte Felsen schauen aus dem Waldgrün heraus, die Landschaftsform ,,Tal" wird hier sichtbar.

Vielleicht ist das eine der schönsten Straßen bei uns: auf der einen steilen Hangseite die geschliffenen porösen Felsen, auf der anderen die bis zur Straße herabreichende Bewaldung, dazwischen immer wieder das Wasser in seiner unnachahmlichen Munterkeit.

Vor dem Felsdach der großen Teufelshöhle hatten sich schon Besucher gestaut — und wer vergnügte sich nicht gerne einmal am Anblick des Erdinneren?

Auf den Wiesen leuchteten Storchschnabel und das zarte Blau der Glockenblumen.

Hinter der Teufelshöhle ist der kleine Fluß zu einem See gestaut; Schiffchen eines Bootsbetriebes warten — und auch das gehört zum Zeitvertreib, genauso wie das sommerliche Paddeln auf der Wiesent. Überhaupt diese kleinen Bäche: Püttlach und Aufseß, Wiesent und Leinleiterbach, Ailsbach und Trubach . . .

Oft mußte ich denken: schau dir das an, es geht wirklich: man kann eine Landschaft erhalten, man kann kilometerweit das Flußgrün unbegradigt dahin sich winden lassen, man muß keine Silos hineinbauen, nicht einmal eine Autobahn; es geht auch ohne große Werke, man kann die Bäume respektieren und dazwischen Wanderwege anlegen und meinethalben auch eine Menge Wirtshäuser mit immer denselben roten Plastikstühlen. Ein Reservat für Mensch und Landschaft ist möglich.

Immer wieder in die Fränkische Schweiz

Das alles: ich fand es angenehm — vielleicht wegen der unaufdringlichen Lieblichkeit in dieser Talschneise von Behringersmühle, wo mehrere Bäche ineinandermünden.

Dann freilich zögerte ich: etwas allzu bedeutungsvoll erschien mir das Hinweisschild zur ,,Wallfahrtsbasilika" von Gößweinstein. Das ganz Große, dachte ich, zu uns paßt das nicht. Trotzdem fuhr ich die Windungen hinauf.

Mitten im Ort steht da dieses fast basaltbraune, doppeltürmige Monstrum. Ich bin hingegangen, sah auf das geschwungene Portal und dachte: das könnte von Balthasar Neuman entworfen worden sein. Nicht das Mächtige dieser Kirche sagte mir zu, sondern die gesamte Anlage. Zur Kirche gehört auch der mit einem Steingitter umfaßte Vorplatz mit ein paar Stufen. Dieser Platz sagt eindeutig, daß eine der Kirche entsprechende Architektur eben auch den Vorraum mit einbeziehen muß — nicht nur zur Sammlung —; er verlängert sozusagen die Ruhe und Größe der Kirche nach außen. Auf den Steinsäulen zwischen den Steinballustraden sind Tupfen: goldene Federn aus Metall zum Zierrat. Auch das Innere hat seine Luftigkeit, seine Helle — wenn man langsam auf das Gnadenbild zugeht, die alabasterweißen Figuren sieht. Der Fremde wird hineintreten; die Anschläge von Wallfahrten lesen. Es spielt da etwas sehr Unzeitgemäßes herein. Eine Nonne kniete und betete. Es geht ein Zauber von dieser Räumlichkeit aus, in der auch etwas Leichtes zu sehen ist: die vier hellweißen Evangelisten, die, ganz Körper, an der Kanzelwand sitzen und ihre weißen Füße, mit Goldsandalen, in den Raum baumeln lassen.

Freilich sah ich auch dies: den kleinen Broschürenstand mit allerhand belehrender Literatur — und das mutet mich immer komisch an, denn es erinnert an das Missionarische von Broschürenständen, egal, ob sie von jungen Kommunisten oder in Kirchen aufgebaut sind; mir sehen sie immer wie etwas verzweifelt Ehrliches aus — ,,wahres christliches Leben ist anders", verkündete eine der Broschüren; ja, das mag wohl sein, und an solche Hoffnungen erinnert die ganze Kirche. Unberührt in ihrer Würde von den Ständen kaum 100 Meter weiter draußen entfernt, an denen Sonnenhüte baumeln und klafterweise Spazierstöcke angeboten werden. Sicherlich auch für jene älteren Besucher, beispielsweise aus Berlin, die sich im Fremdenbüro über einen unzulänglichen Fernsehraum beklagten, denn, so eine der Damen, was sollten sie denn sonst am Abend anstellen. Ramsch und Kitsch — was sind sie anders, als der Versuch, sich vermittels billiger Gegenstände an das Einmalige zu erinnern? Das Eigentliche einer Wallfahrtskirche: daß man sich einmal aufmacht ins Neue, Unbekannte — bleibt davon unbenommen.

Ich gehorchte den lockeren Windungen der Hochflächenstraßen, ihrer Schmalheit — Buckenreuth, Wolkenstein, Ursprung, das Kirschendorf Pretzfeld, Kirchehrenbach, Egloffstein . . .

Es liegt doch nicht nur am Wetter, wenn einem diese Landschaft gefällt.

Fränkische Schweiz: immer wieder von vorne beginnen. Wo ist der Anfang?

Für die Möglichkeit einer allerersten Entdeckung gibt es keinen Ersatz. Da aber niemand mehr ein Columbus sein kann, bleibt überall die Chance, eine Landschaft für sich zum ersten Mal zu entdecken: wenn man nur den Vorsatz dazu hat.

Oft hatte ich mit Verwunderung gesehen, wie sich an Wochenenden Scharen von Autos, mit Booten bepackt, in die Fränkische Schweiz aufmachen; zumeist sind es Paddelbootfahrer.

Es ist ein Vergnügen, an irgendeiner Stelle sein Boot ins Wasser zu lassen und sich nach und nach dem Sog der Strömung zu überlassen.

Eine Weile treibt das Schlauchboot gemächlich dahin, dann hört man das Wasser heller rauschen, und schon erfaßt einen die Schubkraft des Wassers, alles Lenken wird vergeblich, denn man ist ja nicht auf das gefaßt, was nach einer Windung kommt: über glattgeschliffene Steine geht es hurtig hinab. Manchmal wird man herumgewirbelt von dem eiskalten Wasser, ein mit Algen bewachsener und darum ganz glatter Stein wird fühlbar unter dem Bootsboden, oder man gerät durch einen Strudel unter das Geäst einer Weide, in deren Blattwerk abertausende von Mücken schwirren, die einem für wenige Augenblicke die Sicht nehmen.

Dann wird es wieder ganz ruhig; das schmale Flüßchen breitet sich aus, glatt ist seine Oberfläche – inmitten der Landschaft . . . Getragen vom Wasser, umgeben von Stille, durch die Flußschwalben schwirren, im Flug ihre Nahrung aufnehmen . . .

Ab und zu wirft am Ufer ein Mensch seine Angel aus und kurz darauf schnellt er die Fangschnur nach oben: eine Forelle windet sich daran; ist sie zu gering, wird sie ins Wasser zurückgeworfen.

So kann man stundenlang flußab treiben. Ab und zu beschleunigen ,,Stromschnellen" die Fahrt — für eine Weile ist man ganz inmitten des Natürlichen. Es ist, als bedrängten weder Menschen noch Straßen diese kleinen unversehrten Flüsse. Ein herrlicher Aufenthalt — aber nur besuchsweise möglich.

Die Fränkische Schweiz — das ist freilich auch ein Traum, ein Ferienparadies, ein Wochenendparadies, eine Frischzellenkur. Ist das alles? Wir wissen es doch alle: die alten Bräuche sind abgestorben, die Trachten sind tot — was da wiederbelebt wird, das sind Wiederbelebungsversuche: ein Ganzes wird nicht wiedererstehen. Und: eine Mischung, eine Kreuzung wäre nicht möglich? All unsere Geschäfte, alle Umtriebe und der Rückgriff auf Altes . . . Kann das gehen? Wir alle gehen unseren Geschäften nach, und sie befriedigen uns nicht, und wollen uns dabei auf einen alten Grund beziehen, der wie ein Quell weitersprudeln soll. Ist es denn damit getan, daß dann an Ostertagen mit einem Mal wieder etwas aufschimmert, etwas aufleuchtet, paradieseshell?

An einem Ostersonntag, da noch Schnee lag, bin ich mit meiner Frau in die Fränkische Schweiz gefahren. Zum wievielten Mal war das? Freunde hatten uns gesagt, die Osterbrunnen wären eine Reise wert — und also sahen wir sie uns an, in Gräfenberg beginnend, bis Gößweinstein. Es ist in der Tat eine Verzauberung, die da geschieht: Aus den normalen Orten werden auf einmal Muscheln, die wunderschöne Perlen treiben: in beinahe jedem Ort, wo es noch einen Brunnen gibt, verwandeln sich die Brunnen zu Osterbrunnen. Menschen, in ihrer Heimat lebende und tätige Menschen sind es, die ihre Brunnen umgestalten: Prächtige Girlanden aus bemalten Eiern schmücken die Brunnen – denkt denn noch einer daran, daß uns das Wasser der Quelle, des Brunnens kostbar, ja noch heilig sein kann? Spüren wir, daß wir trotz aller Perfektion der Technik davon abhängen? Wir alle wollen ja keine Abhängigkeit mehr. Wir haben zu danken verlernt.

Hier aber mit einem Mal diese heftige Zuwendung: Man schmückt doch die Brunnen nicht bloß deshalb, weil dann mehr Fremde kommen. Es muß da tief verborgen noch einen Sinn für etwas Göttliches geben. Trauben von Eiern – auch der unscheinbarste Brunnen leuchtet jetzt farbig, bunt. Ostereier wie Farbkugeln ... Einmal im Jahr also noch echtes Brauchtum ...

Und dann kommt wieder der Anruf eines Mannes vom Goethe-Institut: auch heuer finde in Nürnberg ein Sommerkurs für ausländische Deutschlehrer statt, man werde volles Programm haben, aber an einem Tage möchten sie doch alle einmal wirkliches Leben erfahren – ob ich sie nicht wieder in die Fränkische Schweiz begleitete ...

Mein Gott, denk ich, was wollt ihr denn sehen? Ihr wollt doch anschauen, was es längst nicht mehr gibt. Wärs nicht besser, euch ausländische Deutschlehrer in Nürnbergs triste Vororte zu führen als euch eine Idylle vorzugaukeln, die es nur noch dem Anschein nach gibt ... Und dann denk ich: warum nicht? Es ist dort schön, und es gibt was zu sehen für den, der fast ausschließlich in Städten haust ... Schaut euch an, wie man hier sein Geld verdient.

Und wieder besteigen wir den Bus an einem Sonntagmorgen. Bitte, sage ich, sehen Sie sich den Steckalaswald an, mehr haben wir hier nicht zu bieten, aber bald wird es sanft werden, Hügel werden kommen; eine Landschaft, in die der Mensch noch immer keine Städte hineinzusetzen wagt. Ich erzähle vom Fleckenteppich Franken, von der schieren Unerschöpflichkeit, von der vergangenen Autonomie, von der Unmöglichkeit, jetzt noch von typisch fränkischem Eigensinn zu sprechen – und schon hinter Gräfenberg spür ich, wie sie das alles nicht mehr interessiert, wie die busgeschaukelten Augen ganz Auge werden für die Landschaft; für eine Landschaft, die auf wundersame Weise enthüllt, daß Landschaft immer auch Luft braucht, daß sie tödlich, ja mörderisch werden kann, wenn sie nur nach dem Rechteck angelegt ist. Ich sehe, mit welcher Wollust sie die Felder mit den Augen trinken: die Kruzifixe an den Weggabelungen, den unverstellten Horizont, die Läufe der Bäche, die Waldinseln und eben jene Feldraine, aus denen es jetzt kirschrot glüht. Ach, welche versunkene Sehnsucht taucht da auf, wenn man die Leitern in den Kirschbäumen sieht: die Götterfrucht, von Hand gepflückt, ohne Erntemaschinen. Und auch die Felder sind immer wieder durchbrochen, vielgestaltig ist alles.

Zeige ich den ausländischen Gästen die falsche Idylle? Wir fahren über eine Hochfläche und dann nach Egloffstein. Sie wollen es nicht glauben, daß das Wasser so rein ist, daß man mit eigenem Auge die Forellen sehen kann, und auch das kritischste Auge nimmt sicher nichts wahr vom vielbeschriebenen Waldsterben. Längst sind ja die Bruchschäden vom Wintereisregen beseitigt.

Immer wieder in die Fränkische Schweiz

Wir steigen dann in Egloffstein aus und gehen den steilen schmalen Weg zur Burg hinauf. Zuvor habe ich Goethe erwähnt und seine Korrespondenz mit einem der Fräulein von Egloffstein. Wir gehen keuchend hinauf, und voller Stolz weise ich auf die Bauerngärten hin: es ist noch alles zu haben: diese wundersame Mischung aus Nutz- und Ziergarten; Johannisbeeren und Himbeeren werden reif, Petersilie und anderes Gewürz ist zu schmecken.

Wenn wir dann wieder hinabgehen: sie beginnen zu begreifen, daß Orte eine Mitte haben müssen, daß es einmal Stil gab, daß aber immer die wachsende Mischung das Bedeutsame war — Fachwerk und Walmdach, Kirche und Hof. Und wenn wir dann zu einer neueren Siedlung sehen, fährts ihnen jäh in die Augen: da will jeder Hausbauer vom andern nichts mehr wissen, jeder nur noch für sich — hier aber, inmitten der Orte: noch dieses einander Zugewandtsein; das war es einmal. Es geht so nicht mehr.

Nein, ich will nichts verklären. Ich weiß ja, so wie's war, geht's nicht mehr — und doch war früher eine Idealform erreicht — wenn man bloß, vor Kirchenbirkig, eine Weile die uralte Hufeisenform eines fränkischen Hofes anschaut: eine Form, aus Notwendigkeit geboren — zu Schönheit geworden.

Dann biegen wir bei der Schüttersmühle in das hinreißende Felsental. Wir sehen die vom Wetter kahl geschliffenen Felsen, wir sehen Tüchersfeld — ach, es ist ein Zauber, es ist ein Paradies: nur, wir können bloß noch hindurchfahren oder wenigstens für eine Stunde wandernd den Wiesenduft aufnehmen.

Nördliche Landschaften

Es geht an der Teufelshöhle vorbei, am Felsenbad, dann hoch hinauf – nach Gößweinstein. Natürlich sehen sie dort all die Touristenläden und den Krimskrams, und werden davon doch nicht verblendet, um zu spüren: aja, hier haben die Architekten nicht nur die Kirche gebaut, sie haben auch den Vorplatz in ihr Bauen mit einbezogen – es ist ein hinreißender Platz: mit Balustrade und Brüstung und eisengeschmücktem Gitter, auf dem Goldflammen glänzen – der Vorplatz als Vorhof der Kirche, als Vorhof Gottes: Schaut euch das an, auch das war einmal möglich.

Ohne allen Kommentar glauben sie, daß in dieser Kirche Herrlichkeit gebaut worden ist: die Herrlichkeit Gottes, von Menschen nachgebaut. Und dann das Gelächter, das mit einem Mal fast zu Bewunderung wird, wenn ich sie nebenan in die Mirakelkammer führe und sage:,,Sehen Sie, da gab es Menschen, die liefen schwitzend und keuchend und stöhnend und nicht ohne Lust, lange Wege, haben geglaubt, dem Glauben mehr Kraft eingeräumt als dem eigenen Tun und für wahr gehalten, daß Gottes oder eines Heiligen Kraft eine Heilung bewirkte, und also haben sie sich mit diesen wunderlichen Gestalten bedankt: Kinderpuppen, Trachten mit Kronen, auch Krücken sind da und Gipsfüße – eine höhere Macht hat ihnen geholfen, und sie hinterließen diese sichtbaren Zeichen einer tiefen Dankbarkeit. Wir können doch nicht mehr aus so tiefem Herzen danken wie diese Leute damals . . ."

Und wie bin ich froh, wenn wir in der Mittagshitze dann nicht ein Touristenspektakel sehen, sondern wirklich Zeuge einer Wallfahrt werden: Wie da Menschen aus weit entlegenen Orten hierhergepilgert sind, mit Pfarrer und Musikkapelle – hierher – zum Gottesdienst – nicht für Fremde – nicht für Fernsehkameras. Eine Innigkeit, die sofort glaubwürdig erscheint. Beinahe andächtig stehen wir da, lauschen den uralten Kirchenliedern und sehen zu, wie sie nun schwitzend davonziehen, irgendwo und irgendwann Rast machen werden, ihre Freude am gemeinsamen Gang haben – und erst in der tiefen Nacht werden sie wieder zu Hause sein: zu Fuß.

Wir fahren mit dem Bus weiter, in eines der kleinen fränkischen Wirtshäuser hoch auf dem Berg nach Moritz. Ich habe sie diesmal nicht in die berühmte Pulvermühle geführt, wo vor Jahren jene berühmte Gruppe 47 tagte und von aufrührerischen Studenten aus Erlangen gestört wurde – Geschichte sollte man nicht aufrühren. Obwohl es ja ganz amüsant war, daß uns der Wirt am Ende eigenhändig auf der Ziehharmonika ,,Muß i denn zum Städtele hinaus . . ." vorspielte. Es war einfach zu teuer, zu schick, zu fein, wie überall. Dann doch lieber in eine normale Wirtschaft wie in Moritz.

Ich spüre dann um die heiße Mittagszeit, wie selbst die ältesten und auch die jüngsten Teilnehmer unserer Reise von einem Zauber ergriffen werden – als wäre es für sie ein Glück, nun einmal wirklich neben einem leibhaftigen kühlen Fluß einherzugehen, im Tannen- oder Fichten- oder Buchendunkel: im Wald. Natürlich, keiner von uns wird mehr zum Waldgänger, aber da ist etwas zu spüren: die Nähe des Wassers, der Bäume. Sie alle spüren mit einem Mal, wie ihre Schritte leicht werden, wie sie zu erzählen beginnen, als wären wir alle eingedrungen ins Allerheiligste der Welt, und tun doch nichts anderes als gehen — und reißen die Augen auf, wenn ich ihnen einen Türkenbund zeige.

Am liebsten blieben sie am Ufer von Püttlach oder Wiesent sitzen oder bestiegen eines der kleinen Ruderboote, mit denen jene ,,Freien" das Gewässer befahren — es geht nur noch mit den Augen, beruflich-, also existenziell geht das nicht mehr, aber man kann sich's vorstellen, und alle sind sie gerührt, wenn dann urplötzlich das Dampfzüglein heraufrattert durch die Stille in dieses ,,Eswareinmal".

So verbringen wir den Tag. Keiner will mehr eine Höhle besichtigen. Auch das Streitberger Bitter ist ihnen jetzt schon zu viel — sie genießen es, daß da wirklich noch leibhaftige Menschen am Straßenrand sitzen und ihre Kirschen verkaufen. Beinahe wie im mittelmeerischen Süden ist es. So gehn wir durch die Hitze und in einem Orte, bei Ebermannstadt, glauben wir, daß das alles noch möglich ist: Kirchweih, rund um eine uralte Linde herum, von mächtigen Holzstreben gestützt. Richtige, echte Musik, und auch die Kostüme, die Trachten sehen mit einem Mal ganz echt aus. Was will man denn mehr als unter Menschen, unter Bäumen sitzen, beisammen sein und sein Bier trinken?

Ja, sage ich dann, jetzt müßte man tagelang gehen, dann erst würde man mehr schmecken von der Fränkischen Schweiz. Es ist ein Garten, ein kleiner Paradiesgarten — genug davon! Jetzt wollen wir uns noch eine Stadt vornehmen — und das kann nur Bamberg sein.

Auch Bamberg leuchtet dann in seiner wundersamen Mischung der Baustile. Ich spüre es an den Gesichtern der Ausländer: darum beneiden sie uns Deutsche, um solche Städte, in denen der Gewerbefleiß quasi nur unter der Hand gedeiht und läßt so schöne, so hinreißende Architektur gedeihen. Es ist ihnen dann gleichgültig, wenn ich von der Neugierdelosigkeit vieler Bamberger berichte: ,,Erzählen Sie uns nichts davon, das wollen wir gar nicht wissen — uns gefällt dieses wundersame Nebeneinander der Architektur — wie da Romanik, Gotik, Renaissance, Barock, Klassizismus zu einer hinreißenden Einheit verschmolzen." Plötzlich wird das Nebeneinander schön — mehr wollte ich ja gar nicht zeigen.

Schöner Garten Sanspareil

Enge, Unrat, Mißratenes, erträglich Unerträgliches, Hingenommenes — dieser Herrschaft entzogen, ein Pendant zum rasenden Tempo: der Garten. Unausrottbar des Menschen Sehnsucht nach Bestand, nach Glück — als hätte er es niemals anders denken können denn als Insel, immer ist Täuschung dabei und Hoffnung. Dieses Motiv schmeckt aus jedem gelungenen Garten, und schon der Weg durch die fränkische Schweiz führt durch eine Parklandschaft; dort ein anmutiges Wort: doch von oberfränkischen Zungen wie ein Wackerstein klingend, eher ,,Somparä" denn sanssouci-schwingend ,,Sans-Pareil" — französisches Einsprengsel im Fränkischen, kurzerhand nach einem Ausruf des Entzückens so genannt: ,,Ohne-Vergleich".

So stolze Ankündigung weckt Erwartungen. Unter der Bleistiftschwärze des Turms der Hohenzollernburg Zwernitz dunkler Baumbestand; neugierige Schritte zu Felsnischen mit ominösen Namen: ,,Eiskeller" und ,,Hühnerloch". Nichts gestalterisch Schönes auf den ersten Blick — das soll ein Garten sein? Kein Zaun, kein Rummel, nicht einmal große Hinweisschilder. Zur Straße zurück, hinter bescheidenem Schloßcafé ein kleines Häuschen, der ,,morgenländische Bau", dessen Verkrustungen dem Stein ein künstlich ruinöses Aussehen geben sollen — Augentrug des Rokoko.

Von hier aus geht es auf tuffsteingesäumten Wegen in den Felsengarten — eigentlich nichts anderes als ein Stück bewaldete, felsblockdurchsetzte Landschaft auf leichter Anhöhe, inspiriert von Friedrich des Großen Schwester, Wilhelmine, Markgräfin von Bayreuth.

Mit Eiben und Buchen beginnt es, mit ihrem Grün und glattem Stammgrau. Mit einem Mal beginnt Bezauberung. Ganz unabsichtlich und dennoch gewollt, sind die Wege zu Felsbildungen gelenkt, deren natürliche Auswölbungen, Überdachungen und Nischenhöhlungen dem Stein etwas Lustiges und Bizarres geben — als habe man Landschaft nur als Fassung gebraucht zum Necken und sich Verstecken. Ein Nachkomme der Idee vom englischen Park: zu betrachten als ein der Landschaft zugehöriger, ihr eingeordneter, aber sich hervorhebender Bereich. Darin — jetzt von Feldern umgeben — die leise Einmischung des Menschen: man hatte damals Fénelons ,,Les Aventures de Télemaque" gelesen und aus welchen Gründen auch immer die Szenerie nachgespielt; der Garten sollte zur ,,Zauberinsel" werden. Ohne große Eingriffe stellten schon Namen die Welt einer spielerischen Illusion her: Vorbei an der ,,Mentorsgrotte" zu ,,Dianagrotte" und ,,Vulkanshöhle", ganz zum Schluß des kaum mehr als 500 m langen, grade an die 100 m breiten, und dennoch geräumig wirkenden Gartens ,,Sybillengrotte" und ,,Äeolusgrotte". Es ist schön, sich darin zu verlieren, auf ausgehauenen Steinbänken zu sitzen, bei der ,,Bärenhöhle" oder auf dem ,,Pansitz". Es ist eine szenische Landschaft; freilich, der Rückgriff auf den Mythos, schon damals verdünnt, packt uns nicht mehr. Dafür glimmt im Schatten der hier seltenen Buchen der brennende Geruch des Türkenbunds; seine gesprenkelten, hochgewölbten seidigen Blütenblätter erinnern an das Giftigschöne der Orchideen, die auch in Franken Zug um Zug zur Kapitulation gezwungen werden.

Schließlich der magnetische Ort, auf den die Landschaftszenerie zuläuft: bei der ,,Kalypsogrotte" das ,,Ruinen- und Grottentheater". Wer Veitshöchheim oder Schönbusch kennt, der wird sagen: ,,Ganz in der fränkischen Art – eine Miniatur". Hier ists ein Miniatürchen. Hinter dem gespannten Vordach der Felsen, einem schmalen Orchestergraben, die längliche Bühne unter absichtsvoll ruinenhaft gelassenen Steinbögen. Sie sind ,,gemacht", als habe man mit den festen Formen der Felsen erst gar nicht wetteifern wollen. Schon damals genügten Atrappen, doch erfüllte man die Illusion mit Leben. Warum eigentlich spielt dort niemand mehr Theater? Nichts Repräsentatives, nichts für große Auftritte – wie im Felsentheater der Luisenburg bei Wunsiedel –, geradezu antigesellschaftlich dieser Garten, hochmütig intim, nicht zur Erholung wie ein Stadtpark gedacht, vielmehr ein Ort, an dem sich früher Gesellschaft selbst einzubringen hatte mit Spielen unter dem Dach einer Idee.

Der Besucher heute bringt nichts mehr mit. Früher wurde hier gespielt, nicht nur auf dem ,,Tanzplatz". Heute geht man durch die Leere einer Staffage und vermag sich nur noch vorzustellen: als alles noch Bedeutung hatte, die Namen der Grotten mehr waren als Anspielung; das setzte zumindest Bildung voraus, um den Garten als landschaftliche Metapher für einen Roman zu begreifen, in dem man gerne gelebt hätte. Schon damals ahmte man nach — und muß ein Verhältnis gehabt haben zu den vorgegebenen Formen der Felsen, empfand sie nicht als tote Natur. ,,Der Garten wird zu einer Stätte der Empfindsamkeit" schrieb Friedrich Georg Jünger in seinem Buch ,,Gärten im Abend- und Morgenland", und fügte hinzu, was auch für Sanspareil gilt: ,,Payssage intime gibt es nur durch den Menschen". Davon ist hier eine Ahnung zu gewinnen, auch von der Neigung des Menschen zur zeitweiligen ,,Eremitage".

Dieser Garten ist eine originelle Laune, wie das Schlößlein mit Stuck — mit ,,morgenländischen" Akzenten eine Huldigung ans Fremde; sein Atrium ist um einen Baum gebaut. Das Mythische, die anakreontische Anspielung — sie haben ihr Magisches verloren. Heute wirkt die Ausstrahlungskraft der Bäume, als besuche man sie in einem beschützten Altenteil auf dem efeubewachsenen Waldboden. Wenn der Buchfink in die Stille seine Laute hineinwirkt, begreift man die Idee des Hains als einer Götterbegegnungsstätte. Am unbefangensten erfaßt ein herumspringendes Kind die Bedeutung dieser Anlage, die für uns eine Darbietung ist: Es spürt selbst in der kühlsten Grotte das Anheimelnde und Bergende von Höhlen, von Erdnähe, und im Steigen das Lustige des Kletterns. Das alles regt seine Phantasie zum späteren Tun an.

Ein Weltstück, das sich durch sein Wesen selbst abgrenzt: unverwechselbar. Dieser Garten-ohne-Vergleich drückt unseren Wunsch nach dem Unvergleichbaren aus. Freilich, man spürt auch: wenn die Ruinen durch Verkrausungen, Unwirklichmachungen der Mauern, so tun sollten, als wären sie echt — die unmittelbare Harmonie zwischen Mensch und Natur ist nicht mehr wiederherzustellen. Mancher Einbau aus der Entstehungszeit ist abgebrochen; der sprödbröslige Tuff neigt zum raschen Verwittern, doch Fels- und Waldstück mit Lichteinbrüchen strahlen etwas vom Natur-Belassenen aus und von der Sehnsucht des Menschen nach dem Zauber der Verwilderung: ein Lebensgefühl, so Friedrich Georg Jünger, das dort entsteht, ,,wo der Mensch die Ordnungen, in denen er lebt, mechanisch und drückend zu finden beginnt". Des Königs ,,geliebte Schwester" hatte auch davon eine Ahnung. Sicher, auch eine Flucht ins Geschichtslose; die künstlichen Ruinen deuten das an. Der Garten als Zustand und lautlose Darbietung — er hinterläßt in uns ein Bild von einem Stück Weltverschönerung.

Obertheres – Schloß Dittfurt

Sternberg – Schloßhof

Bögen um Wirsberg

Jeder kennt das Erschrecken auf seine Weise: vor Weihnachten kommt Gereiztheit auf, kaum einem glaubt man, der von der „stillen Zeit" redet — die Tage schnurren zu Einkäufen zusammen. Da es keinen Zwang ohne unsere Zustimmung gibt, wird jeder an dieser unheimlichen Beschleunigung mitbeteiligt, mitschuldig sein. Zugleich wird mancher spüren, daß diese Tage auch gebrandmarkt sind vom knapperen Tageslicht, der Verkürzung der Helligkeit. Es scheint, als könne man aus dem rasenden Zug der allgemeinen Beschleunigung nicht mehr abspringen. In dieser Zeit ziehe ich kleine Reisen ins Nahe vor.

In Südengland heißt eine Landspitze an der See „lands end", und mir fiel die unermeßliche Versprechung aus den Märchen ein: jemand mache sich auf „ans Ende der Welt". Auch in Bayern haben wir diese stumme Gegenwart — ein Ende unserer Welt. An der Zonengrenze hört vieles auf, auch unserer Neugierde nach dem, was dahinter geschieht. Ebenso verfügen wir, wie sonst kein anderes Bundesland, über eine Metropole, deren Rang unstreitig ist: München. Eine Metropole kann aber nur dann einen Wert darstellen, wenn sie nicht nur anzieht, sondern auch abstößt; sie ist kein ausschließlich herrschender Wert — doch setzt man sich zu ihr in Beziehung. Die Metropole hat ja nur Sinn, wenn es zu ihr weit entfernte Randgebiete gibt. Dort wirkt eine Alltäglichkeit, die mehr sich selbst überlassen ist. Dort werden die scheinbar großen Entscheidungen nicht gefällt. Wer sich dorthin begibt, empfindet Sehnsucht nach einer Landschaft, deren Bewohner weder sich selbst, noch ihre Umgebung überschätzen; nach einer Landschaft, in der die Eingriffe des Menschen das Gesicht der Gegend noch gewahrt lassen: Und damit beginnt Franken und seine Eigenart.

Wer auf der Autobahn von Nürnberg aus nordwärts fährt, sieht, nach dem Hienberg, nach den Orten Pegnitz, Grafenwöhr und Trockau, daß die Landschaft hügeliger wird, bergiger, rauher, weniger besiedelt, weniger bevölkert, ruhiger; zwar niemals menschenleere Naturlandschaft, doch auf angenehme Weise geräumiger, trotz Truppenübungsplätzen. Die freie Beschränktheit dieses Landstrichs wird im ausschwingenden Herbst am deutlichsten. Die einfache Größe ,,Entfernung" beginnt eine stärkere Rolle zu spielen: trotz Bahn und Autobahn kostet das Überwinden von Entfernungen nun mehr Zeit und Anstrengung, die erst recht zunehmen, wenn aus dem verhangenen Himmel der Schnee herabkommt und jede Fortbewegung bremst. Dann ahnt man, daß die Menschen in Oberfranken eine andere Kraft als in den großen Städten auszeichnet – ein Wille zum Bleiben, zum Beharren.

Die oberfränkische Landschaft hat etwas vom Aroma der Zuflucht. Hinter Bayreuth muten die Städte schon an wie vorgeschobene Grenzposten: Kulmbach oder Lichtenfels, Kronach oder Naila, Hof oder Coburg, am Ende Ludwigsstadt. Härte prägt diese Orte. Oft ist ihre Bevölkerungszahl rückläufig. Ins Auge fällt die tagtägliche Alltagsbewältigung. Zäh halten sich die Städte über Wasser, am Leben mit einer Neigung zur Heiterkeit, die auch den Klang ihres Dialekts einfärbt.

Nördliche Landschaften

An der Autobahnausfahrt Bad Berneck verließ ich die Autobahn und wählte in Wirsberg ein schmales Sträßchen, eingekerbt zwischen Waldhängen. Das Wasser eines Baches rann kalt durch das enge Tal. Hasenställe fielen mir in Adlerhütte auf. Dunkel schimmerten die hohen Stämme der Fichten. Die Gegenwart des Waldes beginnt. Allenthalben kleinere Fabriken; zwischen den Birken glimmt die ganze Widersprüchlichkeit verbesserter Technologien: sie müssen kahlfressen. Sehr langsam fuhr ich die Straße bergan. Ab und zu schnappte ich Sätze aus einer Bundestagsdebatte auf. Jemand von der ,,konservativen" Partei erkühnte sich, von Werten zu sprechen, die außerhalb der Ökonomie liegen. Er wetterte gegen die zunehmende Unsitte, jede menschliche Handlung zu ,,institutionalisieren", so daß aus dem Helfen sogleich ein ,,Dienstleistungsgewerbe" werde; Gemeinsamkeit würde sich fast nur noch in Form von Bezahlung ereignen; auch genierten sich bereits viele Eltern, wenn man nicht bei jedem Problem sogleich einen Therapeuten zu Rate zöge. Der Mann sprach von der Entmündigung des Einzelnen, der nur noch zahlender Gast in einer reinen Versicherungsgesellschaft zu werden drohe. Er nannte die kuriose Tatsache, daß in vielen Schulen nur noch zum ,,Aufsteigen" erzogen werde, doch daß es ,,da oben" so sehr viele Plätze gar nicht gebe.

Bleiben − nicht fortwährend nach Aufstieg schielen, sondern dort handeln, wo man ist, seit langer Zeit: Als illustrierten die Orte unbeabsichtigt jene Rede, sah ich hinter Cottenau einen Pfau durch einen Hof springen. Ist er nicht ein lebendigerer und schönerer Luxus als ein

Farbfernseher? Der Pfau schmückte mit seinen Farben den winterlichen Hof. Ich sah die fast schon wundersam anmutende Selbstverständlichkeit des Holzhackens, und eine Frau war sich nicht zu schade, ihren schweren Holzkorb über den Hof selbst zu tragen. Leben besteht hier noch nicht aus einem bloßen Beliefertwerden — die Erhaltung der Orte geschieht von innen heraus, von den Menschen, wird nicht an Stadterhaltungsbetriebe allein ,,delegiert".

Richtung Osserich, entlang einer sehr schmalen Straße, waren bereits die orangeschwarzen Stangen gesteckt, zur Orientierung für den Schneepflug. Wenige Häuser stehen da um einen Weiher. Die Trinkwasserversorgung ist noch längst nicht auf dem neuesten Stand. Verspätung spielt hier eine geringere Rolle.

In Weißenbach spielten Kinder mitten auf der Straße. Es war kalt. Vor einer Haustüre trockneten Maiskolben. Tief eingebrannt hat sich mir das verwitterte Fleckgrün eines Hausuntergeschosses, darüber sein ochsenblutrotes Fachwerk.

Wo Bayern allmählich aufhört . . . Das sieht nicht verkommen aus, nur etwas weniger luxuriös, dafür auf unverwechselbare Weise belebt: Schafe wurden in einen Hof getrieben, und immer waren da mehrere Menschen zusammen zugange. Wie einsam arbeiten wir doch in der großen Stadt . . .

Töpfe trockneten umgekippt auf Zaunspitzen. Ein zweites tiefgrünes Haus glomm mit seiner Farbe, Hunde rannten bellend dem Fremden nach, und hinter Weißenbach hört die Straße auf — eine Sackgasse, eine Schneise in den Wald.

Ich fuhr über Gundlitz in den Markt Stammbach, hoch an einem Hang. Überm zugedeckten Brunnen stand schon der Gemeindeweihnachtsbaum mit Elektrokerzen. Aus manchem Fenster leuchteten goldene Sterne: ein kleines Zeichen der Mitbeteiligung des Einzelnen an der Gemeinschaft. Schieferdächer, Walmdächer, Fabrikdächer — alles wirkt hier massiver als im Mittelfränkischen, kräftiger, klobiger. Es sind trotz vorzüglicher Straßen Bergdörfer hier oben — man muß über Treppen zur Kirche hinauf. Die Kirchen selbst an ihrem unverrückbaren Mittelpunkt, auch wenn sie selbst nicht mehr der Mittelpunkt eines jeden Ortes sind.

In Steinbach dampften die braunschwarzen Körper vieler Ponys eines Ponyhofes. Es wird schon seine Richtigkeit haben, daß hierher der Fremde gelockt wird, um sich die Zeit zu vertreiben, um zu verschnaufen. Möglich wird hier oben aber auch ein anderes Gehen durch die Wälder: um aus ihrem Dunkel herauszutreten, zum Beispiel in Steinbach, und an der Straße das groß überdachte Kruzifix unter Linden zu sehen. Der Himmel war jetzt schon dunkelrot, die Bäume hoben sich scherenschnittschwarz ab. Gelegentlich in der Dunkelheit des Winters an das Kreuz denken: es ist nicht mehr aus der Welt zu schaffen.

Noch stärker der Eindruck von Marienweiher. Vor der Siedlung in der Mulde des Leugasttales lagert der Reichtum geschlagenen Holzes. Wirtshäuser machen den Wallfahrtsort aus. Der Westturm der Kirche geht mächtig nach oben, dahinter ein Dachreiter. Volutenverzierungen an der Westfassade fallen auf. In einer ,,Mirakelkammer" sind Wachsfiguren zu sehen. Der

Aufgang über eine Treppe, die sich in ihrer Mitte teilt, nun doppelt nach oben führt, an einer Marienfigur auf einem hohen Sockel vorbei, goldgelb; dahinter das Gelbe und Weiße des Steins; schließlich die Treppenstufen selbst: Variationen des Modells einer Wallfahrtskirche.

Nicht die Details sind es jetzt, die mich berühren, sondern die Idee, die im Gebäude steckt. In unseren Jahren seit Kriegsende fehlte bislang der Geist und der Mut zu solchen Gebäuden. Ich sage nichts gegen Fabriken — nur: zu ihnen wallfahrtet man nicht, sie hat man zum Geldverdienen gebaut. Gegen ein solches Gebäude kommen Fabriken nicht an. Hier wurde etwas außerhalb der Rentabilität errichtet: zu einem geweihten, geheiligten Ort zu gehen — nicht bloß zur Selbstvergnügung, zum Picknick im Freien. An solchen Stellen wird spürbar, daß der Architektur zuerst ein innerer Auftrag zu geben war, um zu solchen Ergebnissen zu kommen, für lange Zeit gebaut; exponiert auf einem Hügel, zum Hinansteigen gebaut, eine Überhöhung des Alltäglichen.

Franken, hier oben wird das wieder sichtbar, ist auch ein Land der Kirchenarchitektur — nicht nur in seinen zentralen Orten wie Bamberg, Würzburg und Nürnberg.

Schließlich die Gestaltung der Ortskerne — und das Fertigwerden mit dem Problem: wie erweitert man Orte, ohne daß sie ihre Mitte verlieren.

Der Tag dunkelte sich ein. Der kurzhalsige Turm der Kirche von Marktleugast prägte sich ein. Die Straße fiel nun abwärts.

Nachdem ich den nächsten Ort schon durchfahren hatte, sah ich mit einem Mal das Flackern mächtigen

Gesteins — fester und gröber als in üblichen Steinbrüchen, tief aufgerissen der Boden; aufgebrochen der Steilabfall des Frankenwaldes. Das Gestein glänzt — wo früher Vitriol und auch Kupfer abgebaut wurden: Kupferberg — eine Bergstadt, eine Bergbaustadt. Heute wird nur noch der Fels von Hartsteinwerken abgebaut. In dieser groben Nachbarschaft des staubenden Steins die Anmut der Häuserzeilen des Ortes selbst. Das Spital mit leichtem Rokoko, unvermutet am Beginn des harten Frankenwaldes. Dazu ein Zwiebelturm. Innen das Helle, das prachtvolle Weiß und Braun. Weiter ortsaufwärts hat jedes Haus seine eigene Fassade, sein eigenes Gesicht. Das erinnert einen an die starre Symmetrie der Siedlungshäuschen, die auch hier allzu oft im rechten Winkel zueinander gesetzt sind, als verbänden sie sich nicht mehr zu einer Ortsgemeinschaft — Siedlungen eben, die dennoch etwas Pionierhaftes ausdrücken.

Auch darum mag ich das oberfränkische Land: immer wieder Reserven des noch nicht Gesehenen. Das Land verfügt über einen anregenden Bestand an Architektur. Früher schaffte die Architektur die geschlossenen Ortsbilder. Lange Zeit fransten sie nach dem Krieg aus. Inzwischen sind auch hier Ansätze einer Besinnung zu erkennen. So stand in einer oberfränkischen Zeitung: ,,57 große Weihnachtssterne seien schon an Geschäftsleute, Gastronomen und Privatleute verkauft, und nach einer Empfehlung der Stadtverwaltung solle diese Weihnachtsbeleuchtung von 17 bis 22 Uhr eingeschaltet sein. Man hoffe, daß im nächsten Jahr sich weitere Hausbesitzer zum Kauf dieser Sterne entschließen, um ein geschlossenes Bild zur Weihnachtszeit zu bekommen."

Bögen um Wirsberg

Auch wenn an ihr vorderhand nicht zu rütteln ist: das geschlossene Bild der Zonengrenze gehört ebenso in diese Landschaft. Die Widerwärtigkeit der Abgrenzung, der Menschenentmündigung . . . Nichts erweckt hier den Anschein, als nähme man die nahe Grenze überhaupt zur Kenntnis. Es geht dort oben – dort hinten – nicht weiter, so selbstverständlich wie vor einer hohen Felswand.

Ich bin dann doch dem Schild bei Nordhalben gefolgt und zur ,,Landesgrenze" gefahren. Der Wind pfiff. Der Schnee fiel dichter. Der alte schwere Mercedes hielt sich wacker. Was würdest du machen, wenn sich jetzt einer durchzuschlagen versuchte? Was müßte passieren, daß du durch den Schnee kröchest, ungeachtet der Minen und Schüsse?

Dünn und akkurat der Zaun der ,,Staatsgrenze West" – sogar mit einem prophylaktischen Tor. Aber kein Mensch. Auch im Betonturm niemand zu sehen. Keine Streife. Nur die Kälte des Zauns. Menschenentzug – auch das ist diese Grenze.

Leiden sie hier, auf unserer Seite, an Menschen-Entzugserscheinungen? Es scheint nicht so. Geld ist genügend im Umlauf. Im Winter ist es sogar unverfroren, wie man die Grenze ignoriert: wohlpräparierte Langlaufloipen führen nahe an ihr vorbei. Auch Lehrpfade gibt es – zum Thema Natur. Ich sah nur das helle Bauchrot der Gimpel im Fichtengeäst.

Ist hier nicht eine deutsche Krankheit am schärfsten zu fassen: irgendwann einmal hat man sich darauf eingestellt, daß die vorhandene Wirklichkeit zwar nicht die eigentliche ist, aber man lebt in diesem Provisorium weiter, es verfestigt sich, und das Morgen, das man nicht in der eigenen Hand hat, läßt man im Dunkel einer fatalen Hoffnung . . .

Ich wandte mich ab. Der Schnee fiel dichter. Unterhalb Nordhalbens lag schon ein Lkw im Graben. Ich passierte eine zerfallene Fabrik — also auch hier aufgegebene Stellungen. Leer fuhr der Postbus vor mir her. Fels glänzte aus dem Wald. Nahe der Straße der hohe Wald.

Ich mußte tanken. Eh es dunkel wurde, wollte ich vor dem großen Schneefall die Autobahn geschafft haben. Den Tankwart fragte ich, was man hier zu Weihnachten mache. ,,Meine' Sie Folklore?", fragte er. ,,Neinnein", sagte ich, ,,zu Hause!" ,,Nix, gor nix. Was meine' Sie", fuhr er fort, ,,wie ich froh bin, wenn ä poor Tag Ruh ist."

Das ruhige Nebeneinander in einer Landschaft, die sich nicht durch intellektuelles Hervorbringen auszeichnet. Und doch riskiert man hier einiges — wie das Wagnis der Universität in Bayreuth. Ich hoffe, es werden dort junge Menschen sich ein Wissen aneignen, das nicht nur examinierbar ist. In diese Randlandschaft paßt es, daß hier Afrikanistik getrieben wird, ein afrikanischer Schriftsteller für ein Semester Gastprofessor ist, ein afrikanischer Trommler seine Musik in einer strengen und kühl wirkenden Kirche spielt — Ereignisse, die sich mit Statistiken nicht erfassen lassen.

Wie ein offener Sack: Im Landkreis Kronach

Vielleicht kann man es sich am ehesten so vorstellen: als ob man Papier einrisse — so muß bald nach dem Krieg die Grenzziehung an den Kanten des Landkreises Kronach entlang gefahren sein; messerscharf, eindeutig, mit dem Anspruch auf Endgültigkeit.

Von Burggrub aus jäh und scharf nach Norden. Von Tettau über Lauenstein genauso scharf ostwärts, und dann nochmals nach Südosten durch den Wald, an Nordhalben vorbei. Wer sich die Karte Bayerns anschaut, nimmt nur einen Landvorsprung nach Norden wahr. Wer sich die größere Karte des Landkreises selbst anschaut, sieht den nach Norden getriebenen Keil; links und rechts hineingeschoben in fremdes Land. Die Westgrenze endet am Stacheldraht, die Nordgrenze ebenso, desgleichen die nordöstliche. Nur nach Süden zu ist der Landkreis offen, so daß sich dieses Bild vom offenen Sack einstellt, der zum Zuschnüren daliegt. Hier ist der Osten auch im Westen. Nach dem Landkreis Rhön-Grabfeld ist der Landkreis Kronach der zweitnördlichste Bayerns.

Für den Fremden wirkt das Bild des beinahe zugeschnürten Sackes eindeutig. Der Einheimische hat die Grenzziehung ,,als solche" verdaut. Die Fremden sagen oft: ,,Ist das nicht schlimm, immer diese Türme?" ,,Aber wenn man hier lebt", sagte der Landrat, mit dem ich durch die Grenzlandschaft ging, ,,ist es wie ein Berg, wie ein Fluß, eben ne Realität. Fast hat die Grenze eine Neigung zum Bleiben, zum Bodenständigen verstärkt, und im Vergleich zu früher lebt man hier nicht schlechter

77

als anderswo." Auch wenn es für viele eine Mühe ist, im Winter rund vierzig Kilometer aus dem Norden nach Kronach zur Arbeit zu fahren.

Die Grenze ist starr. Es gibt noch keine kommunalen Kontakte zwischen hüben und drüben. Einmal hatten sich zwei Kinder verlaufen und vom Landratsamt aus wandte man sich an die zuständigen Stellen über den immerhin eingerichteten „heißen Draht" – keine Antwort. Ein ander Mal, in Tettau, mußte Schnee geräumt werden, um auf dem schmalen Weg der zum Westen gehört, zu einem Hof zu kommen, der fast ganz von ostdeutschem Gebiet umschlossen ist: der Schneepflug rutschte ab und geriet auf fremdes Gebiet. Da mußte dann die Grenzkommission bemüht werden, um den Schneeräumer wieder freizubekommen – schließlich wurde das Räumen stillschweigend von ostdeutscher Seite geduldet.

Der nach Süden zu offene Landkreis, durch die Gebietsreform kaum berührt, in seinen Umrissen unverändert, wirkt auch durch seine landschaftliche Eigenart unverwechselbar. Seine Hauptstadt mit ihrer architektonischen Anmut ist eine Art Verteilerschleuse: hier bündeln sich die Straßen von Süden, Westen und Südosten – aus Bamberg, Coburg, Kulmbach und Naila. Von Kronach geht es nur noch nördlich weiter.

In das Waldgrün der Landkarte eingeschnitten sind nur noch drei große Straßenzüge: die Hauptlinie nach Ludwigsstadt; die schmale Straße über Wilhelmsthal nach Tschirn, und die dritte Gabellinie über Marktrodach, Steinwiesen nach Nordhalben; dazu noch eine kleine östliche Abgabelung nach Wallenfels. Alle anderen Straßen sind nur kleine Querverbindungen. Während alle diese Wege den Furchungen der vorgegebenen Natur gehorchen, verläuft nur eine Straße unmittelbar unter der Knute der Politik: das kleine Sträßchen von Schauberg über Sattelgrund nach Tettau, westwärts an der Zonengrenze entlang.

Dort, wo die Landschaft auf unsere Sinne zu wirken beginnt, begegnen einem Grundkräfte: Der Wald zu allererst, dann die weiter als anderswo in Franken auf die Landschaft verteilten Ansiedlungen, teils in Tälern, teils auf Hochflächen.

Wir gingen an einem Weiler mit hübschem Gasthaus vorbei und der Landrat zeigte mir eines der Frankenwald-Wiesentäler. Er nannte den Dreiklang des Frankenwaldes: das Wiesental, der bewaldete Hang, der zu sonstigen Anbau zu steil ist, und die wiederum nutzbare Hochfläche mit den Dörfern. Diese Wiesentäler sind zum Teil sehr intensiv aufgeforstet worden, weil das die bequemste Nutzung ist, und man muß jetzt scharf gegen die Aufforstung vorgehen, weil sonst das Typische dieser Landschaft verändert würde.

Wer die größeren Orte des Landkreises hinter sich gelassen hat und sieht, wie das noch breite Tal der Haßlach hinter Stockheim sich verengt, der spürt bald hinter Pressig, wie der Wald zunimmt und was für eine Stärke, Ruhe, Gelassenheit, aber auch dunkle Bedrohlichkeit er ausstrahlt. Die stark bewaldeten Hänge, das Hohe und Dunkle der Fichten, das da Hindurch-Gewundene der Straßen prägen das Antlitz der Landschaft. Manchmal ist's einem fast, als bedrücke einen der Wald, so unerwartet weit zieht er sich hin. Natürlich spielt da auch die

Empfindung herein, etwas Herrschaftlichem gegenüber zu sein, und man gewinnt eine Vorstellung von Naturkraft, wenn diese noch sehr weitgehend sich selbst überlassen bleibt. Es ist der Einschlag von etwas Wildem, manchmal sogar Unzugänglichem — eine Herausforderung für den, der sich entschied, hierzubleiben um zu leben.

Kilometerweit breitet sich der Wald aus, wenn man von Nurn nach Tschirn fährt, oder von Rothenkirchen nach Buchbach, oder auf der Frankenwaldhochstraße von Steinbach am Wald bis nach Tettau. Hier hat der Wald noch nicht das zum Park Zurückgestutzte, hier ist er noch eine gesunde Reserve: nicht nur für die holzverarbeitende Industrie. Auch spürt man die den Menschen abweisende Kraft großer Waldungen, die jegliche Arbeit erschwerende Gewalt des Waldes, vor allem im Winter. Das Wort „entlegen" ist hier neu zu erfahren. Entfernung überwinden heißt hier auch Naturwiderstände überwinden, will man von Ort zu Ort.

Auf den Hochflächen der scharfe Kontrast zum Wald: wie der Wind über die Felder pfeift, so daß man unmittelbar vor Augen hat, wie Schneeverwehungen entstehen. Da läßt sich die Mühe vorstellen, die es kostet, im Winter den Verkehr aufrecht zu erhalten. Dann brennt in den Menschen ein besonderes Feuer, das zu einem sehr direkten Umgang untereinander führt. Von hier oben stammt das alte Rezept vom Kloßteig, der nicht auf viele Klöße verteilt wird, sondern in einem Tuch zusammengebunden bleibt. Hier haben Feste, die in der Familie wurzeln, etwas Berauschendes, und da wird über manche Hürde des sonstigen Alltags leicht gesprungen und über die Stränge geschlagen. Es ist auch, als rücke man, immer weiter nach Norden, stets ein Stück näher an die Natur heran, der man, anders als in den Städten, den Lebensraum abtrotzen muß.

Es erstaunt einen: der Waldanteil nimmt hier zu. Wenn man alte Berichte liest, so lagen vor noch gar nicht allzu langer Zeit viele Orte nackt da, die heute ganz vom Wald umschlossen sind. Freilich, das Erscheinungsbild des Waldes hat sich gewandelt — auch durch die lange Zeit anhaltende Flößerei, die ja einen ganz bestimmten Typus von Menschen geprägt hat: lange Zeit im Jahr flußabwärts, bis nach Holland, auf den großen Flößen unterwegs, fort, im Fremden, und dann die langen Winter zu Hause. Die Nötigung: beweglich zu sein . . . Die ursprüngliche Bestockung des Waldes hat sich gewandelt. Im Mittelalter war die typische Mischung 60 Prozent Tanne und 40 Prozent Buche. Die Tanne ist sehr stark rückläufig, dafür rückt die Fichte vor, die die wirtschaftlich günstigste Verwertung bringt.

Manchmal fast noch märchenhaft klingende Flurbezeichnungen und Waldnamen: ,,Krötenseewald'', ,,Kohlstatt'', ,,Mäusbeutel'', ,,Totenkopf'', ,,Alte Tröge'' und ,,Rauschenwald''. . .

Der Wald ist an seinen Rändern immer wieder von Wegkreuzen, Flurmalen, Martern und Steinkreuzen gekennzeichnet. Oft begegnet man einem angerosteten, angewitterten ,,Blecha-Herrgott'', dem auf eine Blechtafel gemalten Gekreuzigten. Manchmal hängt nur ein schlichtes Täfelchen an einem Baum am Weg.

Ich sah das mit ,,INRI'' beschriftete Kreuz auf Steinsockel in Brauersdorf, ein schnörkliges Kreuz bei Birnbaum, einen Christus mit Strahlenkranz in Buchbach, den Blechdachbogen in Breitenloh. Ähnliches bei Dörnach, Eila und Friesen; ich sah die Dachdreiecke über dem Gekreuzigten bei Hesselbach, Steinbach und Wallenfels, dann die runden Steine in Knellendorf bei Kronach; auch die vierzehn Stationen vom ,,schmertzhafften Creutz-Weeg Unsers Herrn Jesu Christi'' auf dem Kreuzberg bei Kronach gehören dazu; nicht minder eigenartig die freistehende Kreuzigungsgruppe von Gifting.

So bilden Wegekreuze, der ,,Blecha-Herrgott'', einige Fünf-Wunden-Kreuze, gemauerte Bildstöcke und Gußeisenkreuze die Gegenwart einer religiösen Volkskunst. Dies sind die Überreste des Alten, noch aus einer Zeit, als der Landkreis ,,Notstandsgebiet'' war. Heute ist auch hier die Landschaft stark industrialisiert, und der Bevölkerungsstrom vom Land zur Stadt wird durch einen ,,Geburtenüberschuß'' ausgeglichen. Kurioses Wort: überschüssige Geburten — wie überschüssiges Obst. Darum wird in den Ämtern auch vom ,,Strukturwandel'' gesprochen. Diese technischen Wörter verraten zwar, daß man überall auf der Höhe der Technik ist — die Wörter aber nur noch auf Zählbares anwendet; doch hat man ein Maß an Selbsteinschätzung: man weiß, daß hier keine Universität zu errichten ist, aber es reicht für eine Berufsfachschule für Musik.

Jede Generation hat ihre Gefährdungen. Zu der unseren gehören Überfluß und Verwöhnung, zugleich auch ein rapid einsetzender Schwund. Während man sich als anpassungsfähiges Wesen auf die Dimension der Großstädte einstellen kann, wird die Begegnung mit dem

Landverlust immer gefährlicher. Während unter einer gewissen Behutsamkeit Natur immer wieder nachwächst, kann das noch so haushälterische Umgehen mit dem Land vor dessen Knapper-Werden nicht bewahren. Beklemmend spüren wir die Enge auf den sommerlichen Autobahnen, beängstigend das Ungemütliche überfüllter Strände am Mittelmeer. Nur dort, wo natürliche Bedingungen schwerer zu überlisten sind, wo sich mit zunehmender Geschwindigkeit noch nicht alles nivellieren läßt, hält sich eine Weiträumigkeit. Der Frankenwald ist zu etwas Magnetischem geworden — nicht nur für Westberliner, für die er sozusagen vor der Haustüre liegt, sondern auch für Inländer. Noch ist abzusehen, daß der Kronacher Landkreis nicht wie gewisse Hauptferiengebiete von einer zweiten Bevölkerung belegt und ständig benutzt wird; noch halten sich Vorzüge und Nachteile des Tourismus die Waage. Dabei hat es durchaus seine Richtigkeit, wenn man den Tourismus, als eine Art Massenbewegung, als einen Industriezweig bezeichnet: auch hier zählen Beschleunigung und rascher Verbrauch — an Land und Landschaft, und somit auch an Schönheit.

Der Landrat schätzte die Lage einigermaßen zuversichtlich ein. Er sieht im Fremdenverkehr eine positive Darstellung seines Landkreises, der vor allem denjenigen anspricht, der ein Mittelgebirge vorzieht; auch an den ,,Zweiturlauber" wird gedacht. Der Fremde wird es begrüßen, daß weite Bereiche der Bachtäler unter Landschaftsschutz stehen; dies sind Schutzstreifen, die das jeweilige Gewässer einsäumen; Haßlach, Taugwitz, Loquitz, Teuschnitz, Kremnitz und einige ,,Gründe" dazu, ebenso das Tal der Wilden Rodach, deren Untergrund auf Schieferton verläuft.

Wer durch diese Gründe wandert, spürt das Wort Zertalung scharf — die Gewässer sind hier einschneidend.

Gibt es wohl noch die Eiben in Eibenberg, so ist die Flößerei verschwunden — nur in einem Flößermuseum ist davon noch eine Spur zu sehen, oder bei Sommerfahrten auf der Wilden Rodach, die von der Stadt Wallenfels veranstaltet werden.

Das Verschwinden, das Vergehen — vielleicht auch das Notwendige des Wandels: auch das gehört zum Landkreis, so wie die Reitscher Zeche geschlossen ist und der vormals bekannte Bergbau in Stockheim stillgelegt wurde. ,,Strukturwandel" sagt der Landrat dazu, der weiß, daß es mit der Neuansiedlung von größeren Betrieben vorbei ist.

Dem Fremden werden sich Schlösser einprägen — wie in Küps oder Mitwitz, sicherlich die Festungen von Kronach und Lauenstein, vielleicht noch mehr die zahlreichen Mühlen und die Gegenwart des Holzes, das augenfällige Fehlen einer intensiven Landwirtschaft, auch die Straßendörfer . . . Das alles ist ohne die Fassungen durch Neubauten nicht mehr zu haben. Der Spielraum für den Kommunalpolitiker, den man hier ironisch ,,den letzten Köhler" nennt, ist geringer geworden. Er ist eingebunden in die jeweilige Landespolitik und empfindet das Zunehmen der Vorschriften als eine ,,Belästigung", doch hat er noch immer guten Kontakt zu seiner Bevölkerung. Auch da der Wandel: früher die kleinen Bürgerversammlungen, wo sich noch jeder getraut hat, seinen Mund aufzumachen.

Er geht viel hinaus; er weiß, was von ihm erwartet wird und daß er sich von Veranstaltung zu Veranstaltung umstellen muß — überall wünscht man sich einen Landrat mit guter Laune. Etwas Lebenspraktisches, Überschauendes zeichnet ihn aus. Er beschwert sich nicht: ,,und im übrigen sind wir doch nicht schlecht bezahlt . . ."
Der Landkreis wie ein offener Sack — er hat durchaus etwas Bergendes an sich und ist manchem Neuen gegenüber aufgeschlossen; dazu gehört die Ködeltalsperre, der langgezogene Stausee im Osten, und die Bemühung, mit dem ,,Kreiskulturring" die Bewohner an gewisse kulturelle Ereignisse heranzuführen, die auf diesem Boden naturgemäß von sich aus nicht gedeihen können.
Als wir nach dem Mittagessen in Bächlein hinausgingen, erst durch den Wald auf schneeglatten Wegen, dann über Felder, in denen die gefrorenen Mulden von Teichen glänzten, und der Baumbestand wies etwas Lockeres und Weites auf, da spürte ich etwas von der Lebensgewißheit hier: Oberfränkische Zähigkeit, den Alltag auch unter erschwerten Bedingungen anzunehmen, überhaupt alles Alltägliche. Der schönste Ausdruck dieses Lebenswillens ist das Schieferhaus des Frankenwaldes.

Bad Neustadt – Salzburg

Kleinbardorf – Eingang zum Schloß

Nördliche Landschaften

Oberfränkischer Schiefer

Eben bin ich aus der Stadt zurückgekommen, wieder einmal verblüfft von der Angebotsfülle. Von großem Reichtum umgeben, in der köstlichen Lage, Waren an sich zu ziehen – ja, wie soll man damit fertig werden? Gleichen wir nicht jetzt schon hechelnden Hunden? Und doch: dieses herrliche Nebeneinander!

Maschinell hergestellt der Weihnachtsbaum aus Serienproduktion ist das Schlimmste noch lange nicht, und daß viele Neubausiedlungen der Bundesrepublik in ihrer teuren Zweckmäßigkeit eine Spitzenleistung architektonischer Scheußlichkeit sind: auch daran haben wir uns gewöhnt.

Dennoch will es einem nicht so recht in den Kopf, daß bei beschleunigter Zunahme der Bevölkerung die Einfallslosigkeit eben so mitwächst – als ob es nicht kühne Gebäude als Gegenbeispiel gäbe! Zudem befällt einen das Unbehagen vor dem einander immer ähnlicher Werden unserer Umgebungen. Gewiß wohnen in unserem Lande hinreichend genügsame Menschen, die am erreichten Standard (von Versandhauskatalogen) ihr Genügen finden, denen die Angebote preiswerter Serienprodukte genug sind, so daß sie ihre Lebensführung weitgehend darauf beschränken, mit dem erarbeiteten Geld das Durchschnittliche, das für sich am lautesten Reklame macht, für ihre Wohnungen zu kaufen. Dennoch wird jeder, der morgens im Büro oder in der Fabrik die einander vollkommen gleichen Stechkarten der Kollegen betrachtet, instinktiv fühlen, daß er eigentlich nun so vollkommen gleich dem anderen auch wieder nicht

Oberfränkischer Schiefer

sein möchte. (Schelmisch blinzelt mich in diesem Augenblick mein Auto an — auch das ein Serienfabrikat).

Bei reizvollen Landschaften, die wir durchfahren, rechnen wir das Eigenartige der Natur zu und machen uns darüber weiter keine Gedanken. Die Sache wird interessant und überraschend, wenn wir in fremder Umgebung die Zutat des Menschen erkennen und mit eigenen Augen erleben, daß eine ganz bestimmte Landschaft auch eine ganz bestimmte Ausprägung des Hausbaues, der kulturellen Inbesitznahme hervorgebracht hat.

Eine solche ins Auge springende Eigenartigkeit, die sich als Eigentümlichkeit im doppelten Wortsinne begreifen läßt, nahm ich wahr, als ich vor einigen Jahren von Naila nordwestwärts fuhr und neben scharfem Fichtengrün und geschorenem Wiesengrün das bald matte, bald stumpfe Glimmen größerer Schieferflächen an Häusern und Dächern sah.

Zunächst war es das starke Bild einer Einschwärzung der Häuser.

Schiefrig sind Obergeschosse oft eingedunkelt.

Finster manche Frontdreiecke unter den Giebeln.

Seltsamerweise enden hier viele Ortsnamen auf „-grün": als müßten sie diese ersehnte, winterverschluckte Färbung wenigstens mit dem Namen für immer hereinholen; seltsam kohlefarben muteten die Häuser und vor allem ihre Dächer an: rußiger Zechenbelag.

Mein Eindruck damals war so: Zwischen dunklen, ungewohnt lang sich hinziehenden Wäldern die eigentümlich geordnete Monotonie dieser schiefergrauen Dächer, deren Außenhaut etwas Hornhäutiges, Gleichmütiges auszudrücken schien, auch etwas Weltabgewandtes — denn daß hier nicht ,,Welt" sein konnte, das schien mir damals auf der Hand zu liegen.

Dieser eigentümlich flache, körperlose Stein gefiel mir nicht sonderlich. Mit ihm waren Häuser wie eingepanzert, eingeschuppt; das Geduckte der kleinen Siedlungen unterstreichend. Analog dazu schien mir das Leben hier geduckt, übermäßig geduldig, mit einem Anstrich von Demut, möglicherweise sogar von Leidenschaftslosigkeit. Jedenfalls schätzte ich es so ein und sah den Stolz der Menschen nicht.

Schiefer war beim Anfassen mehlig stumpf, manchmal hatte er etwas Fettigweiches, ließ sich leicht brechen — widersprach also dem rauhen, spröden Aussehen dieser Landschaft.

Wiewohl ich mich lange Zeit mit dieser Landschaft nicht mehr beschäftigte, blieb ein nachdrückliches Bild haften: das einer baulichen Entschiedenheit, die anders als in Städten ausdrückte: ,,Hier wollen wir Häuserbauer bleiben, und zwar mit der prägenden Monotonie von Kolonisation . . ." Dem Schiefer schien zudem etwas Armseliges anzuhaften: als hätte man weder zu Putz noch Ziegeln Geld und sich von alters her mit dem vor der Haustür liegenden Rohstoff begnügen müssen.

Als es regnete, kam melancholischer Schimmer über den Schiefer; Wasser rieselte ab wie von feuchtgrauen Kettenhemden.

So, wie man in einer gewissen Beschränktheit, durchaus in einer Blindheit etwas lange Zeit bestehen läßt — ungerecht fortbestehen läßt —, und dann aufs angenehmste überrascht ist, wenn sich dasselbe von einer anderen, schöneren Seite zeigt: So ging es mir Jahre später mit dem Schiefer, der aus unserer Alltäglichkeit längst verschwunden ist; abhandengekommen sind ja Griffel und Schiefertafel.

Erst flüchtig, dann augenfälliger nahm ich, als ich mich einmal näher mit dem städtebaulichen Wert der Stadt Kronach beschäftigte, die Gegenwart des Schiefers wahr. Das geschah in der eigenartigen Stadt umso mehr, als man ja in einer großen Stadt an ein gesteigertes Nebeneinander gewöhnt ist. Ich sah den Schiefer durch die Kontrastwirkung der Kronacher Dächer, deren optische Wirkung aus der Wechselspannung zwischen Ziegelrot und Schiefergrau entsteht. Etwas Plastisches, unwillkürlich Malerisches war durch diese Fügungen entstanden. Erst beim Herumgehen fielen mir Häuser auf, die bis zu den Zehenspitzen, bis zum Bürgersteig herab, mit Schiefer verschindelt waren.

Als ich die kleineren Orte des Kronacher Landkreises aufsuchte, wurde mir klar, daß hier nicht Äußerlichkeit, gar bloß landschaftstypische Marotte wirkte: Es war das Erlebnis einer Ausstrahlung, die von einem Material stammt, das nicht in der Retorte oder synthetisch erzeugt wird, sondern noch seine Herkunft aus der Erde, lediglich leicht bearbeitet, verrät. Je weiter sich unsere arbeitsteilige Gesellschaft von solchen unmittelbaren Beziehungen entfernt, je weniger sie die innere Belebtheit eines natürlich gewachsenen Gegenstandes wahrnimmt, weil dafür gar keine Zeit mehr ist, desto stärker spürt man, daß solcher Stein nicht nur ein Baumaterial ist, sondern ein bestimmtes Wesen ausdrückt, von dem man aber etwas wissen muß, um es zu erkennen.

Es wird einen nicht wundern, daß Goethe den Granit als eine „merkwürdige Steinart" bezeichnete und sich eingehend mit ihr beschäftigte: nicht nur als einem natürlichen und vielfältig ausgeprägtem Gegenstande, sondern als etwas, an dem man das Beobachten lernt.

Noch deutlicher wird diese Art intimer Beschäftigung, wenn man sich der Vorrede Adalbert Stifters zu seinem Buch „Bunte Steine" erinnert. Die „bunten Steine" Stifters sind: Granit, Kalkstein, Turmalin, Bergkristall, Katzensilber und Bergmilch. Stifter hat in dieser Vorrede einen Gedanken entwickelt, der nicht nur Tröstliches, sondern auch Zuversichtliches birgt; Stifter, der aufs genaueste beobachtete, jedes Detail liebevoll achtend, schrieb da vom Sinn unserer Arbeit als von einem Zusammentragen . . . Nur „aus Einzelnem" könne „das Allgemeine" zusammengetragen werden: *„Und weil endlich die Menge der Erscheinungen und das Feld des Gegebenen unendlich groß ist, Gott also die Freude und die Glückseligkeit des Forschens unversieglich gemacht hat, wir auch in unseren Werkstätten immer nur das Einzelne darstellen können nie das Allgemeine, denn dies wäre die Schöpfung: so ist auch die Geschichte des in der Natur Großen in einer immerwährenden Umwandlung der Ansichten über dieses Große bestanden."*

Umwandlung der Ansichten . . .

Das Einzelne . . .

Das Allgemeine . . .

Es war nicht das Wissen, daß Schiefer vom Althochdeutschen her den Gesteinssplitter meint, daß es ein in dünnen ebenen Platten brechendes Gestein sei — auch nicht das Wissen, daß man nach dem Mineralgehalt ur-

Oberfränkischer Schiefer

teilend vom Glimmerschiefer sprechen könne — auch nicht, daß man nach dem Fossilgehalt zwischen Fischschiefer oder Schneckenschiefer unterscheide — oder daß es Glanzschiefer gibt — und jener mit Kieselsäure durchsetzte Tonschiefer der Wetzschiefer genannt wird . . .

Was mir ins Auge sprang, war die Entschiedenheit, mit der im Frankenwald Häuser schiefrig eingekleidet worden sind, so daß beispielsweise in dem kleinen Ort Haßlach bei Teuschnitz keine andere Dachfarbe als die schiefergraue herrscht.

Mit einem Male wurde mir klar, daß die ohnedies eigenwillig zueinander gestellten Häuser der Waldhufendörfer erst durch den Schiefer ihre eigentümliche Ausprägung erfahren hatten.

Das Eigenwillige, und das heißt, daß man sich auf ein Grundmaterial einließ, findet sich in verschiedenen Regionen Europas: ihr Zauber rührt daher, daß sie von ein und demselben Grundmaterial zusammengehalten werden. Ob das die mattfarbenen Holzhäuser Norwegens sind, die rietgedeckten Bauernhäuser Osthollands, die kegelartigen Steinrundbauten — die ,,trulli" Apuliens, das gleichmäßig Flache und Weiße mittelmeerischer Bauten: immerzu hat Hausindividualität erst werden können, wenn sie sich sozusagen das Uniformkleid eines Stils übergestreift hatte, wenn also Individualität scheinbar zunächst zurücktrat.

Wir erkennen das Wesen des Originalen, wenn wir es in einem Ensemble zusammen sehen, wenn jedes Haus nur minimal in seinen äußeren Abmessungen das eine, das vorgegebene Grundmotiv wiederholt. Allerdings

Nördliche Landschaften

gleicht sich durch fortwährende Angleichung der verschiedensten Beschäftigungen auch der Lebenssstil global an. Der Büroangestellte kann als eigensinniger Mensch gar nicht mehr erwünscht sein, weil sonst nichts mehr funktioniert — Funktionalität und Effektivität haben in unserem Lande diktatorische Aufgaben.

Dennoch wird es einem nicht behagen, daß die gestalterische Kraft des Menschen allein auf seinen Arbeitsplatz oder die Inneneinrichtung seiner Wohnungen und Häuser beschränkt sein sollte. Darum wirken die Dorfsiedlungen des Frankenwaldes mit ihrem Schiefer so stark, weil sie auch nach außen hin das Gestalterische durchschimmern lassen.

Oft sind die Unterschiede nur gering. Manche Häuser tragen lediglich ein Schieferdach; manche haben sozusagen nur die Brust — das obere Stockwerk eingeschiefert; wieder andere sind völlig vom Schiefer eingekleidet, so daß man manchmal fast von einer Verkleidung im doppelten Sinne sprechen könnte.

Gewiß, die Schieferaußenhaut hat etwas Monotones, durch die Schraffur der Schindelführung auch etwas Überstrenges, ja, manchmal sogar etwas im vordergründigen Sinne gar Kleinkariertes; die Hausaußenflächen erscheinen als Feld kleiner Karos, das unten mit anderer Musterung eingesäumt wird. Doch ist dies nur die eine Seite, die äußere. Man hat bei näherem Hinsehen noch einen weiteren, tiefer gehenden Eindruck: Durch die Einschieferung einer Hauswand — meist sind es rautenförmige bzw. zu einer Seite zu abgerundete, kleine Plattenflächen — wird das ansonsten Einflächige einer Wand aufgehoben; lauter kleine Flächen sind aneinandergereiht. Nicht allein die optische Unterbrechung einer ansonsten platten Fläche ist es, die diese Wirkung hervorbringt, sondern das leichte Abstehen der kleinen Schiefertafeln und das Erkennbare ihrer Kanten. Dadurch werden Hausflächen plastischer.

Für Verzierungen bleibt da wenig Platz. Einmal sah ich eine Schrift leuchten: ,,An Gottes Segen ist alles gelegen", ein andermal entstand leichte Musterung durch Freilassen einer Tafelfläche, die nun rautenweiß aus dem Schieferpelz glänzt. Schließlich der Dachbalken: manchmal bildet der mit einer besonderen Reihe Schieferplatten abgedeckte Balken eine Art zweites Dächlein, ein Gesims.

Zusätzliche Wirkung entsteht nicht nur bei Regen, sondern auch bei Sonnenschein: da reflektiert jede Schieferfläche um eine Nuance gebrochen das Licht anders. Man könnte vermuten, daß die Erbauer solcher Häuser instinktiv den Wert eines Materials zu schätzen wußten, das nicht des weiteren Zutuns des Menschen bedurfte, sondern nach dem Zurechtschneiden und Schleifen von sich aus etwas von der jeweiligen Naturindividualität zur Geltung brachte. Freilich: Ziegeldächer halten länger; im Schieferdach reißen die Haltenägel aus. Mag man sich einerseits ohne größere Überlegungen eben des Naheliegenden bedient haben, so sieht man nun andererseits im Nachhinein, welche Ausstrahlung das aus der Erde Gebrochene hat, welche innigere Verbindung zwischen Häusern und Boden besteht; wenn ein Stück Erdinneres nach außen geholt wurde.

Wenn man einmal die Straße von Kronach aus nordwärts fährt — irritiert von einem Wegweiser nach Saalfeld, einem Ort, der überhaupt nicht ereichbar ist —, also über Stockheim nach Pressig, durch Rothenkirchen und weiter an Förtschendorf vorbei bis Steinbach am Wald, so sieht man einerseits den gleichbleibenden Grundton: Schiefermatt; und erst in Orten wie Tschirn oder Haßlach bei Teuschnitz sehen wir, wie kräftig und entschieden die Beschränkung auf Schiefer wirkt. Durchaus sind auch Neubauten mit Schiefer möglich. Größere Gebäude und unserem Stilempfinden entsprechende Kirchen unserer Zeit, die endlich aus der langweiligen Symmetrie ausgebrochen sind.

Wenn man die Kirchformen — und das sind hier neben den Schlössern und Festungen die größten Gemeinschaftsbauten — miteinander vergleicht: etwa Rothenkirchen mit Pressig, erkennt man, daß das Schieferdach mit seiner Schraffur den Körper eines Kirchturms jeweils anders und zugleich verwandt akzentuiert.

Etwas weiteres kommt bei näherem Betrachten hinzu. In Steinbach am Wald leuchtete es mir besonders ein: Es ist die Stellung der Häuser zueinander. Da gibt es keinen toten rechten Winkel, eigentlich auch kein Gedränge. Es überrascht einen die lockere Zueinanderfügung der Häuser. Manchmal sieht man noch, wie die Häuser sich in beinahe ehrfürchtigem Abstand um den Dorfanger stellten, um hinten hinaus, keilförmig, Zugang zum sich erweiternden eigenen Grund zu haben. Es ist, als träten die Häuser in ihrer schiefrig abgeschlossenen Herrischkeit ein wenig hinter dem Entwurf eines Dorfganzen zurück, so als müsse nicht jedes Haus wie ein Protztor vor seinem eigenen Besitz stehen, sondern als gelte es für jedes, auf seine Weise, einen Beitrag an

Gemeinschaftsfähigkeit demonstrativ nach außen zu kehren.

Ich behaupte, daß man in diesen Schieferdörfern des Frankenwaldes, die manchmal ganz eigenartig dunkelschwarzblau glänzen, eine starke Sozialität des Bauens beobachten kann. Nicht unähnlich dem miteinander Verschmolzenen, mehr auf Tuchfühlung Gebauten des Mittelmeerischen. Da, wo wir jedes Schieferhaus als etwas Gewöhnliches sehen, erblicken wir in der Summe ihrer Anordnung das heute fast schon Ungewöhnliche: den baulichen Zusammenhang des einzelnen im lockeren Ortsverbund. Kunststück!, wird einer sagen, bei so wenig Leuten! Nun ja, wär diesem Einwand entgegenzuhalten, auch Dörfer haben ihre Stärken und Kräfte, die sich nur in der Gedrungenheit der Dorfgestalt entwickeln und darstellen können.

Immer wieder leichte Variationen des Grundmodells: Das gleichmäßig Schuppige der Schieferhäuser von Birnbaum. Ein Dachbalken in Brauersdorf, der weit vorsteht an der Eingangsseite und das durch einen ,,Aufschiebling" geknickte Dach trägt. Manchmal kommt — wie in Glosberg — das Walmdach hinzu.

Im Winter, in Steinbach am Wald deutlich zu sehen: dieses sehr kräftige, fensterladenlose Weiß der Fensterstöcke. Ein Weiß, das schärfer wirkt als das Schneeweiß.

Man freut sich an einer Landschaft, die noch nicht ausgeblutet ist, die durch ihre Bergigkeit bestimmten Industrien die Stirn bietet, auch wenn sie einen manchmal hinterwäldlerisch anmutet, und sie eine gewisse Starrköpfigkeit, eine Beschränktheit auf Eigenes an den Tag legt — und sich eben nicht ganz auslaugen läßt. Dann ahnt man: da ist etwas Typisches geglückt, das es so woanders nicht gibt.

Dazu gehört die geschieferte Wehrkirche von Steinbach am Wald, Windheim und auch das weiträumige Straßendorf Hirschfeld. Selten einmal ein Obstbaumspalier vor dunklem Schiefergrund. Natürlich die sich im Bachwasser spiegelnden Häuser von Pressig-Eila; manchmal bringt sie die Sonne zu einem beinahe lilianen Glänzen.

Das in sich Geschlossene eines Angerdorfes mit seinen Waldhufen wie Birnbaum oder der Rundling Brauersdorf: Das sind Formen, die nur zu einer bestimmten Zeit möglich waren und zu denen heute die organische Triebkraft fehlt, um sie zu wiederholen oder fortzusetzen. Die heutige organische Form ist entweder die Wucherung oder die starr-schematische Planung. So bleiben solche Orte immer etwas inselhaft, Kraftquell zugleich, der, sollte er weitere Bezirke speisen, wohl überfordert wäre.

Es bleibt das Detail: wie jene Schieferhaube des Brunnens in Schneckenlohe, in der Westbucht des Kronacher Landkreises, oder das rotgrau Gescheckte von Wilhelmsthal, oder die Dächer von Schloß und Turmhaube in Mitwitz — oder eben die große Mischform wie in Kronach, oder das sehr Strenge, beinahe Starre von Ludwigsstadt; wenn man auf den Ort herabschaut, über dessen Dachköpfen das Eisengrau der Bahnbrücke gezogen ist: Da ist die grauschillernde Schiefersubstanz noch am intensivsten. Oder von Kronach aus die schmale Straße nordwärts, Richtung Tschirn: Wenn leichter Schneefall einsetzt...

Wilhelmsthal und Hesselbach. Kein Mensch weit und breit. Und doch nicht die Verlassenheit der Hochhauslandschaften — nicht deren Ausgestorbenheit.

Das weiträumige und wiederum kompakte Ortsbild von Lahm prägt sich ein.

Die Orte liegen schon sehr hoch, es geht auf über 600 Meter hinauf. Wind weht mit Schnee die Straße zu — man kann das sehen. Hier fürchtete ich mich nicht stecken zu bleiben, im Gegensatz zur Autobahn, wo das Stehenbleiben das Gefühl großer Verlassenheit wachruft. Schneeweiß auf den Straßen: das zieht die angegebenen Kilometer in die Länge.

Im Schnee sahen die Hausdächer Tschirns noch gedrungener aus.

Kleine Festungen die Häuser am Hang.

Schieferzäsuren.

Ansonsten ist der Schiefer weggekommen vom Ausschließlichen. Er ist Teil geworden — aber Bestandteil einer eigenartigen Landschaft, der immer noch Bestand hat: solange das Beständige von den Bewohnern noch in einer gewissen Reichhaltigkeit und gewiß auch mit Geduld und Stolz erhalten wird.

Erhaltung meint ja auch einen Halt geben; nicht nur von der Bausubstanz her, sondern von innen heraus — sonst wird's haltlos, ohne Haltung. Was haltungslos ist — dafür haben wir ja im Land Beispiele genug.

Sternberg – Dorfstraße

Seßlach – Brücke

Südliche Landschaften

Auf dem Jura

Ich schlittere auf der Kunsteisbahn der Autobahn bis nach Greding. Ich fahre zwei Kilometer. Dann ist es da: Anlauertal. In einem fast toten Winkel finde ich es — was einst der Segen fränkischer Kleinstaaterei war, erweist sich jetzt als das noch vorhandene Stück Einsamkeit zwischen Thalach und Anlauter.

Noch dröhnt es. Auf der Kunsteisbahn der Autobahn sirren Fahrzeuge an Greding und Kinding vorbei. Der Lärm schrumpft. Eine Straßenbiegung vor Enkerring schließt ab.

Fahles und maifrisches Grün fällt von gewölbten Hangflächen herunter — gegen das milchige Weiß eines Hauses, das ocker wird: der Turm mit seinem Treppengiebel; zierliches Viereck, symmetrisch nach links und rechts, mit vier Stufen, abwärts gezackt.

Das ist kein Tal für große Siedlungen. Doch beengt wirkt es nicht, wo der Fluß schmal durch Wiesen wandert. An seinen Kehren schwarzgrünes Erlengebüsch, mühlengefleckt: Die Hain-, Ober-, Tafel-, Horn-, Aich-, Berg-, Wald-, Kohl-, Stein-, Panzer- und Schwabenmühle.

Drüben am Hang die Bruchstümpfe von Felsen, eidechsengetufft. Ich gehe über die alte Doppelbogenbrücke: Das Gehöft der Schloßmühle nistet im Wiesengrün. Eine Franzosenente mit rotem Kopffleck zischt mir klappernd entgegen.

Eine Frau kommt auf mich zu. Sie hat ein zierliches Gesicht. Mit sicherem Griff holt sie vom Türrahmenbalken den Schlüssel herunter. Aus dem Keller vibriert der Treibriemen des Mühlenantriebs. Die Frau liest mir ein Stück Mühlengeschichte vor.

Allmählich höre ich mich in die fast südliche Sprache ein. Wie ein Rückwärtsgehen in die Geschichte. Die Frau stammt aus einer Familie, in der sie 16 Geschwister waren. Da sei man noch mit dem Leiterwagen zum Schulausflug gefahren, auch an die Pferde könne sie sich noch erinnern, die zwischen Berching und Beilngries die Schiffe auf dem alten Kanal zogen.

Von draußen herein fällt das Sturzgeräusch des gestauten Mühlbachs, eine Abzweigung der Anlauter. Die Frau deutet zum Dach: Lange hätte man keine roten Ziegel verwenden dürfen, nur die schwarzgrauen Schieferplatten aus den benachbarten Brüchen. Jetzt stehen nur noch die Felszacken unter Naturschutz. Eingelassen ins Pflaster vor dem Stall: die beiden Mühlsteine. Auch das Mühlrad hat ausgedient, im Winter war es zu eisanfällig.

Am Sonntag treffen sich die Männer nach der Kirche zum Frühschoppen. Seit 50 Jahren betreiben Mann und Frau die Mühle: man kann davon leben. Eines Tages, im Dritten Reich, kam die Gestapo und hat die Mühle verplombt, denn der Müller hatte nicht nur das Soll gemahlen, sondern unter der Hand, aus einem natürlichen Mitgefühl, auch das Korn der Ährenleser: ,,Das paßte denen da oben nicht. War eine schwere Zeit. Wir da im Tal,'' sagt die Frau, ,,wir sind keine Parteimenschen''. Ich horche auf. Ob das mit der Kirche zusammenhängt?

Südliche Landschaften

„Das kunnt schon sein." Da weiß man halt, was recht ist. Außer dem „Eichstätter Kurier" wird hier viel der „Willibaldsbote" gelesen, die Kirchenzeitung.

Am schönsten und beruhigendsten aber klingt diese Sprache, wenn sie nicht abliest. Eine Kreuzung aus Südfränkisch, Oberpfälzisch und oberbayerischem Schwäbisch. Wie ich fortgehe und mich bedanke, sagt die Frau anstatt „bitte" „das kunnt' schon g'schehn" — eine sympathische Wendung.

Was für eine Färbung, wenn von den Hängen das weiche Grün der Weißbuchen und das härtere Grün der Hainbuchen sich mit dem Hellgrün der Fichtentriebe vermischt und unten im Tal das dunkle Erlengrün vom lanzettsilbrigen Grün der Weiden oder dem Blütenweiß der Akazien durchfleckt wird. Breit ist das Tal nicht einmal an seiner Ausmündung hinter Enkering. Plötzlich spannt sich ein überraschender Streifen Gelb quer: Ein Rapsfeld. Im Mai tupft der Blutweiderich die Wiesenränder.

Das Eibwanger Schloß hockt mit seinem asymmetrischen Giebel geduckt unterm flachen Legschieferdach. An der Wegbiegung gegenüber der Haltestelle der einzigen Busverbindung, hängt Gott, gekreuzigt an einem karg verzierten Eisenkreuz: „Gelobt sei Jesus Christus".

Kaum ein paar Kilometer weiter flußauf: die Schafhauser Mühle. Frühe Pioniersiedlungen sind die Mühlen, kluge Bastionen: dem kargen Tal das abzugewinnen, was abzugewinnen ist. Und Häuser noch einzeln in die Landschaft gesetzt, über eine schmale Brücke zu erreichen, von zwei großen Linden bewacht.

Auf dem Jura

In dieser Gegend gehören die Linden zum Menschen. Sie werden groß und alt. Als die Linde in Erlingshofen 100 Jahre alt wurde, feierte die Bevölkerung das Lindenfest mit Tänzen und Trachten. Manche Linden falten ihre Stämme zu Höhlen auf — für Sitzplatznischen und Kinderspielplätze: Ein Baum, der mitwächst, dazugehört, beschützt, kein Waldbaum. Im Frühjahr die gelbgrüne Flut der Lindenblüten . . .

Seit das Mehlmahlen keine großen Erträge mehr bringt, sind die noch arbeitenden Anlautermühlen fast alle zu Sägemühlen geworden. An heißen Sommertagen brennt die Sonne den warmen Holzgeruch aus den geschnittenen Stämmen. Aber das Holz wandert kaum mehr in die Stuben. Ich höre aus den Hecken den kurz gestoßenen, krächzenden, fast bellenden Ruf der Fasane. In einem Käfig an der Schafhauser Mühle bauscht sich ein goldgelber Fasan auf, warm-karmesinrot leuchtet sein Bauch. Und auch das Gurren der Tauben ist hier ein natürliches Geräusch.

An der nächsten Biegung wächst über den Hang, überm Dorf, aus dem Wald, auberginenrosafarben die Kirche von Erlingshofen. An der Straße fällt mir ein niedriges hellgrünes Haus auf, stockfleckig, abgeblättert, die Fenster sind Kerben und überm Schieferdach die schwarzen Polsterwölbungen des Dachmooses. In den Gärten ist das Holz für den Winter zu runden Türmen geschichtet; jeder hat sein Dach.

Die Mittagsstille wird hörbar als Glockengeläut. Ihr Klang markiert die Abschnitte des Tages: Abends, gegen sieben Uhr, ist es, als gehorchten ihm die Bauern, und sie kommen vom Feld zurück. Samstags, so um zwei

Uhr herum, dann ist die Arbeitswoche wirklich zu Ende; Frauen fegen Bürgersteig und Straße vor ihrem Hof, als kehrten sie das große Wohnzimmer des Dorfes.

Ich gehe auf die Hochfläche.

Hat sich der Rhythmus der Landwirtschaft auch verändert: Der Rahmen blieb. Nur der Mann, der noch Körbe fürs Brotbacken machte, der ist tot. Aus dem östlichen Winkel von Euerwang läßt sich westwärts über die Jurahochfläche sehen. Härter und kompakter empfinde ich die Kirchtürme jetzt, spitz, gleichmäßiger, schmuckloser, protestantisch.

Das Bedürfnis, die Landschaft nicht nur auszunutzen für den Ackerbau, sondern den Rhythmus aus den Kirchen zwischen die Äcker tragen: ein klobiger, fast mannshoher Sockel, italienisch-weiß und baumstammrund – obenauf das Nischenhäuschen mit einer Bibelszene. Solche Bildstöcke sind selten geworden. Aber was war das für eine Kunst . . . Ein Bild auf einen Stock zu setzen. Ein Stock, der ein Bild trägt. Allmählich am Aussterben wie die Muhackelstecken, mit denen Bauern zur Kirche gingen. Ein Kosename war Muhackel für Bauern nicht.

Zwischen den Feldern verläuft eine Buschbaumlinie. Windfang und Vogelbucht.

Verbindungswege, keine Durchgangsstraßen. Ein großer Lkw schiebt sich wie ein Fremdkörper hindurch. Er kommt vom Möbelwerk aus Grafenberg, der einzigen Fabrik hier, wenn man da von Fabrik reden kann. Zwischen Waizenhofen und Reinwarzhofen noch ein großes Sägewerk, bei Nennslingen ein Schotterwerk, hinter Titting die großen Steinbrüche.

Auch Titting ist in eine Nische geduckt. Das Wehr staut die Anlauter auf. Zwischen Häusern die Kirche am Hang. Überm zweigeschossigen quadratischen Unterbau des Turms noch ein abgeteiltes Geschoß mit abgeschrägten Ecken. Stichbogige Fenster und rundbogige, mit gekehltem Geläuf. 1762 wurde der Turm mit glasierten Hafnerziegeln gedeckt. Der Hafner, der Öfen setzte und Kacheln brannte: Auch dieser Beruf ist ausgestorben, wie der Sattler in Nennslingen.

Ruhig, zurückhaltend erscheinen die Menschen. In einigen Zimmern hält sich noch der Herrgottswinkel, in manchen Wirtschaften auch. Mit Caspar, Melchior und Balthasar wird noch mancher Türbalken gesegnet. Mit ihren flaschengrünen Kacheln sind die Kachelöfen fast ausgestorben. Ganz selten hängt noch ein Lüsterweibchen als geschnitzte Lampe von der Decke.

Ein nüchterner Menschenschlag. In ihrer Sprache ist Luxus ein Fremdwort. Die in den Steinbrüchen schwitzen und Steinstaub fressen, wechseln nur handfeste Sätze. Was sie zusammenhält, ist das Dorf. Der Sonntag gehört dem Gespräch am Stammtisch – mit Schafkopf und ,,Waddn". Der Wirtshaustisch löst den Männern die Zungen: da kann einer dem andern seine Sorgen erzählen. Der Wirt ist noch ein Wirt, der zuhört.

Natürlich gehen auch die Bauern mit der Zeit – und die Zeit mit ihnen gegen sie. Man hat die Flurbereinigung überstanden, die Umstellungen der Gebietsreform, die zunehmende Technisierung, schluckt den Tribut an den gefräßigen Gott der EG, schimpft gelegentlich auf die in Bonn, und trotz alledem gibt es eine Grundhaltung und Anständigkeit, die sich zwar in Parteiprozenten messen läßt, aber schon mehr ist als bloße Partei.

Woher kommt dieses Intakte — daß in Morsbach der Wirt des einen Wirtshauses, wenn nur das andere am Sonntag offen hat, seiner Kundschaft sagt: ,,Heut gehn wir alle zu dem" — ohne jeglichen Konkurrenzneid. Eine Antwort läßt sich in Ludwig Thomas ,,Bauernmoral" finden:

,,*Seine Sittlichkeit, seine Auffassung von Pflichten und Rechten und von Ehre gehen aus einem hervor und führen auf eines zurück: Auf Arbeit . . . Wie diese wahrhaftige Moral stark genug ist, um selbst das Sterben leicht zu machen, und wie sie also eine Kraft besitzt, die keiner Religion innewohnt. Der Bauer schätzt das Glück eines beschaulichen Alters nicht. Wenn man zu nichts mehr nütz ist, soll man sterben . . ."*

Diese Art von Moral — ich will nicht sagen, sie sei nicht anfällig für Täuschung, Verhärtung, ja sogar Verbohrtheit —, hier ist sie zu spüren als eine zusätzliche Schutzschicht über der Landschaft. Da gibt es keine oberbayerische Trachtenprostitution. Wenn an Fronleichnam die Altäre aufgestellt werden, gelbweiße Kirchenfahnen und weißblaue Wimpel heraushängen, geht die Gemeinschaft des Alltags im guten schwarzen Anzug unter Führung des Pfarrers durchs Dorf.

Wenn im Winter die Landjugend Stücke spielt, dann wollen die Zuschauer zuallererst Unterhaltung, denn Probleme hat ein jeder selber. Doch in den lösbaren Problemen der Heimatstücke sehen sie sich selbst. Und wünscht man sich Musik (nicht herbeipfeifbar aus dem Radio), dann spielt eine Jugendkapelle oder die Petersbucher Blaskapelle präsentiert ihre Blechmusik. Wer mehr fürs Leisere ist, hört der Eichstätter „Stubenmusi" zu.

Mag man über Vereine lästern: Hier gibt es noch Formen der Zusammengehörigkeit, die den Einzelnen nicht vereinzeln läßt; auch wenn einer hier seinen festen Platz von früh an hat, seinen Spitznamen wie eine zweite Haut mit sich herumträgt. Früher gab es ja auch hier noch „Hausnamen".

Früher empfand man die Trennlinie, die nördlich der Anlauter auf dem Jura verläuft, als härtere Konfessionen-Wasserscheide; da ging man nicht hinauf zu den „Lutherischen" — „dene brauchst ka Bier verkaffa", sagte man damals und lächelt heute darüber.

Die Dörfer auf der Hochfläche sind herber. Streng prägen sie die dunklen Arbeitsschürzen der Bauersfrauen mit ihren dunkelblaugepunkteten Kopftüchern. Wie sie in der Mittagshitze Kartoffeln hacken, Frauen Traktoren fahren, Männer Mist aufladen, blaue Schürzen über dem festen bläulichen Stoff der Hosen und Kittel: Da sehe ich noch einen gewissen kantischen Imperativ, ein Sich-Fügen, einen angeborenen Sinn für Disziplin, ja, letzten Endes ein natürliches Verhältnis zur Arbeit. Ein Sinn für Schmuck hat sich dazwischen gehalten. Die Haufendörfer sehen aufgeräumt aus, auch der Misthaufen und die Odelbrühe haben ihre Ordnung. Petersbuch hat im Wettbewerb „Unser Dorf soll schöner werden" einen Preis gewonnen. In den Kirchen haben die Lieder von Paul Gerhardt noch einen lebendigen Resonanzboden: Bauern, die noch zur goldenen Konfirmation gehen. Der Klingelbeutel ist auch dann voll, wenn

„für wo am nötigsten" gesammelt wird. Weltoffenheit ist schon ein Fremdwort. Kommen Rheinländer, sind das Rheinländer, freundlich aufgenommene Fremde aus einer fernen Gegend.

Die Waldränder: Ein Verhau aus Schlehdorn, Hecken, Büschen, Ahorn. Taucht man vom Tal hoch, sieht alles feldfarben aus — nur der Stift einer Kirchturmspitze stellt ein Rot dazwischen. Oder die kupfergrüne Helmhaube von Thalmannsfeld, die mich an einen flachen Hunnenhelm erinnert. Mehr nach Norden zu klingt die Sprache härter. Erzählst du einer älteren Frau etwas ihr Befremdliches, dann zischelt sie ein fast höhnisch-spitzes „sss-o" hervor, das Abwarten signalisiert und Skepsis.

Ein Wort für einen ganzen Satz: „Was du nicht alles sagst, na, das wollen wir erst mal auf uns zukommen lassen und sehen, ob's was taugt . . ."

Vielleicht ist das die Härte, die von evangelischen Emigranten aus Oberösterreich mitgebracht wurde, als sie hierherkamen — auch als Flüchtlinge. Während das zu Eichstätt gehörende Gebiet ja immer katholisch war, wurde im Hilpoltsteiner und Heidecker Bereich das Luthertum bald eingeführt, nur wenige Orte sind von den Besitzern wieder rekatholisiert worden, und so hält sich da ein breiter protestantischer Streifen.

Wenn ich manchen Alten durchs Dorf gehen sehe — „hatschen" sagt man dazu —, dann sind das schon Passionsbilder, eingerahmt von der Dornenkrone der Landschaft, der Pflicht und manchmal auch der Selbstaufgabe. Wohl hält sich auch da die verbissene Ex- und Egozentrik der Alten, aber das Fressen der älteren Generation durch die nachrückenden Jungen, das ist schon unheimlich — und selbstverständlich. Aber vielleicht empfinden sie selbst das gar nicht so hart. Wünsche haben da oft einen Maulkorb.

Dafür gibt es immer noch Bräuche — wie Reiher, Eisvogel und Bussarde noch nicht ermordet. Wenn ein Brautpaar aus der Kirche kommt, in der Wirtschaft einzieht, an die hundert Leute mitfeiern, dann spielt die Musik vor dem Essen erst mal einen ,,Hungertanz".

Von den beiden Brauereien in Thalmannsfeld und Nennslingen abgesehen, wird das Bier dazu in Titting gebraut. 1544 kam der Ort ans Hochstift Eichstätt. Weil die ,,bischöflichen Pfleger" ihren Amtssitz nur selten bewohnten, wurde er 1786 kurzerhand in ein ,,fürstliches Bräuhaus" ungewandelt. Heut ist es ein kleinbürgerliches Bräuhaus, besonders auf Weizenbier spezialisiert, das im Umkreis von vierzig Kilometern ausgeliefert wird. Zirka 10 000 Hektoliter werden da im Jahr gebraut — von zwölf Angestellten. Diese fast noch handwerkliche Produktionsform nützt den rationalisierten Betrieb am effektivsten aus. Außerdem fährt man mit eigenem Weizen am billigsten. Aber auf Dauer ist auch das hoffnungslos.

Während ich mit dem Brauereibesitzer rede, das herbe, hefeversetzte Weizenbier genieße, wir uns fast darüber einig sind, daß man mit herkömmlichen Mitteln kaum etwas gegen die hinterfotzigen Dumpingpreise der Konzernkonkurrenz ausrichten kann, wird mir eine Form von Geschäftssinn sympathischer: Um Kundschaft zu halten und neu zu gewinnen, bedarf es des persönlichen Kontaktes — die alte Form des Kundschaftstrinkens ist da noch lebendig. Fast wär ich verführt, den Mittelstandsbetrieb als Heilmittel gegen die Superkonzernseuche zu halten.

Augenzwinkernd liest mir der Brauereibesitzer den Mahnspruch überm Schloßbrauereitor vor:

Wenn das Bier so gut wird werden
als der Stifter Wille war,
findet ihr auf aller Erden
keines so gesund und rar.
Sollt ihr aber manchmal fühlen,
daß das Bier ein Plempel sei,
denkt, gut war der Fürsten Willen,
elend ist die Brauerei.

Ich fahre auf der ungeteerten Landstraße zwischen Bürg und Bechthal. Wie sie den Hang hochquellen, lauter Buckel mit verwaschen-gelblicher Wolle: Ein grastrappelnder Knäuel, der sich weiterfrißt, von Hunden zusammengebellt. Die Wacholdertriften, die magergrasigen Huteflächen: bewölkt von Schafherden.

Wie ich noch ein Kind war, hab ich einmal gesehen, wie ein Lamm aus dem Mutterleib kommt: eine Dotterblase platzte. Damals hat man mich weggenommen. Es hat mich geärgert, wenn einer gesagt hat: ,,Du blödes Schaf!" Das ist unrecht. Wie ich noch ein Kind war, hat's einen evangelischen Dekan in Thalmässing gegeben, der hat eine große Krippe gehabt, mit vielen Schafen – und mit denen durfte ich spielen, stundenlang. Seitdem mag ich diese Tiere. Der Schäfer, auf seine Schippe gestützt, bohrt manchmal im Boden, schmeißt einen Batzen Dreck auf eins, dann kommt's wieder. Er fängt sich eins, klemmt's zwischen seine Beine, sein dicker schwarzer

Umhang hängt offen über der Schulter, knautschig wie sein Hut, dann schneidet er mit einem Messer den Huf und einen eingetretenen Stein heraus. Mit Wolle und grüner Salbe beschmiert er das bißchen Wunde. Rot gezeichnet humpelt es zur Herde zurück. Ich möcht den Schäfer fragen, wie man so lebt als Schäfer, aber seine Wortkargheit lähmt mich.

Ob's noch viel Schäfer gäb?

,,Auf'm Jura schon, da gibt's immer Schaf. Aber der Nachwuchs. Ja mei. Da mußt halt arbeit'n, dreihundertfümazechg Tag im Jahr."

Ob's nicht gesund wär, alle Tag in der frischen Luft . . . Ich verkneif mir die blöde Frag.

,,Aber kommt man sich denn net allein vor?"

Da sagt er: ,,Red'n kann mer auf d'Nacht, im Wirtshaus is Zeit."

Das magere Distelgras knarrt. Wacholderhänge, die Schafhuten, hängen in Trockentäler, in denen sich im Frühjahr Schmelzwasser sammelt. Unter verzwirbelten Hutekiefern laufen die Wurzeln meterweit unterm Gras: Wurzelgrasschlangen. Ich leg mich zu einem Wacholderstrauch, seh die noch gelbgrünen Wacholderbeeren, die später herbstblau werden, stoß mit dem Fuß an einen rötlich blühenden Kiefernzweig, daß es gelb staubt. Überm Hang dreht ein Bussard.

Neben den Straßen sind graue Schneezäune gestapelt, die im Winter gegen die Schneewehen gegeneinandergestellt werden: Dann läuft ein Dreieckstunnel staksig (eins links, eins rechts) neben der Straße her. Zugig ist es da oben, auch auf dem zungenförmigen Waizenhöfer Espan. Zugig und karg; aber im Herbst gesprenkelt vom flachen Weiß der Silberdisteln, geduckte, einzelne Farbnester auf dünnem Gras.

An den Hängen im Buchenwald flackert im März das Blau der Leberblümchen, das haarige Violettblau der Küchenschellen und im Spätsommer das Tiefblau des kurzstieligen Enzians.

So karg dieses Espan auch ist — auch da ist ein Stück Natur in die Gebräuche der Menschen hineingewachsen: Paarweise stehende Linden beschützen den ehemaligen Kirchenweg zwischen Waizenhofen und Thalmässing. Weiter unten, an einem Türkenbundsumpf vorbei, konnte man früher dem Pfarrer begegnen, wenn er nach Landersdorf ging, in diese gottverlassene Ecke, deren Namen in den Ohren klappern: Feinschluck und Hundszell. Gehöfte im Wald, einsam, schweigsam — da hast du an allem zu schlucken und brauchst eine hündische Geduld. Aber eins kapierst du da auch: Was ein Wald ist — den macht uns kein anderes Land nach.

Am Waldrand treibt der Schäfer seine Tiere zur Eile an. Erst jetzt seh ich die Regenwolken. Ein blökender, panischer Strom staut sich vor der Scheune. Morgen kommt der Schafscherer, und da darf die Wolle nicht naß sein. Jetzt möcht ich ein Fell kaufen — das an Schäferspferch und Schäferskarren erinnert. Der Bauer in Mantlach legt sie auf den Fußboden, während ich durch die dicke Wolle mit gespreizten Fingern fahre, das Tier rieche, erzählt er von der schwierigen Situation der Vollerwerbslandwirte, vom geringen Steigen der Eigengewinne, gemessen an denen, die dazwischen verdienen. In verschiedenen Verbänden seien sie zwar schon organisiert, aber wirklich helfen . . .

So ein Stück Landschaft wünsche ich mir manchmal: Ein Stück davon ist in den ,,Naturpark Altmühltal" einbezogen — als ,,ökologischer Ausgleichsraum", wie es im Landschaftsentwicklungsplan heißt. Hoffentlich beschützt er dieses Stück Einsamkeit, den blühenden Gestank des Wacholders, abbröckelndes Gestein und die leeren Südhänge und die Widerspenstigkeit der Bauern, die vormals im ,,Mässinger Haufen" revoltierten, bis ihnen im Mai 1525 der Pfalzgraf Friedrich mit seinem ,,Strafgericht von Greding" beibrachte, daß man nicht ungestraft gegen die feudalistische Gesellschaftsordnung rebelliert. Alles auf einen Schlag umkrempeln wollen: Was für ein verzweifelt-törichter Feldzug.

Stadtlandschaft Eichstätt

Jedesmal, wenn ich die Autobahn bei der Ausfahrt ,,Altmühltal" verlasse und ins Anlautertal hineinfahre, die Wacholderhänge sehe und den aufgebrochenen, hellen Altmühljura, dazu die breiten Häuser mit ihren flachen Dächern, beginnt für mich der Süden und in diesem noch mittelfränkischen Süden ist Eichstätt, obgleich zu ,,Oberbayern" gehörend, eine südliche Stadt mit lichten, zarten Farben. Daß diese Stadt einem in dem Zustand, wie sie heute ist, wie ein Wunder erscheint, ist in der Tat verwunderlich — denn der Kern dieser nicht ausufernden Stadt ist noch immer barock geprägt; diese Stadt wirkt durch ihr Alter, doch keineswegs gealtert; Eichstätt offenbart durch die Fügung seiner Häuser, in der Kuhle des Altmühltals, daß diese Stadt ,,stimmt" — und sie ist gestimmt durch die mächtig hervorragenden Kirchen und die jeweils individuell gefügten, getönten Häuser. Eichstätt ist ein Ort, in dem es den Bewohnern gelungen ist, einen Grundausdruck zu bewahren — so, als wäre jedem daran gelegen, den Bezug des einzelnen Gebäudes zum Ganzen zu wahren.

Dieses Wunder Eichstätt hat eine Mitte: Den Dom, der fest mit seinen beiden Türmen, nicht übertrieben hoch, dasteht — auf ihn ist alles bezogen, und zugleich schillert dieser Dom so nach allen Seiten, so daß die beiden ihm zugeordneten Plätze jeweils einen ganz anderen Charakter haben.

Der Dom ist die Mitte, die auch das andere erglänzen läßt — am südlichen Platz, dem Residenzplatz, sind es die wiederhergerichteten Kavaliershöfe mit ihren figurengeprägten Portalen.

Durch solche Homogenität unterscheidet sich Eichstätt von Bamberg und Würzburg. An einem winzigen Indiz spürt man das auch am Bewußtsein der Bewohner: hier ist es selbstverständlich, daß die Stadt auch auf Ansichtskarten als die ,,Bischofsstadt" gilt — das ist es, was der Stadt noch immer ihren Rang gibt.

Bamberg — Würzburg — Eichstätt: die kleinste Stadt ist die älteste Bischofsstadt: im Jahr 745 wurde hier ein Bistum gegründet, und man könnte sich jetzt einlassen auf die Tiefe der Geschichte: die Willibaldsburg, an der in drei Jahrhunderten viele Bischöfe bauten, als die Bi-

Stadtlandschaft Eichstätt

schöfe zugleich auch die Stadtherren waren, was nicht ohne Spannungen blieb; einer der Fürstbischöfe unterdrückte mit Macht derlei ,,Spannungen", weil er sie als die ,,Pest des Gemeinwesens" betrachtete. Und 1634 machten die Schweden aus all dem einen Aschenhaufen — und was jetzt ein so herrlich geprägtes Antlitz hat, das ist die Frucht jener kunstfreudigen Fürstbischöfe, die eine Barockstadt, eine Südstadt bauten, an der nachfolgende Generationen mit einer bewunderungswürdigen Behutsamkeit weiterbauten, indem sie die Grundgestalt wahrten.

Längst residieren hier keine Fürstbischöfe mehr — deren Herrlichkeiten sind wohl noch zu besichtigen; nun ist es, als gelte nur noch die einfachere Münze der Bischöfe. Und auch dafür gibt der Dom als Schauseite Aufschluß: er ist klar im Inneren, nicht überladen, nicht himmelhoch gebaut, dennoch reich an Schätzen. Immer wieder muß man sich beim inneren Aufnehmen solcher Schönheiten fragen: Was geht dich das in deinem Inneren an, denn du willst ja nicht nur Sehenswürdigkeiten in deinem Kopf stapeln?

Das Aushalten der Tatsache des Todes, das ganz nahe Heranlassen der Tatsache des Sterbens — ohne dies zu verdrängen, und dieses Ereignis zum Anlaß für ein Kunstwerk zu machen: das ist die Leistung, die Bedeutung jenes Mortuariums, das als vierter Gang das Quadrat des Kreuzgangs vollendet, angebaut an den Dom des Heiligen Willibald. In dieser lichten Halle, von der aus man sieht, mit welcher Freude zu Zeiten der Gotik ein jedes Maßwerk eines jeden Fensterspitzbogens anders gebaut worden ist, in dieser Halle, getragen von sieben Säulen, deren eine, mit ihren Steinschrauben, wahrlich „die Schöne" heißt, in dieser Halle sind die Grabtafeln Fußbodensteine geworden — Erinnerung an Tote als Lebensgrund: darüber wölbt sich eine Architektur, die sich dem Licht zuwendet. Es ist hier zu sehen, was christliche Kunst vermochte: dieses Dasein verherrlichen — wenn es sich dem zuwendet, was über den Menschen hinausweist, indem es Ordnung und Sinn offenbart, die der Mensch allein nicht zustande bringt.

Dies gehört zum Sichtbaren der Bischofsstadt — wie das im Alltag gespeist wird, dazu gibt der Eichstätter Generalvikar Auskunft:

„Der Bischof tritt im Alltag kaum in Erscheinung, aber an den Hochfesten kommt er zur Geltung; er hält den Hauptgottesdienst, und es gehört bei uns dazu, daß man die Heilige Woche gemeinsam mit dem Bischof feiert, und das spürt man natürlich in so einer kleinräumigen Stadt wie Eichstätt. Es wäre gewiß für jeden eine Lücke, wenn man die Willibaldsfestwoche, Weihnachten und Silvester nicht zusammen mit dem Bischof feierte, wenn er nicht in unserer Mitte wäre. Der Einfluß des Bischofs liegt dann natürlich auch in der Verkündigung: bei den Hauptgottesdiensten hält er die Predigt, und die hält er für gewöhnlich mit einem programmatischen Thema. Dabei darf man nicht übersehen, daß bei der Feier der Eucharistie eben nicht nur gepredigt wird — denn der Mensch hat ja nicht bloß Verstand, sondern auch Gemüt."

Eichstätt wird die „Stadt der kleinen Schritte" genannt. Wenn man bei solchen „kleinen Schritten" die Universitätsbuchhandlung betritt und dann die Gegenwärtigkeit von Meßbüchern, Bibeln sieht — auch jene schönen Ausgaben —, dann spürt man, daß das hier, auf diesem Grund, ein anderes Gewicht hat: es sind nicht nur Gebrauchsgegenstände, sondern Lebensinstrumente, die da nicht verloren zwischen tausend anderen Büchern stehen.

Und es gibt bei diesen ,,kleinen Schritten" winzige Beobachtungen zu machen, die Aufschluß geben über eine Lebensart, die Züge einer lebendigen Frömmigkeit aufweist: Beim Walburgakloster, wo es Walburgisöl zu erwerben gibt, in jener kleinen Kapelle, zu der Stiegen hinabführen, liegt ein kleines Büchlein auf, in das Besucher ihre Bitten, ihre Gebete eintragen. Es hat dies etwas Anrührendes, wenn eine Frau in unserer Zeit zu einer Heiligen bittet, sie möge ihr ein gesundes Kind schenken. Man spürt da jene intime, beinahe scheue Art der Zwiesprache, wie sie von Mensch zu Mensch auf diese Weise nicht möglich ist.

Was nun aber über den Ort hinausweist, ihm Bedeutung verleiht: das ist die Fähigkeit, sich mit dem Vorhandenen nicht zu begnügen, sondern weiterzubauen. So wie der Bischofssitz mit ausschlaggebend war, daß Eichstätt auch nach der Gebietsreform die Landkreisverwaltung behielt, so verdankt die seit 1980 bestehende ,,Katholische Universität Eichstätt" mit ihre Gründung der hier seit langem bestehenden theologischen Hochschule, die dieser südlichen Stadt auch manches Tor zur weiten Welt geöffnet hat.

Eine Katholische Universität im kleinsten deutschen Bistum: hier ist das eine unmittelbare Anbindung und eine sinnvolle Ergänzung, die zugleich dem wahllosen Nebeneinander unserer Zeit Widerpart bieten kann —

auf diese Weise wird jener alte Bischofsgrund neu belebt: zur stillgelegten Residenz der Fürstbischöfe die Residenz des Geistigen: das ist auch ein Versuch, der Wirrniss eine Klarheit entgegenzustellen — denn auch das offenbart ja eine Bischofsstadt wie Eichstätt: Ordnung muß dem Menschen schwerfallen, damit auch das wiedergewonnen werden kann, wovon der Präsident dieser Universität einmal schrieb: eine ,,Aura echter Heiligkeit", die wahrhaft ,,unantastbar" ist — denn es muß dieses ,,Unantastbare" geben, sonst macht sich der Mensch selbst zum Freiwild. Hier Widerstand zu leisten, kann mit Aufgabe der Kirche sein: wenn es um den Schutz des Sonntages geht, denn es kann nicht angehen, daß um des rentablen Weiterlaufens der Maschinen der Sonntag verschwindet — nur wenn für alle der Sonntag am Sonntag ist und gefeiert wird, kann man sich in einem Land noch als Gemeinschaft erleben.

So liegt der Zauber solcher Orte, die einem manchmal wie Wunschorte auf der Landkarte erscheinen, auch darin, daß sie den Menschen ermutigen können, seinen höchst fragmentarischen Beitrag zu leisten, daß er sich, umgeben von Geglücktem, dem Erkennen von Schönem annähert, in jenem unaufhörlichem Versuch, etwas von der ,,Harmonie der Welt" zu begreifen, die freilich ohne das Anerkennen Gottes in sich zusammenbräche.

Die südliche Stadtlandschaft Eichstätt entspricht mit ihren sachten Farben der südlich wirkenden Landschaft. Man spürt das auf einem Kahn, mit dem die Altmühl im Stadtbereich zu befahren ist, ebenso an den lichten Mauern der Willibaldsburg, in deren Museum voll erdgeschichtlicher Hinweise ein Lebewesen gehalten wird, das man vor der Küste Amerikas aufgriff — in Form und Bewegung gleicht es jenen Archetypen, die man in Versteinerungen des Solnhofer Kalks wiederfindet: ein schildkrötenartiger Buckelschild, darunter verborgen ein Fischleib mit langem Ruderschwanz — der ,,Pfeilschwanz".

Zum Süden gehört Wärme, ja mehr noch: die Hitze. Die Kuhle der Wärme wird zum Brennglas der Hitze, wenn man lange in einem der Steinbrüche verweilt, die ganz in Eichstätts Nähe erschlossen sind. Tief reichen die Abraumhalden in den steinigen Leib der Erde. Mühelos kann man sich vorstellen, wie bei der Mühe des Steinbrechens früher die Arbeiter sich allein mit Bier gegen Glut und Steinstaub wehren konnten. Auf den Feldern steht der Wacholder; die Kiefer gehört hierher, auch die Kastanie. Und welche Stille birgt so ein Steinbruch, wenn man an seinem Rand liegt und das helle Klingen hört, das Menschen verursachen, die hier unermüdlich mit Hämmern, manchmal auch mit Spaten, Meißel und Keilen im Gestein Platte für Platte losbrechen, um die darin eingegossenen Versteinerungen zu finden. Mancher begnügt sich mit den vermeintlichen Abdrücken von Moosen und Farnen, deren rostrotes Äderwerk aber vom Wasser stammt, das manches Mineral oder Erz im Laufe der Zeit auflöste.

Wenn die Zeit als etwas Unendliches begriffen werden kann, das uns nicht davonläuft, sondern uns durchdringt, dann waren wir dem Süden nahe.

Maria Bildhausen – Gartenpavillon

Neuhof im Steigerwald

Brunnen und Zitronengärten in Nürnberg

Der Griff zum Wasserhahn: So erbärmlich kann das Verhältnis zum Wasser sein; Herr und Knecht. Anders die Brunnen — so sie nicht zum Schöpfen gebraucht werden: Feststehendes und ein Urelement des Beweglichen, absichtsvolle Geste und absichtslos unbekümmertes Wasser gehen eine Verbindung ein. Wozu? Immer wieder das Bedürfnis: in dem Steinhaufen Stadt Wasser rein und schön gefaßt hervortreten, aufwallen zu lassen. Antwort auf die betrübliche Tatsache: keinem Stadtbewohner steht mehr ursprüngliches Wasser zur Verfügung, mit allen muß er es teilen. Brunnen: Ersatz und Hohn — das Gezähmtsein schmackhaft machen mit symbolischer Geste; noch einmal zeigen, was hervorsprudelndes Wasser ist — und dann in besonderer Fassung allgemeiner Besitz werden, an dem jeder besitzlos Anteil hat, so daß nicht einmal mehr radikale Sozialdemokraten (für einen neuen Brunnen stimmend) merken: sie erhalten ein Privileg. Ein Brunnen nämlich ist demonstrativ die schönste Verkörperung eines Vorrechtes: in seiner Gestalt darf es ihn nur einmal geben. Selbst der kümmerlichste macht seine Umgebung unverwechselbar.

Es gibt Idealmodelle von Brunnen. Sie erst machen glaubwürdig, daß ein Platz Leben ist und bedeutet: Rom — Piazza Navona, zum Beispiel.

Müßte ich Nürnberg jetzt verlassen: nach seinen Brunnen tät' es mich an. Der ,,schöne" oder ,,goldene" Brunnen, das spitze Pendant zur gotischen Frauenkirche auf dem Hauptmarkt: seinetwegen trauerte ich nicht; aber ich achte ihn. Mehrgeschossig, goldglänzend, figurenbesetzt, eingegittert: fraglos wegen seines Alters gehört er hierher: ein starres Gebilde, mit dessen Wasserrauschen es nicht weit her ist, auch wenn Kinder das eine Rohr wie einen Hebel gern herunterdrücken, so daß es ordinär aufs Kopfsteinpflaster spritzt. Aber seine Idee: In dieser Brunnenpyramide aus dem 14. Jahrhundert ist in mehreren Figurengeschossen zusammengefaßt, was schon damals nur noch ideel unter einem Dach Platz hatte: Die Kirchenväter und die personifizierten Künste (z. B. die Arithmetik), König David und Alexander der Große, Kaiser Karl der Große und Moses und die sieben Propheten des Alten Testaments, Hektor in voller Rüstung und der Kurfürst von Brandenburg; jüdische, römische, christliche, griechische Welt: eine jede im selben Kosmos zu Haus. Mögliche Einheit — leider nur — im Bild. Und wie leicht macht das Waser auf einmal die Dauer!

Nürnberg: das ist auch eine Brunnenstadt. Manche plätschern nur, manche aber rauschen. Mächtige Fontänen: sie sind das Gestaltloseste — da schießt nur Wasser hoch, Verlängerung der Pumpenmaschine. Doch da sind kleine Brunnen: Gänsemännlein und Geiersbrünnlein, Panther und Schnepperschützen, schelmisches Teufelsbrünnlein an der Lorenzkirche, kopfstehende Delphine oder ein grober Felsklotz vor einer glattflächigen Bank . . . Die Spannweite der Brunnen dieser Stadt ist groß. Ein Tag reichte nicht, um von Brunnen zu Brunnen zu wandern.

Mitten in der Fußgängerzone, 1977 errichtet: Übereinander geschichtet die Kränze von Kupferschüsseln, über die das Wasser kaskadiert — der ,,Schüsselesbrunnen". Ja, wenn nur das Wasser rauscht über eine eigenwillige Gestalt – dann schmerzt einen das hurtige Vergehen nicht; und das scheinbar eintönige Rauschen des Wassers entfacht auf einmal Gemütlichkeit. Hier sitzen die Menschen besonders gern auf den Stühlen vor einem Café – und es ist, als dolmetschte das Rauschen des stürzenden Wassers die uralte Weisheit: „Laß dich nicht narren von Zielen! Sei im Fluß." Doch ohne Gestaltung wäre nur Bewegung – also immer wieder nach Fassungen suchen, die man sogar benützen kann . . . Freilich: wenn abends diesem Brunnen der Hahn zugedreht wird, wirkt er kahl und starr.

Nach vielen unfreiwilligen Verschiebungen im Stadtpark gelandet: der zerstückelte Neptunsbrunnen, dessen Original in Rußland steht – 1796 ans Schloß Peterhof bei Petersburg verkauft. Das Becken um Rosse und allegorische Reiter ermuntert die Kinder zum sorglosen Plantschen und Klettern über aalglatt gewordene Gestalten . . . Schließlich die vielen kleinen Brunnen inmitten der Stadt, an denen man sorglos vorbeigeht, weil sie einen ohne Vorwurf innewerden lassen: Das freie Sichverströmen – ein Ideal wird es bleiben, unerreichbar und immer.

Seit 1984 reicht die Spanne Nürnberger Brunnen vom Mittelalter bis in unsere Tage: am Weißen Turm sprudelt das Wasser über das „Ehekarussell" des Braunschweigers Jürgen Weber.

Wer diesen Brunnen mag, der kann Nürnberg verstehen. Zuerst war Fußgängerzonenleere. Der Mensch allein reicht nicht aus zur Belebung; auch Geschäfte und Flanieren geben nicht genug Atmosphäre . . . Also die

Brunnen und Zitronengärten in Nürnberg

U-Bahn! Ein Loch ist zu überdecken . . . Man besinnt sich auf Nürnbergs reichsstädtische Größe und gibt einen Auftrag; sogleich erfolgt eine Einschränkung: frei soll der Künstler sein, aber − Nürnbergs Beschränktheit offenbart sich stets − ein fränkisches Thema muß sein! Was liegt am nächsten? Der plumpe Tölpel Hans Sachs − Schuhmachermeister und am Feierabend Künstler: also hurtig ein Gedicht von Hans Sachs, und daraus einen Brunnen gemacht! Hans Sachs: das ist noch immer für Nürnberg das Synonym für Kunst: im Hauptberuf Handwerker, und Kunst ist dann sozusagen der Gipfelpunkt des Könnens − keineswegs erschüttert sein oder in Frage stellen; nein: nach des Tages Mühsal sich selber auf die Schippe nehmen. Man kann jeder Lage etwas Gutes abgewinnen − darum verabscheut „der" Nürnberger die Tragödie, und liebt die Posse. Und das hat die Stadt mit ihrem neuesten Brunnen bekommen.

Seine Fassung aus Marmor ist altmodisch (also altmeisterlich), dazu fein behauener Stein (schöne Rosen) und davor ein (Kitsch)Steinherz (darauf Sachsens Verse vom Ehekarussell). Aber bereits diese Einwände sprechen für diesen Brunnen, denn er ist ein tolles Stück und gibt Nürnberg, was hier bislang fehlte: einen Szenenbrunnen. Das Eheleben allegorisch: von den prächtigen Leibern der Verliebten bis zu den häßlicher werdenden Alten, die kein Schwan mehr trägt, sondern der Drache gewordene Biß der Ehe. Dieses Wagnis bereichert die Stadt, es erregt die Gemüter − und einige Schildastadträte wollten zum Schluß das fehlende Geld sperren (um der Rathausherrschaft einen Streich zu spielen). Dieser Brunnen offenbart eine Wahrheit: auch häßlich kann der

Mensch werden, und gerade das ruft den Wunsch nach Schönheit hervor. Mir scheint, als rinne hier das Wasser noch gleichmütiger und besänftigender über Figuren und Stein — lustig springt ein Ziegenbock herum.

Nürnberg, meine Brunnenstadt: manchmal flammt ihr Sinn für alles Kecke auf — als Kind stand ich oft ratlos vor den zierlichen Broncefiguren des Tugendbrunnens aus dem 17. Jahrhundert, der einen herrlichen Platz zwischen Lorenzkirche und dem freien Blick zur Burg hinauf einnimmt. Wie können das Tugenden sein, dachte ich (Glaube, Hoffnung, Liebe, Tapferkeit, Mäßigung und Geduld), wenn aus den nackten Brüsten geradezu obszön das Wasser spritzt . . . Wortwörtlich soll man sie wohl nicht verstehen.

Welche Spannweite zwischen dem ganz und gar irdischen Ehekarrussel und dem Kosmos abendländischer Welt im Schönen Brunnen, wo Tat und Geist als Einheit dargestellt sind. Brunnen: die Neigung, dem Unabänderlichen eine schöne Fassung zu geben und der Vergeudung freien Lauf lassen — daran erinnern sie, wenn man ihnen begegnet; Gestalten, die eine Stadt freundlicher machen.

Im Winter, wenn die Brunnen schlafen, suchen wir oft Bereiche der Stadt auf, in die wir das Jahr über nie kommen. Erstaunliche Landschaften in entfernten Vierteln tun sich dem Fußgänger auf. Immer wieder Gärten — die Südstadt — die Gartenstadt . . .

Später Nachmittag mit mattem Dezemberlicht: Im Süden der Stadt, dicht bei einer Schnellstraße und zugleich abgetrennt, wölbt sich von einer noch befahrenen Straße ein stiller Halbkreisbogen zu einem Platz. Diese

Brunnen und Zitronengärten in Nürnberg

Hälfte eines Runds faßt der weite Bogen eines langen zweigeschossigen Hauses ein; und wo es, nach Westen, zur Volckamerstraße geht, überwölben zwei Torbögen die Straße — obenauf rostrot ein Uhrentürmchen. Das Gras auf dem Platz ist wintermüde. Ist Volckamer auf „seinem" Platz gegenwärtig? Das Denkmal gilt dem Gründer der Gartenstadt Werderau — doch stehen zwei mächtige Eibenbüsche wie ruhende Pole auf der Grasfläche und erinnern an den Hortologen Volckamer. Das eine Eckhaus, eine Apotheke, hat etwas vom Gründerzeitschwulst. Was würde Volckamer, der Agrumennarr, zu dem türkischen Lebensmittelladen daneben sagen? Jetzt ist die von ihm herbeigesehnte Nähe ferner Früchte da: auf unsere Weise . . .

Das Tor am Volckamerplatz, um 1912 gebaut, erinnert an eine schöne Idee: Siedlungen noch einmal einzufassen, zu schützen — da man längst wußte, daß es vor dem Tempo der Technik keinen Schutz mehr gibt.

Die Volckamerstraße beginnt: Ein schmales Sträßlein. Birkenstammweiß leuchtet; in den Vorgärten schlummert Lebensbaumgrün — manchmal sogar Blautannenblau; dazwischen ein Fliederbaum. An den niedrigen, wohnlich anmutenden Häusern, deren echte Sandsteinportale dicht beieinanderstehen, herrschen sanfte Farben vor: Sandgelb, Ockerorange, Orangegelb. Die Hortensienbüsche sind winterbraun.

Hätte Volckamer an diesen Ziergärtlein als Gartenfantiker seine Freude? Ach, sie sind liebevoll gepflegt — aber von Gartenstil kann keine Rede sein. Ich gehe die Straße auf und ab. Aus dem hellen Wirtshaus zur Werderau, in dessen Garten noch gedrehte Holzsäulen als

Südliche Landschaften

Zierrat ein Dach stützen, klingen die Stimmen junger Ausländer, die sich langweilen. Ich biege in die Hoffmannstraße ein: eine intime, fast anmutige Siedlung tut sich auf; kleine Gartenparzellen; nirgendwo kalte Symmetrie. Ein dunkelbraunes Haus ist herrlich von Efeu bewachsen. Eine Grüninsel inmitten der Stadt — ringsum Getriebe. Hier begrenzt im Süden der Ringbahnwall die Siedlung: ein kleines Stück Weltende — und in Gedanken geht es, in der Forsterstraße, hinaus zur ,,Weltreise", die der Dichter Forster unternahm; auch einer von der vergessenen Zunft. Wer Volckamer war: niemand kann es mir sagen. Doch dank Volckamer habe ich jetzt von der Werderau-Insel eine Vorstellung: ein Miniaturkosmosstück inmitten meiner Stadt.

Tags darauf ging ich dann in die Stadtbibliothek. Auch da zunächst wenig in Erfahrung zu bringen. Ich lasse mir den großformatigen, in dunkelbraunem Leder gebundenen Band bringen, der hinten die Jahreszahl MDCCVIII trägt. Ruhig blätterte ich auf: ,,Hesperides Norimbergenses sive de malorum citreonum, limonum avratiorumque . . ."

Die schweren Büttenblätter mit großer Schrift gefüllt; alles Lateinisch. Einmal ein deutscher Spruch: ,,Wann kommt das Fest Sebastian / so lauft der Safft den Baeumen an."

Ruhige Beschreibungen, sicheres Wissen: es geht um Agrumengewächse, ,,de aquae utilitate", Schädlinge etc.

Immer mehr Kupferstiche tauchen auf: Fruchtschalen, Gartenwerkzeuge. Plötzlich eine Aufsicht auf den mir liebsten See, den Lago di Garda: offenbar schon damals ein Limonenparadies. Sogleich fallen mir die bitteren Orangen von Saló ein. Nun folgen weitere Gartenbeispiele — und mit einem Mal bin ich ganz weg: ich blättere und blättere: ganzseitige, herrliche Kupferstiche: ein grandioser Katalog scharf gezeichenter Citrusfrüchte. ,,Cedro Bondolotto" heißt die eine. Ich schaue und schaue, merke mir die Namen nicht, bemerke nur die Fülle der Formen: die Variation von ein und demselben — und wie die Kupferstecher (einmal heißt's ,,B. Kenkel fecit", ein andermal ,,P. Decker fecit") immer wieder die Ansicht wandelten: die Frucht als Körper, als Gestalt; und dann durch einen Schnitt die Innenansicht der Frucht freigelegt.

Ich blättere und staune und bin entzückt: wie schön allein ein ,,cedro ordinario" ist; wie dickschalig sie damals waren — ,,cedro bibitane", die Eßzitrone, die süße vom Gardasee fällt mir ein. Ich las nichts im Text, ließ meine Lateinkenntnisse schlummern; ich schaute nur, und nach etlichem Blättern erst erkannte ich, daß die Zitronen- und Orangenbilder nur gut vier Fünftel der Blattfläche einnehmen: darunter zeigt jedes Bild eine andere Ansicht von damals: von unserem Nürnberg, als noch die Vorortnester nicht miteinander verschmolzen waren. Fast keck und lustig, belebt jedenfalls immer, tauchen sie jetzt zwinkernd auf: ,,Gibenzenhof" zum Beispiel. Nun weiß ich, wie der Zeichner M. M. Prechtl auf ,,seine" ,,Hesperidengärten" kam, in denen Orangen und Limonen als etwas Zeitloses leuchten: Er brauchte nur diese herrliche Anleihe aufzunehmen.

Weiter blätterte ich in dem von Volckamer 1708 herausgegebenen Buch; es ist eines der schönsten Nürnberger Bilderbücher: Wie nun Garten auf Garten folgt. Fast wehmütig wird's mir ums Herz: das sind ja alles versunkene, verlorene Welten — als noch viele wohlhabende Familien ihre Gärten hatten: barock gestaltet, streng angelegt, voller Formbewußtsein.

Den Charakter dieses Mannes und seine Geschichte kann ich mir nicht vorstellen, aber ich spüre, wie er sich als Kaufmann und ,,Bankogerichts-Adjunkt" und ,,Hortologe" mit Besessenheit einer Sache widmete: den Gärten, den Pflanzen. Da leuchtet nürnbergische Sehnsucht und Lebenskunst auf: hartnäckig bleiben und das Fremde-Schöne hierherholen. Fremdeninfektion und Fernweltsucht vor über zweihundert Jahren . . .

Volckamer muß sich ein immenses Wissen angeeignet haben. Volckamer, der Agrumennarr, ließ in Johannis unter Gewächshäusern in fränkischem Sand südliche Sonne gedeihen.

Hesperidengärten — Gärten des Hesperus — Mythensehnsucht: nicht sehr originell, aber eigenartig, barockzeittypisch: ganz ohne Mythisches schien auch die Waren- und Kaufmannswelt nicht auskommen zu können. Zwischen den Münzen leuchtet die Sehnsucht nach etwas Schönem — selbstherrliche Verschwendung: ja, das vermochte man damals. Benommen von der Fülle schloß ich das kostbare Buch.

Volckamers Hesperidengärten sind nur noch in seinem einmaligen Buch lebendig — vielleicht entzünden sie einmal wieder die Phantasie eines anderen Besessenen? Immerhin wurde sein Sohn, Johann Georg, ein berühmter Planzenkenner; er schrieb ein Buch über die ,,Flora Noribergensis sive catalogus plantarum . . ." Ich hielt das Buch mit seiner tintenbraunen Handschrift in der Hand.

Johann Christoph Volckamer: am 7. 6. 1644 geboren, am 2. 8. 1720 gestorben. Die aus dem thüringischen Lobenstein stammende Familie, so las ich, brachte etliche Gelehrte hervor. Johann Christoph war dreimal verheiratet; elf Kinder schenkten ihm seine Frauen. Er schenkte uns die ,,Nürnberger Hesperiden", die 1708 und 1714 erschienen. Ich bin einen Augenblick dankbar; mehr will ich nicht wissen.

Und Nürnberg hat, nach seinem Barockgarten, wieder einen Hesperidengarten bekommen − in Johannis. Manchmal gehe ich mit meiner jüngsten Tocher dorthin. In den Brunnenbecken läßt sie Schifflein schwimmen und wäscht Puppen. Sie liebt solche Wiederholungen. Ich konnte nicht widerstehen, als sie eines Morgens an einem der in Tonkübeln aufgestellten Zitronenbäumchen eine reife Zitrone erblickte: Wir ernteten mit Mundraub in einem südlichen Zitronengarten.

Durch den Steigerwald

Wenn ich in diese Gegend aufbreche, von Nürnberg aus, sage ich: Für ein paar Tage geh' ich in mein westliches Osteuropa.

Und es beginnt so: bei Ullstadt fängt das an, wird hinter Sugenheim und Deutenheim kräftiger, und frag' ich mich in Krautostheim, was denn hier so anders wirkt, ist es das heftige Durchscheinen des Erdbodens – nicht nur in der brachen Zeit zwischen Februar und März. Der matte, schilfgrüne Schilfsandstein, von harter Körnung, hat sich durch den Putz der Hauswände durchgescheuert; selbst im trockenen Sommer drückt sein feuchtes, schwammiges Grün allem anderen Grün einen trägen Stempel auf. Dieses Grünspangrün läßt sich mit den Augen schmecken: stumpf, ein wenig nach Gips. Nicht flach, sondern niedrig-breit: Landschaft des Ehegrundes. Feuchte Schwere des Keuperbodens leimt Dorfhäuser zu Boden: schilfsandsteingrün. Ich betone Farben, denn in Städten wird man leicht farbenblind, zu sehr schocken ihre Reize.

Wenn ich in mein westliches Osteuropa fahre, nehme ich den Kompaß mit, denn auf Wanderungen in tückischen Nebeldämmerungen bin ich schon anstatt in Krassolzheim bei Herbolzheim aus dem Wald gekommen – Luftlinienentfernung immerhin 7 Kilometer. Als ich im Februar ins pußtaflache Tal fuhr, um für eine Weile in den Wäldern zu verschwinden, sah ich zum ersten Mal, wie an Waldrändern noch Schneeflecken kauerten, und in langen Nebelfahnen verdunstend ihre Feuchtigkeit aufstieg, baumhoch. Es war, als saugte die Sonne den Schnee zurück. Ein ziehendes Gefühl befiel mich, und eine ganz bestimmte Musik begann in meinem Kopf zu dröhnen . . . ich hörte ,,Nothing's worrying me . . .'' Plötzlich abbrennendes Nebelfeuer. Verdampfende Schneespringbrunnen.

Hier kannst du noch fünf Stunden am Stück laufen, ohne auf Siedlungen, Leute oder Straßen zu stoßen. Komm, geh! Aber vergiß den Kompaß nicht!

Durch den Steigerwald

Ich schiebe die blaudunst-geränderten Berglinien vom Hohenkottenheim, Hohenlandsberg, Iffigheimer Berg und Scheinberg hinaus. Ich bremse, ich gehe, ich kaue an dem Ortsnamen Krautostheim, und das Schilfsandsteingrün knirscht und fängt an nach Krautgrün zu schmecken: am Westrand des Ortes, bei der eingeschossigen Krautfabrik – und ich höre über der feuchtschweren Erde, dem Ried, wenn im Mai bei Regen der Krautsetztag ist, schon das mampfende Geräusch einer Metzelsuppe und Ludwig Uhlands Verschen dazu:

Auch unser altes Sauerkraut,
wir wollen's nicht vergessen,
ein Deutscher hat's zuerst gebaut,
drum ist's ein deutsches Essen.

Was nun so deutsch an Sauerkraut ist, ich weiß es nicht, aber „ohne" sind Schlachtschüsseln undenkbar. Mir fällt der Spruch ein: „Des Steigerwaldes Stolz: Wein, Kraut, Gips und Holz."

Vor Markt Nordheim wieder das zudringlich stumpfe, das immer feuchte Schilfsandsteingrün: diesmal ist daraus das düstere Schloß Seehaus symmetrisch gewachsen. Der Dorfweiher spiegelt das faulige, gelassene Grün des Schlosses, der Alleeweg nichts als Kastaniengelassenheit, dazwischen stromern Kinder herum. Bewohnen sie nicht ein Stück lehmigen Paradieses? Und was da so weich zwischen ihren Füßen quaatscht, ist nicht Schmutz, sondern aufgeweichte Erde – und das hat so etwas Österreichisch-Tschechisch-Ungarisches, Osteuropa eben, auch mit Grenzen. So sind die fahlen Höfe trüb und zur Straße zu offen, an die Straße gekettet. Pußtalang: Klein-Osteuropa.

Südliche Landschaften

Ich sehe die Achse dieser Welt: eine gekrümmte Dorfstraße. Nichts Überwältigendes. Der Himmel der Kirche aufgespießt von Gerüstpfählen. Auf Zaunlatten trocknen Milchkannen. Das Braun der Fachwerke brüstet sich nicht kess. Langgestreckt eine fränkische Holzlege. Vom Friedhof winkt alabasterweiß ein Engel — wie ein verflogener Schutzengel. Mittendrin ein Bauernhaus, moosgrün mit noch gewölbten Fensterscheiben: was für eine Kostbarkeit, so ein Haus mit Freitreppe und einer gemalten Fensterfront. An Stalltüren klappern die Ordensschnallen der Landwirtschaft: runde Blechscheiben, Landwirtschaftsauszeichnungen, Wettbewerbsprämien — Stalltüren als blinkende Ordensbrust, und über einem Misthaufen baufällig ein windschiefes Scheißhäuschen. Schließlich die Mühlbachschlucht — aber, was heißt da Schlucht? Ein Graben, verqueckt, mit Haselnuß und Holunder, Hühnergestrüpp, Palmkätzchen und mäusefangenden Katzen.

An der Außenwand eines Wirtshauses schreibe ich den einladenden Spruch ab:
Solche Gäste hab ich gern,
die stets friedlich diskutieren,
essen, trinken, zahlen gern
und dann wieder abmarschieren.
Man sagt, wo ein schwerer Boden sei, bleibe man kleben. Die Bauern kleben hier an ihrem Boden, arbeiten bis ans Lebensende; ja, böse Zungen behaupten, sie hätten gar nichts anderes im Sinn, als nur den Hof zu bestellen, fett zu ernten und abends die Kuhschwänze zu zählen. Arbeiten bis ins hohe Alter. Kein Ausschuß wie nach der Fabrik, stattdessen langsames Vertrocknen.

Hier entsteht keine Geschichte; die Bauern sind ein geschichtsloses Volk, es hat seine frühere Aufsässigkeit vergessen; man darf sie nicht mit zu viel Information oder Zeitkritik belästigen; was sie vertragen und vergnügt: der ,,Komödienstadel". Hier prallt die großmäulige Zeitungswelt ab.

Jetzt geh hinaus! Ein Schild: 14,5 km zu Fuß bis Bullenheim. Jetzt geht der Wald an. Hast du den Kompaß dabei? Erleb' den Regen, der alles schwer macht, Erdgeschichte aufschwemmt...

Nieseln. Nachmittag. Glitschiger Schnee-Tau-Eis-Weg. Wiesenbucht. Schafe. Das zunderrote Gesicht des Schäfers. Der ist nicht redselig.

Ob ich Felle kaufen könnte...

,,Morgen!"

Der andere Morgen in Kottenheim: Kalte Februarsonne. Blökender Stau hinter geschlossenem Stall. Nur ein schafbreiter Spalt als Durchlaß. Zwischen zwei Gattern preßt sich Schaf hinter Schaf durch einen Trog mit desinfizierender Flüssigkeit.

Das nesselrote Gesicht des Schäfers. Langsam taut seine Sprache auf... ,,Des Lebn gwohnt mer", sagt er.

Jetzt ist die Herde durchs Desinfektionsbad. Ich stehe bis zu den Knöcheln im zertrampelten Schlamm und spüre, wie sich hier meine Wahrnehmung auf einen einzigen Punkt einbrennt und Zuschauen nicht Gaffen ist... denn nun hängen sich die blökenden Kletten an den bleischweren, bleigrauen, gefütterten, knöchellangen Mantel des Schäfers, voraus keifen losgelassen zwei Hunde, die schmale Straße bündelt das Gewuzel der Schafe, bis der strudelnde Strom immer gleichmäßiger hinter dem gemessen ausschreitenden Schäfer hertrabt, bis die Morgensonne durch eine schnurgerade, über hundert Meter lange Linie durchlässiger Birkenbäume einen frühlingsversprechenden Schatten wirft und nur noch das gleichmäßig drängelnde, schaukelnde Wogen von Schafrücken dahinschwappt, geht und allmählich sein Geblök abflaut und sich irgendwo auf Wiese oder Ödland ergießt: beiges Wasser im Schilfsandsteingrün, und wie die Sonne sich kräuselt in zweihundert Wollknäueln, die Herde nach Westen schwenkt: Lammfleisch, Schaffleisch, Schlachtfleisch, nicht nur Verkaufbares.

Es stimmt das Bild früher christlicher Vorstellung: Christus als Schäfer — nicht nur in Italien, auch in Deutschland, denn in dem Auftrag ,,Weidet meine Schafe" steckt eine Lebensvorstellung, eine Hoffnung. Christus, neuerdings als bloßer Sozialrevolutionär gedacht, wäre eine ungemütliche Vorstellung, entgegengesetzt der Schafhaltung, die mehr ist als nur landwirtschaftliche Produktionsform und lebenslanges Angebundensein: archaisches Bild möglicher Arbeit, der noch soviel Freiheit zusteht, daß nicht bloß die erreichte Stückzahl zählt, auch nicht das Wachstum auf Teufelkomm-raus, kein hechelndes Gewinnvergöttern, sondern langsames, zähes Wachsen.

Ich schaue dem Schäfer nach. Ich fahre durch meine Felle. Ich habe sie nicht im geruchlosen Geschäft gekauft. Ich habe sie mit einem Erlebnis gekauft. Die Felle werden fortan nach diesem Morgen riechen. Doch sah ich nur das weiche Fell — noch nicht die Unterseite: gegerbt vom monotonen Rhythmus der Schäferarbeit.

Durch den Steigerwald

Wir gehen eine Weile stumm nebeneinander, bis wir nichts anderes mehr hören als das grasrupfende Beißen seiner Schafe.

Schäfer war sein Vater, Schäfer sein Großvater. Der Sohn wird's auch. Geblieben die Atmosphäre der Arbeit — wandelt sich die Schafhaltung. Heute sind frühe Lämmer gefragt, sechs Monate alt, höchstens 40 kg leicht, Export, vor allem nach Frankreich. Am Preis rüttelt der Schäfer nicht, den machen die Händler. Der Schäfer stellt sich ein, das verlangt der Markt, sagt er; und frag' ich: ,,Wer ist denn der Markt?", antwortet er: ,,Dees waas iich net".

Zwischendurch ruft er den schwarzen ,,Mohr" und den noch pechschwärzeren, verzottelten ,,Näckr" zur Ordnung.

Pausieren? Er schüttelt den Kopf. Wer soll das machen? Und dann: Zu jedem passen die Hunde nicht. Da hütet er selber tagein tagaus, stützt sich auf den vom Schweiß und Zupacken glatt geschliffenen Knauf seines schulterlangen Haselstocks, der zur Schippe ausläuft, deren hochgebogener Haken zum Herausgreifen der scheuen Schafe geschmiedet ist. Manchmal fährt er zur Bockauktion — auch wenn er keinen braucht: da geht man halt hin.

Plötzlich sind wir beim Krieg. Ob ich den ,,Panzerturm" gesehen hätte. Hab' ich. Tief im Wald, ein Flakturm. Kriegsfossil. Als müsse er etwas Ungutes abschütteln sagt er, es sei doch ein Unsinn gewesen, beim Heranrücken der Amis noch Brückle zu sprengen. Und dann, als der Wehrmachtssender meldete: ,,Schwere Kämpfe bei Uffenheim, das war schon schlimm".

Südliche Landschaften

Die erste Lerche quirlt hoch. Der Krieg war ein Unwetter. Im Krieg sei der Wald Übungsziel für Flieger gewesen: mit Zementbomben. Man hat die Umrißflächen von Schiffen und anderen Bomberzielen gerodet.

Und heute? Ab und zu höre man von einem geplanten Munitionsdepot, aber wahrscheinlich komme es doch woanders hin. Auf dem Scheinberg kampierten ab und zu die Amis. Der höchste Punkt weit und breit: ideal für Funkverkehr. Olivgrüner Abfall im Wald.

Der Schäfer schaut den Hang hinauf zu einem Schaf: ,,Des lammt hait noch, die hat schu vorin so ä Gsicht gmacht." — Wenn man einem Menschen so den künftigen Schmerz vom Gesicht ablesen könnte... Der Schäfer hält sich auf dem Laufenden, dem seinen: einmal die Woche bekommt er seine ,,Deutsche Schäferzeitung".

Am ,,Schwemmsee" vorbei geht es durch den ,,Dachsrangen": welchem Wild, außer Schwarzwild, werde ich begegnen?

Am kleinen ,,Marbacher See" vorbei: welcher Teufel wird mir auflauern ,,In der Hölle"?

Den ,,Heidebuck" hinüber, durch den ,,Oberen Schimmel", am ,,Federweißbuck" vorbei — werd ich an Federweißen im Frühherbst denken.

Sieht man noch eine leibhaftig sitzen auf dem ,,Hexenstuhl"?

Wenn man die ,,Wolfskehle" durchwandert, überfällt einen die Angst vor Wölfen oder dann vor Juden, wenn man durch die ,,Judenwiese" zum kleinen ,,Judensee" schlendert und schließlich sich verschnauft am verschilften Seeauge des Scheinbergsees?

Welche ,,Katzenzipfel" schnurren durch den ,,Teufelsgraben"?

Wird man, wie einst Hans Scherzer, der heimatkundliche Abenteurer, das Federgras sehen, den Seidelbast, den Türkenbund, den Frauenschuh, Waldlabkraut und Haarpfriemgras, Rispengras und Wiesensalbei?

Wird dir übel von Bärlauch, Maiglöckchen-Dunstglocke und Lungenkraut?

Wird man nachfühlen können, daß es hier viele Irrsagen gab von Leuten, die sich da verliefen?

Ich bin den Scheidschlagweg gegangen: das ist ja hier alles so wunderbar deutsch markiert, daß ich genau am ,,Waldparkplatz Iffigheimer Berg" herausgekommen wäre, hätte ich nicht den Wolfseeweg verlassen, einen Bogen um den Andreas-Därr-Aussichtsturm gemacht.

Quer hab' ich mich durch die Wälder geschlagen, und merkwürdig ist es in diesem Eichenschälwald, wo die dicken Eichen geschlagen sind: nun wuchert es aus den Baumstümpfen heraus, so als ob sich Stümpfe gar nicht mehr für einen einzigen Baumstamm entscheiden könnten.

Auf einen Hochsitz bin ich geklettert, hab' eine Stunde lang auf einen zugefrorenen kleinen Teich geschaut, wie das Eis schon unter Wasser war und am Ufer Salweiden trieben; ich hab' in den Wald gehorcht und gewußt, daß es wenigstens noch eine Ahnung von Wildnis gibt.

Ich mag das Dickicht, und in einer Wegschlucht hab' ich einen geplünderten Eichelhäher gefunden: Die weißblau gestromten kleinen Federn — und dabei dachte ich an den amerikanischen Dichter Robert Frost:

The woods are lovely,
dark and deep
but I have promises
to keep
and miles to go
before I sleep
and miles to go, befor I sleep.
Ich glaube, ich bin ,,meilenweit" gegangen: für diese Stunde der Melancholie, für die Tiefe des Waldes – im Englischen schämt man sich nicht für solch verliebte Direktheit: ,,The woods are loveley, dark and deep . . ."

Dann probieren wir den ,,Tannenberg": keinen Silvaner, keinen Müller-Thurgau, sondern den weniger säurehaltigen Bacchus, die frostbeständige Kreuzung von zunächst Riesling mit Silvaner, und deren Kreuzung sodann mit Müller-Thurgau.

Auch die ,,Perle" werden wir probieren, die etwas flach schmeckende Rebe, für Frostlöcher geeignet, dafür leichter fäuleanfällig. Und was den Strahlungsfrösten standhält: wir werden den kräftigen Körper des ,,Müllers" mit der Scheurebe vergleichen und erfahren, daß hier Riesling zu spät reifte, und begreifen, daß sich eine gute Sorte von allein verbreitet.

Durchgegorenen Wein trinken wir.

Vor zwanzig Jahren wurde der ,,Tannenberg" neu angelegt, und wir wissen, daß ein Weinstock nach fünf Jahren erschöpft sein kann, daß man eigentlich den Boden drei Jahre lang ausruhen lassen müßte, gefüttert nur mit Luzerne, aber es kein Ausweichland für so eine Zwischenzeit gibt. Es ist schlimm, wenn Mensch und Land nicht mehr ausruhen.

Hinter diesem „Tannenberg" beginnt es, mein „Paradies". Wir nehmen den Feldweg von Nenzenheim Richtung Frankenberg hinauf, streifen den Eichenwald, eine Kuppe, Gebüsch — und da liegt es dann, überraschend groß, fast badisch weit: der Weinberg der Lage „Bullenheimer Paradies".
Wir treten in die umzäunte Anlage ein, durch breite Betonrinnen schießt das letzte Schmelzwasser hangab. Wir gehen an der Hutteneiche vorbei, sehen das Rotbraune des Eichenbuschsaums am Waldrand des Kapellbergs, und wir haben das Gefühl: hier wurde ein biblischer Name trotzig gewählt: „Du sollst Bullenheimer Paradies heißen — also benimm dich auch wie ein Paradies!" Und es ist eines — nur daß man darin arbeiten muß, hart und eigentlich jeden Monat. Doch das macht ja gerade das Paradies aus: es läßt sich herstellen, wenn auch mit Einschränkungen und einer für den Städter letztlich doch unerträglichen Monotonie.
Und manchmal schickt der oberste Herr des „Paradieses", damit die Winzer nicht gar zu hochmütig werden, seine Landplagen: In einem trockenen und doch so guten Weinjahr die Marienkäfer, die dann ein bißchen hindurchschmecken . . .
Ich verlasse das kleinere Wirtshaus, das unter Denkmalschutz steht, ein Häckerbauernhof, lasse die Bauern bei ihrem rascheren Getränk, dem herben unterfränkischen Bier, und gehe hinüber in den Weinkeller. Wir steigen Stufen hinunter in die gleichmäßige Kühle des Kellers. Auf den großen runden Tisch, mit seinen über fünfzig Löchern zum Hineinstellen der Flaschen für das notwendige Ausschwefeln, stellt der junge Winzer das

Glas zum Probieren. In so einem Keller entsteht keine ,,gemütliche Stimmung", jedoch dringe ich ein in die Atmosphäre des Weins, in seinen Vorhof. Wir sprechen von der Steigerung des Weins: Qualitätswein, Kabinett, Spätlese, Auslese. Jeder Ort hat seine Spezialität; sind es beim ,,Seinsheimer Hohenbühl" 6 ha Traminer, so wartet das ,,Paradies" mit Scheurebe und Bacchus auf. Das Jahr des Weins verlangt jeden Monat andere Arbeit: Schneiden, die Drahtanlage herrichten, und jetzt im März werden die Ranken niedergezogen; auf der Spritzmittelversammlung wird man seine Erfahrungen austauschen — und irgendwann einmal wird auch hier das leichter zu reinigende Metallfaß einziehen, denn die Eichenfässer müssen nach der Reinigung ja wieder geschwefelt werden.

Noch ist der Wein nicht um seinen Geschmack gekommen, und während wir kosten, Scheurebe und Bacchus abwägen, höre ich die unterschiedlichen Färbungen der Sprache. War im östlichen Ehegrund der Ton trockener, ansbach-fränkisch, passierte er im Steigerwald die scheinfeldisch-steigerwäldlerische Schleuse, so stößt man hier auf das Harte, Breitere des Mainfränkischen. Was allen drei Dialektfärbungen eigen ist: das ,,Untheatralische" aller ostfränkischen Mundarten, auch das ,,Unmelodische", auch die Lautstärke.

Der Wein hat mich schwer gemacht. Ich werde ihn aus meinem Körper herausschwitzen auf dem Rückweg durch den Wald. Natürlich ist meine Anteilnahme an dieser Gegend begrenzt, und ich mißtraue dem Lob, das das Land ganz in Wein aufgehen läßt, denn der Anbaustop, eines der EG-Diktate, belastet die kleineren Winzer. Doch habe ich die festen Beziehungen vor mir, in denen sich hier Dorfleben abspielt — die Weinfelder erlauben kein wucherndes Wachstum, indes, wie getrennt auch immer jeder vom anderen darin seine Arbeit verrichtet, es ist eine gemeinsame Tätigkeit. Der Einzelne verwirklicht sich durch Besitz.

Ich spüre die Schwere des Weins und die Schwere der Dörfer, die nicht zu Siedlungen auswuchern. Beide öffnen sich nur dem, der zu Fuß geht.

Noch, so scheint es wenigstens, hat die Kultur der Weinbaudörfer einen gewissen Immunstoff in sich, um sich gegen Überfremdung zu wehren: noch, so scheint es wenigstens, hält sich ein bäuerliches Selbstbewußtsein, das noch nicht sehr angekränkelt ist vom ,,Modernitätsgefälle'' zwischen ländlichen und dichtbesiedelten Räumen. Es kommt ja hinzu, daß eben der Wein ein Genußmittel bedeutet, der seine Umgebung braucht und sich nicht zum Besaufen eignet. Hier jedenfalls nicht. Und mich reizte jetzt die Vorstellung von einer Weinwirtschaft, in die nur der eintreten darf, der Wein kennt, der selbst Wein mitbringt und von ,,seinen'' Weingegenden erzählt . . .

Bevor ich wieder in den Wald eintauche, auf einem Bergvorsprung halb zugewaldet: das Schloß Frankenberg. Der Hausherr führt mich in die alte ,,Kaltr'', darin überwintern Palmen und Oleander. In seiner Bibliothek verschimmeln ungenutzte Bücher. An den Außenwänden bohrt der Efeu mit armstarken, gewundenen Ästen, hebt Ziegel hoch, sprengt Mauerstücke, muß mühsam abgehackt werden. In einem langen Gang erinnern Geweihe und ausgestopftes Auerwild an den ausgestorbenen Reichtum der Wälder. Draußen auf dem Wallgraben Eiben und Ginkgo-Baum. Es wird auch da Wein gebaut: ,,Frankenberger Schloßstück''.

Die Schwere des Weins ist abgefallen. Auf einem Schild hinterm Schloß hängt eine Tafel: ,,Ein Wald ist bald zu Asche gemacht — daran denken!'' Noch nie sah ich soviel Tannen, Douglastannen, untermischt vom glänzenderen Grün der Fichten, und unterhalb des knapp 500 Meter hohen Scheinbergs die alleingelassenen Samenbäume: Eichen und Lärchen. Grasbüschel dschungeln sich ins Unterholz, weißliche Samenbüschel und das Blütenstaubgelb der Haselnußstauden, gewürzt vom ersten Blau der Leberblümchen.

Der Wald: er hat eine Ähnlichkeit mit dem Meer; wohl gehört er jemandem, aber er schüttelt das Zeichen des Besitzes ab, er bietet sich an, einzutauchen, nur dir zu gehören. Er verlangt das Erlebnis des Gehens, des Herumstreifens, und wenn man dann müde mit gesenktem Kopf dahingeht, ist es, als gehörte man sich plötzlich wieder selber.

In Mainfranken

Zwischen Würzburg und Bamberg

Wohl hat es den Anschein, als stünden die Orte entlang des Mains und all die kleinen, oft niedlich anmutenden Städtchen Mainfrankens wie in einer Baumschule so nah beieinander — doch dann beginnen sie sich zu entfalten: in dem Augenblick, in dem ihnen der Betrachter Raum zur Entfaltung gibt.

Dies zeichnet Fränkisches noch immer aus: in welchen Landschaftsbereich man sich auch wendet: versessener Pluralismus — eingesäumt von mancherlei Beschränktheit. Um dies alles zu fassen, bedarf es eines Maßes: das der eigenen Aufnahmefähigkeit.

Aufnehmen und auf sich wirken lassen: was barocke Baukunst in Würzburg vermochte: nicht nur Raum beherrschen (mit der Residenz), sondern Raum sinnvoll machen (für Tiepolos Fresken). Dann das Sinn-Verlieren von früherem Bauen: die Festung Marienberg — an ihrer Kantigkeit zeigt sich, wie anmutig Wein wächst, und gedeiht doch jeder Weinstock nicht ohne drillenden Zwang.

Stillschweigend wirken die Bauformen weiter: klar, eindeutig — die Brücke mit den Heiligen über dem Main. Erheben Festung und Brücke je einen Vorwurf gegen das Schmucklose von heutzutage? Man kann es nicht übersehen, und der wahrhaftige Blick unterschlägt es auch nicht: viel mehr Raum nehmen zwischen Würzburg und Kitzingen heute die Kasernen und Flugplätze ein — und nirgendwo wuchs da Schönheit mit. Man er-

147

trägt's, man nimmt's hin, wundert sich vielleicht, wieviel Raum da vertan werden muß, und es geschieht darin nichts anderes als den Heimatschutz wach zu halten — das muß wohl der Preis sein.

Würzburg: natürlich ist das auch Riemenschneider — so, wie Bamberg auch Veit Stoß ist. Ach, denke ich manchmal, ist das Konto nicht längst überzogen, wenn wir immerzu nur vom Vergangenen reden... Kam denn nichts Neues hinzu? Ich meine mit Neuem: was mindestens genauso gut, ebenso überzeugend ist. Und schon spüre ich, angesichts der sanften Landschaft, angesichts der überall gleichen Stadtränder, angesichts der von Ort zu Ort genau unterscheidbaren Ortskerne: Frag' so nicht! Laß das Gegenwärtige dahinziehen wie es zieht! Denn: geben nicht auch die Straßen, die Autobahnen einen Takt, einen wohl hektischen, aber nicht minder menschlichen Rhythmus? Ist in dieser Bewegung nicht etwas, das dem uralten Main entspricht: Gestalt haben und dabei immerzu im Fluß zu sein — — — also werden... Und nur so, wenn man all die Verrichtungen des Heute-Tages gelten läßt, dann sieht man plötzlich die Sinnpunkte.

Nein, ich meine jetzt nicht die Perlenschnüre der Orte, von denen jeder auf seine Weise das alte Thema variiert: aus einer Ansammlung von Häusern etwas Schönes, eine Gestalt zu machen. Es ist ja beinahe in jedem zu sehen: wie gut das gelang: ob Prichsenstadts Türmetor oder Volkachs Rathaus, ob Haßfurts Ritterkapelle oder Ochsenfurts Mauern, ob Maria im Weingarten mit Riemenschneiders Rosenkranz oder der Schwung der Mainschleife — ich könnte das fortführen und bewiese nichts anderes als daß Franken Unerschöpfliches für das neugierige Auge bietet.

Nicht zu leugnen ist eines: von Würzburg bis Bamberg spannen sich über der Landschaft die Ausdrucksformen des Heiligen. Längst vergingen die Machtgesten der Fürstbischöfe, längst sind in den Residenzen keine Herrscher mehr, sondern nur noch Verwalter – aber das Heilige ist nicht verschwunden. Es ist mir manchmal, als gliche es der gotischen Steinplastik im Bamberger Dom, der ,,Synagoge'': wie durchschimmernd da der unbekannte Bildhauer das Gewand aus Stein über den Körper aus Stein legte, so daß der wirkliche Leib nicht verborgen bleibt. Dies Fundament des Vergangenen: darauf steht, man muß es nur wie eine Insel, vielleicht sogar wie einen Meteoriten verstehen: das Heilige von Heute. Ich meine das Kloster der Benediktiner in Münsterschwarzach. Niedergerissen war es, ein Trümmerhaufen nach der Säkularisation – und ist wiedererstanden. Ein großes Gebäude mit weitem Areal; grau sind seine Steine, streng die Formen, beinahe schmucklos im Inneren. Aber dort, in so einer Insel, die sich nicht abgekapselt, aber Eigenrhythmus hat, da spüre ich: möglich ist es, inmitteln des Unüberschaubaren des Heute einen Ausstrahlort zu errichten, der sich nicht treiben läßt von den Vergleichungen, von der Uhr. Da sind die Mönche mit der klaren, unumstößlichen Tageseinteilung. Da erklingen ihre Gesänge zur Vesper. Da wirken sie als Handwerker. Da fallen, so scheint mir, Sinn und Bedeutung nicht auseinander.

Und muß es nicht geradzu zwangsläufig so sein: daß in Haßfurt einer der schärfsten Kirchenkritiker – Karlheinz Deschner — lebt und schreibt? Allerdings: die Zeiten sind vorbei, als das ruhige Gleichmaß der Arbeit genügte. Das Weinland mit Rebstöcken an Flußhängen braucht offenbar den Wirbel der Weinfeste landauf landab. Kurios auch: wie aus dem Siedlungsimpuls der Zisterzienser — immer in Sumpftälern — die herrliche Klosterkirche zu Ebrach im Steigerwald wurde, dazu die Nebengebäude: heute ist darin ein Gefängnis: dieser ehrlich gezeigte Kontrast: in der Kirche die Farbenglut der Rosette — nebenan die jugendlichen Straftäter (die man im Rußland Dostojewskijs ,,die Unglücklichen" nannte); und ihr Prunksaal die Rache eines Künstlers, der im Deckengemälde die Mönche, die ihn nicht bezahlten, so malte, daß man beim Zurückgehen sieht, wie sie immer fetter werden. Kulturlandschaft: Fleckenteppich-Landschaft. Hineingesprenkelt uralte jüdische Friedhöfe (etwa in Schwanfeld), hineingewirkt die Goldfäden von Schlössern (Pommersfelden, zum Beispiel oder Werneck); auch sie transformiert — zu Galerien und Sammlungen, Schatzhäusern.

So meine ich manchmal zwischen all den kleinen Schatzhäusern (hier ist ja nichts Großstädtisches, hier ist nur das Kleine groß) ist Schweinfurt die Stadt, die am wahrhaftigsten mit der Zeit ging: Noch immer ist der Main dort herrlich und anmutig (auf den Bildern Theo Wörfels zu sehen oder in den Mainlandschaften des Aschaffenburgers Gunter Ullrich) — und zugleich ist hier das Industrieleben nicht kaschiert, nicht mit falschem Fachwerkidyll verkleinert. Fabriken, US-Kasernen, Frachtschiffe, Rauch, das Atomkraftwerk von Grafenrheinfeld: Hier drückt sich unsere Zeit aus — sie lädt nur nicht so zum Besichtigen ein wie die Weinorte Dettelbach oder Randersacker; dafür ist hier das Tatsächliche zu sehen, das ,,vollendete" Tatsachen schafft, die freilich nicht so vollendet sind, wie jener Zusammenklang von Romanik, Gotik, Renaissance und Barock auf dem Bamberger Domplatz.

Schließlich überwiegt im äußeren Antlitz doch jeweils der Kern eines Ortes — und nicht die bauliche Geste der Abwendung des Einzelnen vom Ganzen: wenn er sein Einfamilienhaus zusammenhanglos an den Ortsrand stellt. Am Ende übersieht man das dann: wie den dunklen Flecken in Marktbreits Geschichte: von hier aus wurde die Tauschware (nämlich die verkauften Soldaten) der Ansbacher Markgrafen verschifft.

Es ist überhaupt merkwürdig, wie viel die Menschen übersehen und etwas als unsichtbar gewordenes Joch tragen: wie die Zonengrenze, die Ober- und Unterfranken im Norden vernagelt hat. Da nimmt es nicht wunder, daß sich Menschen mehr dem Menschen zuwenden — wie wäre sonst die starke Zunahme an Mundartliteratur gerade in diesem Landstrich während der letzten zehn Jahre zu verstehen? Dies muß man hören, sonst versteht man's nicht — so wie man die Türme, den Main, die Waldschraffur sehen muß: als Bild.

Schweinfurt – Fischerrain

Schweinfurt – Fischerrain

Ein Holzschnitt

*„ . . . ist die Frage nicht, was ich gesehen,
sondern wie ich es gesehen habe."
A. P. Tschechow, in einem Brief (11. 9. 1890)*

Ein Holzschnitt, seiner Natur nach schon vergröbernd, stellt zwei leutselig und launig schmunzelnde Männer dar: den einen mit Tabakspfeife, den anderen in Kellermeisterschürze mit Weinglas; zwischen beiden eine nicht minder gut aufgelegte Frau — alle in einer verschmitzten Derbheit, doch dem schmalen Zuschnitt der Köpfe fehlt etwas Zurückhaltendes nicht. Ist solche offenherzige Lustigkeit das Kennzeichen des mainfränkischen Menschen? Wer sich selbst so überbetont heiter dargestellt sehen möchte — was will er gleichzeitig verdecken?

Ist es nicht eine Vermessenheit, jemanden glauben machen zu wollen, ausgerechnet hier lebte noch heute eine angestammte Wesensart, die man als typisch für eine halbwegs genau umreißbare Landschaft ausgeben könnte? Was wäre gewonnen, wüßte man, daß ein Mainfranke ähnlich schnell eingeschnappt ist wie jeder andere Franke auch, sobald man seinen Ort oder seine Art nicht für das Beste hält? Daß die Menschen hier empfindlich sind und lange zögern, ehe sie in sich hineinschauen lassen, das stimmt; doch sagt das noch wenig über ihren Charakter. Überhaupt ist es heikel, von einer Wesensart zu sprechen. Da läuft man Gefahr, die gemeinsame Grundierung überzubewerten. Und doch: wer wünschte sich im Menschen nicht das Aufschimmern der landschaftlichen Untergründe?

Auf Fotographien aus den 30er Jahren haben Orte wie Karlstadt, Frickenhausen oder Mainbernheim noch eine geschlossene Form von stilistischer Homogenität, so daß ihre Eigenart wie verwachsen mit der landschaftlichen Umgebung anmutet: geborgen und Geborgenheit gebend. Mit diesem baulichen Zustand war eine ideale Fassung, ein Abschluß erreicht; was später hinzukam, ist unorganische Wucherung. Aus aller früheren baulichen Abgeschlossenheit und einer hinreißenden Mischung von Geradlinigkeit und Verwinkeltem ist keineswegs auf ein verschlossenes Wesen des Unterfranken zu schließen, doch findet man Spuren von Mißtrauen. Mainbernheim hat sich zumindest seine schilfsandsteingrünliche Mauer samt zierlicher Türmewehr bewahrt, aber alte Substanz allein trägt auch dieses Land nicht mehr. Und doch strahlt von dieser Landschaft etwas Beständiges aus – im Vergleich mit Ober- und Mittelfranken hat es die Landschaft dem Menschen hier leichter gemacht zu bleiben.

Eines wird immer wieder zum starken Erlebnis: die Gestalt des Flusses mit seiner gleichmäßig majestätischen Bewegung – bei Schweinfurt beginnt das. Von seinen Windungen strahlt etwas Begütigendes aus.

Frühmorgens im Schelch

Mit einem kräftigen Stoß schob der Fischer den stumpfen Eisenkahn vom flachen Ufer ab, warf den Motor an, es ging flußauf, Richtung Volkach. Noch war der

Morgen ohne Sonne. Vom Wasser aus wirkte das Tal nicht ausladend. Kirschbäume verdeckten bald den Ort, sacht erhoben sich die Weinbergshänge. Seit von Volkach aus ein Kanal des Mains Kurven verkürzt, schlägt hier kein Frachtschiff mehr seine Wellen an die buschigen Böschungen. Noch sei das Wasser gut, sagte der Fischer – einer der letzten seiner Zunft. Vom Fischen leben – davon könne freilich längst keine Rede mehr sein; doch hat er, wie fast jeder in Nordheim, seinen ,,Wengert". Gelassen steuerte er sein Boot und bog bald in eine der zahlreichen, teichartigen Ausbuchtungen des Flusses: Altwasser, Wassertaschen, schilfgesäumt. Dann warf er in weitem Bogen das Stellnetz aus; fürs Angeln hat er keine Zeit. Mit seiner Stange stieß er in den weichen Grund und scheuchte Fische auf. Das schwere Netz in seinen Schelch gezogen, pflückten wir, wie aus Taschen, aus den Maschen Brachsen, Schleien, Karpfen und auch Hechte. Was ihm zu gering erschien, das warf er ins Wasser zurück. Goldglitschig wuselte die Beute im Kahn. Manchmal packte er einen schnalzenden Fisch mit sicherem Griff hinter den Kiemen und hieb dessen Nacken gegen die Bordwand – ein Zucken ging noch durch den Leib, dann schnappte das Maul auf und blieb starr. Inzwischen wechselten wir kaum ein Wort; nur manchmal glomm es listig in seinen Augen; die Beute war reich, wie immer.

Wer solcher Handarbeit zusieht, der wird gewahr, daß sie zwar auf Ertrag aus ist, sich aber noch nicht vollends der automatischen Gewinnberechnung verschrieben hat. Wie immer man mit dem Strom der Zeit mitgeht: da läßt man sich auf ein Lebenselement ein, zu dem das

Unvorhersehbare und der Reiz des niemals Gleichen gehören. Der Fischer, dessen Fang zumeist schon vor der Ausfahrt für Kundschaft verstellt ist, braucht keine Begründung für den Sinn seines Tuns; Tätigsein ist ihm noch selbstverständlich. Wer hier aufwuchs, seßhaft blieb, Wandlungen miterlebte, die Gezeiten des Flusses kennt, dem ist diese Landschaft Arbeitsbereich und Lebensgrundlage in einem.

Wir fuhren mit schuppenglänzender Beute zurück; jetzt besilberte die Sonne die Haut des Flusses, brachte das Weinlaub zum Leuchten. Gemessen, wie eine Gestalt, geht der Fluß durchs Land. Wem das Dahinziehende des Wassers vertraut geworden ist, dem ist alles Vorbeigehen etwas Natürliches, der räsoniert nicht. Kein Einheimischer betrachtete den herrlichen Kaikran aus Marktbreits Kaffeehandelszeit mit Wehmut, und der Fischer schwärmte nicht von seinem Fluß: Er beutet ihn im guten Sinne sorglos aus; selbst das Aussterben der Fischerzunft beklagt er nicht. Nur einmal schnalzte, wie ein Fisch aus der Tiefe, etwas zurückschauend Melancholisches in unser wortkarges Gespräch: ,,Ja, vorm Kriech, oh du liebe Zeit, da hats ärä nuch mehr Fisch gegeb . . .'' Im Verhältnis zur Landschaft hörte ich einen feinen Unterschied heraus: die Gesten bedeuten nicht herrisch ,,das gehört mir'', sondern ,,das gehört zu mir''. Etwas vom Ziehenden und Leisen des Flusses mag auch in die Sprache eingesickert sein: kein lauthalses Lachen, sondern ein ,,Aachezwinkern'', wie es die dichtende Wirtin Anneliese Lussert, aus Langenprozelten bei Gemünden, scheu andeutet − das über den Weltlauf ,,eigentli ke bissele bäs'' ist.

Südliche Landschaften

Vom Wasser aus wirkt die Weinlandschaft als Sinnbild: das Natürliche und das Zutun des Menschen verschmolzen zu einer geordneten Natürlichkeit. Den Fremden erfreuen das unverwechselbar Schöne und Ebenmäßige: den Seßhaften prägten Ordnung und Regelmäßigkeiten des Weinbaus auch in seinem Rechtsdenken und gaben ihm einen Sinn für den Rhythmus der Jahreszeiten − und einen nuancenreichen Katalog für die Steigerungen des Rausches: vom ,,Tampes" über den ,,Sabel" bis zum ,,Fetzenrausch". Das Eigenständige wird auch hier abgeschliffen, so wie die flurbereinigten Wengerte an Eigengestalt einbüßten, doch geben spitznadlige Kirchtürme noch immer den Orten ihr eigenes Antlitz. Fuhren wir durch eine intakte Landschaft? In welchem und wessen Takt bewegt sie sich?

Von solchen Fragen unbekümmert lud der Fischer seinen Fang aus. Nicht ohne Zuwendung betrachtete er das noch lebende Gut, umgeschüttet in ein großes Bassin; noch ist es nicht vollends Ware − so wie er auch ,,seinen" Wein, darunter die Kreuzung Rieslaner, nicht nur als Produkt für einen Markt begreift, sondern als etwas letztlich Gewachsenes, Geschenktes. In den wortkargen Handlungen steckt unmittelbare Zuwendung zu den Dingen; derlei zählt, denn man scheut sich doch, die Weinkönigin-Seligkeit als den Gipfel regionalen Einfallsreichtums zu halten. Die Weinfeste sorgen auch hier für größeren Umtrieb und Absatz, aber Eigensinnigkeit fördern sie nicht. Doch scheint es, als bedrückten den Unterfranken solche Verluste nicht. Er hat es, und dies ist sein kontinuierlicher Generalbaß, sehr gerne, in einer guttemperierten Stube zusammenzusitzen. Sei das nun die gemütliche Weinstube des Würzburger Bürgerspitals mit ihren Stühlen, auf deren kleinem Brettchen man seinen Schoppen vor sich hinstellen kann, oder ein Dorfwirtshaus: es ist da eine Neigung zum Geselligen, wie man es von früheren ausschweifenden Zentschöffenmahlzeiten kennt und wie es sich in der mindestens ,,achtgängigen" Schweinfurter Schlachtschüssel bewahrt hat. Da hört man gelegentlich auch die singende Ausdruckswelt von Kraftausdrücken: ,,Hudel, Katzenschinder, Metzlerskatz und Hundsfutt, Pfaffenkind und Schneutzkatz".

Fähren über den Fluß

Lange Zeit mahnten an manchem Ortseingang Schilder: ,,Rettet die Mainschleife!"
,,Was will mer denn dargege mach'?" hatte der Fischer achselzuckend gesagt. Ein Stück Landschaft wird Militärübungsgelände, die Fische akklimatisieren sich vielleicht, der Mensch schluckt. Geschichte auch hier als Folge hinuntergeschluckter Kapitulationen — ein einziger Ort rebellierte gegen die Zwangseingemeindung: Ermershausen, ohne Erfolg. Dem Sanguiniker fällt die Anpassung leichter — als einen solchen Typus charakterisierte Theodor Heuss ,,den" Franken. Ein derartiger Charakterzug begreift durch die Jahrhunderte hindurch den Krieg in seinen schillernden Farben nicht als Gegenteil des Lebens, sondern als einen Aspekt davon. Erle-

Südliche Landschaften

ben wird zum Erfahrungsgrund, und daraus wuchs unterfränkische Gelassenheit, die manchem als etwas Leichtfertiges vorkommt, ja sogar als etwas Falsches, begleitet von der immunisierenden Kraft des Weins.

Die Kriegseingriffe von heute: Gleichschaltung durch Industrie, Flurbereinigung, Gebietsreform, Arbeit nur noch als Steigerung des Effektiven, Aussterben des Volksliedes. Das Nebeneinander nimmt zu: einerseits die unabdingbare Großform der Gebietswinzergenossenschaft, wo allein der Umsatz zählt; andererseits, z. B. in der Gegend um Kitzingen herum oder im südlichen Steigerwald, in Bullenheim, die Begegnung mit einem Selbstvermarkter: Der baut seinen Wein noch selbst aus. In solchen Orten, wo in den Höfen häufig Oleander blüht, Wände von Birnenspalier geschmückt, begegnet man auch Frauen bei harter Handarbeit; ihr Händedruck aber ist wie der ihrer Männer weich. Etwas Geduldiges zeichnet diese Menschen aus.

Schließlich begegnet man hier, im Gegensatz zum verschlosseneren Mittelfranken, einem südlichen Einschlag von Menschenfreude: wenn man in der Probierstube aus kleinen Gläsern kostet, schenkt der Winzer — ob in Prichsenstadt, Sulzfeld oder Bullenheim — auch etwas von seiner Zeit aus.

Bei manchem Ort, die gemächliche Schubkraft des Flusses nutzend, geht noch, wie ein Webschiffchen, eine flache Fähre über den Strom: das Gegenbild zur Rentabilität, eine archaische Fermate im rasenden Tempo; das Sinnbild kostbarer Geduld. Unterfranken ist reich an Fermaten: vor allem Sakrales ist eingewoben in den Teppich der Landschaft — sichtbare Fähren in eine andere

Welt: Das ist nicht nur Maria im Weingarten, nicht allein Riemenschneiders Figuren, nicht nur Bildstöcke und Devotionalien in Würzburgs Käppele sind es, sondern vor allem Klöster. Für sie spricht zähe Seßhaftigkeit. Ob man die klaren Konturen der Benediktinerabtei von Münsterschwarzach vor Augen hat oder die einsam bei Würzburg auf dem Feld stehende Kirche von Fährbrück und die Augustinerkonvente von Würzburg und Münnerstadt. Hier wandelte sich das Sakrale zum Volkstümlichen, mit jenem beneidenswerten Stich ins Genügsame. Das Pastorale wuchs auch hier aus Hartnäckigkeit: die Augustiner waren es, die sich der Auslöschung nach der Säkularisation widersetzten.

Wie auf weitem Grund nur manchmal das Außergewöhnliche gedieh — ich denke an Würzburgs entzückendes Falkenhaus —, so bringen solche Landschaften auch exemplarische Köpfe hervor. Nicht mehr Fürstbischöfe sind es heute, sondern einige Ordensleute — und jene Gestalt aus der Rhön, die Würzburger Bischof und schließlich Kardinal wurde: Julius Döpfner. Wer das Glück hatte, ihm zu begegnen, der gewann eine Ahnung vom Unbedingten, das diesen Mann und sein Antlitz prägte.

Alabasterweich

Für die Mitgift der Erde ist das Gespür fast vollends verloren gegangen. Allein die Winzer, und natürlich auf ihre Weise die Bauern, haben noch ein Verhältnis zu den Gaben des Bodens. Der Wein gedeiht hier vorwiegend auf Muschelkalk, Letten- und Gipskeuper; erst nach Westen zu wird der Untergrund härter: roter Buntsandstein bestimmt. Im Osten dominiert der Gips, gelegentlich stößt man auf den schnitzweichen Alabaster. Freilich: mit der Schlüssigkeit einer Statistik läßt sich die prägende Ausstrahlungskraft der Erdformation auf den Menschen nicht nachweisen — es besteht ein Zusammenhang dennoch.

In Max Böhms 1929 erschienener Studie über das unterfränkische Volkslied wird von diesem auf das Wesen des Unterfranken geschlossen: ,,unkompliziert, klar und weich geformt''. Zu diesem ,,Weichen'' gehören die ,,Schleifen'' im Lied, die Neigung zu einem aparten Klang; entsprechend begegnen wir in der Literatur und Malerei der Neigung zum Illustrativen; diese Art des Ausdrucks begleitet das Leben, doch stellt sie es nicht in seiner bedrohten Existenz dar. Die Mischung aus ,,herb und froh'' findet sich in der Gelassenheit des Fischers ebenso wie in der Befangenheit einer älteren Mutter in einem noch überschaubaren Ort, wenn ihre schwangere Tochter noch keinen Mann vorweisen kann. Zwar ist man in Ehesachen streng, doch drückt man eben auch ein Auge zu, so daß für den Fremden der Eindruck einer Doppelheit entsteht. Die Übergänge sind fließend — wie in dem Wechsel von Land zu Stadt; der Konsistenz des Erduntergrundes entspricht die Beständigkeit der politischen Grenzen seit weit über einem Jahrhundert. Und aus der Existenz der Residenzen entstand die Neigung zur regionalen Herrschaft. Das Alabasterweiche, das Biegsame, ja sogar das Auspreßbare dieser Landschaft gab — im Gegensatz zu Ober- und Mittelfranken — den Grundstock für eine architektonische Üppigkeit, als habe dieser Landstrich vor allem das Bauen als zu seinem Wesen gehörend empfunden.

An den Mündern der Sprache

Selbst wenn alle Wörter aus dem Hochdeutschen stammen: man empfindet überall in Unterfranken das Einfärben dieser Sprache mit dem Klang des Mundartlichen. Ob man in der stattlichen Brauerei des Ochsenfurter Kauzenbieres mit jemandem spricht, über den Würzburger Markt geht oder in einem Dorf Wein kauft: zuerst begegnet man dem Klang der Umgangssprache. Diese Klangseite bliebe aber die Außenschicht, wenn man nicht heraushörte, wie dieses Klingen die Worte anders macht: daß es eben nicht nur Klang ist, sondern Ausdruck. Mundart ist vor allem das Klangliche, das Lautliche, ein Vertrautermachen einer allgemeinen Sprache; erst im Dialekt drückt der Sprecher sein Verhältnis zur Welt aus.

In den Gedichten des 1881 geborenen Nikolaus Fey begegnet man einer Harmlosigkeit, die alles Gegebene hinnimmt. Poesie nicht als Aufwühlen, schon gar nicht als dramatische Erzählung, sondern als bejahender Kommentar zum Erlebten; nicht das Ich tritt da in den Vordergrund, sondern das nachvollziehbare Allgemeine. So erscheint selbst das Harte in einer versöhnlichen Stimmung des allgemein Gültigen: ,,Heiliger, ham diea Leut a Lam, / dia wu Fald und Viecher ham. / Unnerees schafft wie a Gaul / bloß när för sei bisla Maul. / Heuer langt des bisla Droaht / kaum för Grumbärn und för Broat. / Sollt mer'sch denn för mögli halt, / daß sou sei dörft auf der Walt?" Das sich Dreinschicken spricht aus diesem Gedicht als Haltung, die arm und reich noch als eine Gegebenheit des Bodens hinnahm.

Bestand hat der Sprachklang des Unterfränkischen mit all seinen Abwandlungen — vor allem das ,,a" hört man kräftig heraus; aus Herbst wurde hier Harwest.

Einer der heutigen Mundartautoren ist Engelbert Bach, geboren 1929: ein gelernter Polsterer, der noch heute das elterliche Geschäft mit handwerklicher Genauigkeit führt und mit seinen Büchern keine Rolle im ,,literarischen Leben" spielen will. Eher kommt es ihm darauf an, aus Erlebnissen und Beobachtungen einen Sinn-Extrakt zu ziehen, dessen Unterhaltsamkeit weder belehren, noch gar verändern möchte.

Bei so einem Menschen wird Behaglichkeit wieder etwas Glaubwürdiges, wie überhaupt die Einbindung in die Welt des Glaubens auch der Sprache eine große Sicherheit schenkt.

Idealtypisch gesehen sind Bachs Gedichte Modelle der Geduld — und auch der Fähigkeit, sich selbst auf den Arm zu nehmen. Einmal sinniert da jemand über die Spaziergänger — denn er selbst hat keine Zeit zum ,,schpazern geh könna": ,,Wua wär denn sunst / so a Hausgartla, / wua dar sich nouschtell kann / und Schtielaachn mecht, / wenn niet / mir Dappn / as ganza Johr schaffn?"

Zum Erscheinungsbild eines solchen Menschen gehören Bedachtsamkeit, keine Voreiligkeit, ein Sinn für Gegenstände im Haus, denen das Handschriftliche der Handarbeit eignet, ein Sinn für das Besinnliche und ein Gespür für die lebensspendende Kraft der Familie, und damit ein sich selbst Zurücknehmen, und ein Geben. In seinem Garten überm Main hat er für jedes seiner vier Kinder einen Baum gepflanzt. Auf Ruhm ist er nicht aus; Lorbeerblätter seien nur sinnvoll, schrieb er in einem Brief, wenn man dazu auch einen Braten habe. In seinen Gedichten wird nicht Allotria getrieben, wie man das in der gegenwärtigen fränkischen Mundartdichtung vielfach tut, um sich mit Gags auf Kosten der Sprache über ihre Sprecher lustig zu machen. Bach zieht den mundartlichen ,,Träuwlschtouck" dem Rebstock vor.

Was bei Engelbert Bach auf dem behäbigen Untergrund des reichen Kitzinger Gemüsebodens zu beschaulicher Sprache umschlug, das wurde bei Willy R. Reichert, der aus dem Steigerwald stammte, bissiger und schärfer. Reichert (1924-1982), lange Zeit in Kriegsgefangenschaft, ein umtriebiger und unruhiger Geist, hatte sich bei aller Härte — wenn er etwa über das heutige Arbeitsleben lamentiert — eine unterfränkische Wehmütigkeit bewahrt: ,,Gschtorbn muß war. / Wenn mer halt wisset / wenn. Däß mer alles / annersch / mach könnt." Derlei Zeugnisse deuten das Ganz-im-Alltag-Sein an: ,,Mir sachn zu, / hörn zu, / machn, wenns gätt, / wos mir wölln / und denkn uns unnern Täl." Insofern ist beiden Autoren die Ausprägung ihrer an Mainfranken gebundenen Erlebnisse zu etwas Volkstümlichen geglückt, als sie nicht Eigenes erfinden, sondern etwas Allgemeines in ihrer Ausdrucksfähigkeit transponieren. Wer sich dazu die Holzschnitte von Richard Rother und ihre knorrige Art anschaut, der erkennt die Lust am Launigen.

Das manchmal etwas Grantlerische des Willy R. Reichert erinnert an eine uralte unterfränkische Tradition: die ,,Volksrüge", und an etwas noch Rabiateres: wenn einer — im 15. Jahrhundert — in einem Dorf offenkundig die Wahrheit versteckte, so stiegen ihm die Nachbarn wortwörtlich aufs Dach und deckten es teilweise ab, um das Tatsächliche in Augenschein nehmen zu können. Dieses ,,Dachabdecken" als Eigengerichtsbarkeit der Nachbarn ist durch unser heutiges Rechtsdenken vertrieben. Das poetische Dachabdenken ist allerdings nur in Grenzen beliebt; dem Mainfranken ist lustiger Spott durchaus zuträglich, das Boshafte aber und überhaupt das Kritische empfindet er als Bloßstellung.

Fluß-Ikonen

Manchmal befällt mich angesichts des unterfränkischen Reichtums eine wehmütige Stimmung: ist das nicht doch vergebliche Liebesmüh? Sind die schönen Bilder nicht unerreichbar fern geworden? Zu einer so innigen Frömmigkeit wie zur Maria im Weingarten sind wir nicht mehr fähig . . .

Da sehe ich den alten Schweinfurter Maler vor mir, der Häuser unmittelbar vor dem Abriß mit einem Aquarell rettet, der an einer Stelle das Wesen des Flusses erfaßt, indem er den Blick auf einen Kahn lenkt. Jäh konnte Theo Wörfel, Peter Wölfels Vater, in seinem engen und zugleich bücher- und bildervollen Haus in die Zeit des Krieges zurückspringen, von den Mühen als Luftschutzwart erzählen; und noch jäher wird seine Wendung, wenn er sagt: ,,Das alles, der Mensch hat's angerichtet". Dann wird verständlich, daß sich auch hier ein Mensch abwendet von allem Umtrieb und am liebsten nur noch den Fluß anschaut, die Farben, die Staffelungen des Lichts, die Augenbeute. Ein Mensch, mit der Härte der Beharrung, schenkt sein Zutrauen allein dem Bewährten, dem Alten, in das so viel Güte einschmolz. Mit einem Mal leuchtet aus seinen Bildern etwas Ikonenhaftes: das führt über die Abbildung hinaus, gewinnt ein Urbild von Fluß.

Ebenfalls eine Hymne auf den Fluß ist dem Aschaffenburger Gunter Ullrich gelungen mit seinem Triptychon ,,Die Mainschleife". Ich sah es zuerst in seinem Haus am flachen Ufer gegenüber dem dunkelrot leuchtenden Schloß. Zu Bildern und Plastiken, dem Tapsen der schwarzen Katze übers Klavier gesellte sich die, wie der Fluß hier, breiter gewordene Sprache, und ich staunte über die Behäbigkeit, die eine Spielart des Gelassenen ist. So wie Ullrich den Tod Würzburgs mit stilisierten Flammen gefaßt hat, so geht man auch hier weiter: über den Tod, ohne Sentimentalität. In der Metallätzung der ,,Mainschleife" leuchten die Grundfarben der Landschaft: grün und braun.

Der Main kann aber auch das Eisige eines Nebelmorgens vorweisen.

Schreibtischabräumen

*,,Um ein Bild zu vollenden,
muß man es immer etwas verderben."
Eugène Delacroix, in seinem Tagebuch (1853)*

Es ist jetzt wie in Träumen: ein wildes Heer von Abgewiesenen stürmt über den Schreibtisch — zornig und enttäuscht.

Wo ist der einzige Hymniker mainfränkischer Poesie geblieben, der Verfasser des ,,fränkischen Korans", Ludwig Derleth?

Warum hast du dich nicht eingelassen auf diese kraut- und weinduftende lokale Vielfältigkeit der Zeitungen? Stimmt es nicht nachdenklich, daß zu Würzburg eine katholische Zeitung, die Deutsche Tagespost, gehört? Hat es dich nicht verwunderlich gestimmt, daß es viele Menschen nicht betrübt, zu sehen, wie sich ihre Orte verwandeln, wie leicht sie sich nach Westen zu immer stärker verändern, angesogen von Frankfurt?

Und der Main selbst, der nach Aschaffenburg bald zu einem Lasttier wird . . . Woran mag es gelegen haben, daß hierher der Maler Christian Schad zum Schluße seines Lebens sich zurückzog? Ich habe einige seiner Bilder in Aschaffenburgs herrlicher Galerie gesehen.

Von Nächten am Main wäre zu erzählen gewesen, wenn aus Zelten die überall gleiche Stimmungsmusik überläuft in die Stille des Flusses.

Hätte nicht ein Satz über die Unbeirrbarkeit des Zeichners Peter Wörfel hierher gehört, dessen Stift allein das als Form und Gestalt gelten läßt, was schon immer Form und Gestalt hatte?

Und die Gefährdung jeder Provinz: daß sie sich selbst genügt? ,,Auf eine unproblematische Weise mit sich selbst zufrieden", schrieb ja Theodor Heuss. Schließlich sind es die Fremden, die ihren Reichtum erschließen, ihn bewußt machen — C. F. W. Behl, von 1946 bis 1954 Landgerichtspräsident in Schweinfurt, Tagebuchautor vieler Begegnungen mit Gerhart Hauptman, war einer von ihnen.

Mainfranken, auch mein Franken: Weinfranken — oh stolze Zuversicht der Winzer auf den nächsten Jahrgang.

Neudorf bei Tambach (Haßberge)

Birnfeld (Haßberge)

Orte

Die kleine Stadt Ebern

Als ich das erste Mal dorthin fuhr, führte der Main Hochwasser. Braun und gemächlich, bedrohlich zugleich, zog es über die noch winterbraunen Felder. Wird es auch Schaden angerichtet haben, so freute mich das jähe Eindringen der Natur in unsere geregelten Tage.

Manchmal diese merkwürdigen Selbstrechtfertigungen: Was war es eigentlich, das dich nach Ebern trieb?

Der Ort fehlte auf meiner Frankenkarte. Ich versuchte zu ermessen, was ich in meinem Leben versäumt hätte, wäre ich nie nach Ebern gekommen.

Die Lage des Städtchens überraschte. Das sanft sich ausbreitende Baunachtal, im Nordwesten Bambergs, erinnerte mit nur leicht ansteigenden Hügeln, kleinen Orten und dem prunkvoll gelbweiß leuchtenden Schloß Rentweinsdorf ein wenig an die Toskana. Der Blick auf den Ort ist unverstellt. Hat man den Ort instinktiv an seiner Westseite nicht weiter ausgebaut, weil man respektierte: man hätte keinen besseren Abschluß finden können? Gleichsam nur hinten hinaus wurde er erweitert.

Pappeln und andere Bäume schmolzen im März mit dem gelblichen Grau von Türmen zusammen. Holz fiel mir auf.

Verwirrend sind die Augenangebote großer Städte. Dort, wo das Ganze klein ist, tritt beinahe alles als Einzelstück hervor. Manchmal fällt es ganz leicht, sich in

Die kleine Stadt Ebern

eine imaginäre Schiffschaukel zu setzen und von oben in so einen Ort zu schauen . . .

Die Stadtmauer, ein grünsteiniger Brunnen, das Verließ des Diebsturmes . . . Waren die Menschen hier früher sehr fröhlich, weil sie in ihre Gärten kleine, pavillonartige Häuschen setzten? Die schieferglänzenden Turmhauben — sie sind schön, formschön.

An der Stadtmauer trieben die ersten braunglänzenden Knospen der Kastanien hervor.

Paßten die schlanken weißen Türme der neuen evangelischen Kirche in ihrer mehreckigen Modernität zum dicken Rund der alten Stadtmauertürme? So jedenfalls wird Glaube fortgesetzt.

Die Schraffuren der Hoftore prägten sich ein — unter den massiven Rundbögen, die hier viele Häuser als etwas Stolzes auszeichnen. Säße ich in einer wirklichen, sehr großen Schiffschaukel: die Holzgartenhäuschen schmölzen zusammen mit rotem Fachwerk und dem Murmeln des Bachgrabens, in dessen Wasser man noch immer Staubretter schieben kann.

Gelb blinzelten Winterlinge; zwischendurch krakeelte ein Gockelhahn; Misthäufen waren keine Seltenheit — in einer Grünanlage überraschte mich das Denkmalsgesicht von Friedrich Rückert. An einem ebenmäßigen zweigeschossigen Haus, mit sachtem Italienisch-Rot und grauen Einfassungen, las ich auf einer Tafel: ,,Hier lebte und hier schuf unsterbliche Werke im Frieden des Elternhauses 1809 bis 1821 Friedrich Rückert, der große Dichter und Meister der deutschen Sprache."

,,Im Frieden des Elternhauses . . ." Was für eine Seltenheit vermutlich in unseren Tagen . . . Eine der schokoladeüberzogenen Eberner Nüsse kauend las ich ,,Die schöne Aussicht" Rückerts:

Die Welt kam schön aus Gottes Hand,
Und daß sie schöner werde,
Schuf Gott den Menschen zu Verstand
Aus einer Handvoll Erde.

Nicht nur der Garten Eden war
Am schönsten dort zu schauen,
Wo siedelte das erste Paar,
Ein Blumenbeet zu bauen:

Nicht minder schön ist überall
Die nun bebaute Erde,
Bebaut von Menschen, daß sie all
Ein Garten Eden werde.

Und Schönres ist nicht auf der Welt
Als wohnliche Gefilde,
Vom Fleiß der Menschenhand bestellt,
Bewohnt vom Menschenbilde.

Ist es nicht manchmal so, daß die Dichter alles Schmutzige, alles Unansehnliche beiseite lassen, um der Erde einen Sinn zu bescheinigen? Ist es nicht das Verhängnis der Dichter, daß sie immerfort nach einem Sinn des Ganzen suchen? Daß sie sich letztlich nichts Sinnloses vorzustellen vermögen?

Mir schien, als hätte man ein kleines Häuschen, ganz mit braun-weiß-schwarz-bunten Mosaiksteinchen bedeckt, nach dem Muster dieses Rückert-Gedichts gebildet – in jener Ecke Eberns, die Klein-Nürnberg heißt.

Ein Ganzes bildet sich — und bald verschwinden die Einzelheiten wieder . . . Gebäude von Banken; der unterfränkische Dialekt, aus einem Laden heraufsteigend, der ein Gutteil seiner Ware im Eingangsflur gestapelt hatte; die Stadtapotheke, das bunt Gewirkte eines Lebensmittelladens, der in einer ehemaligen Kupferschmiederei untergebracht ist; zwei Brezenlöwen an einer alten Tür — und die Treppenschluchten von Rosen- und Badgasse. Alte Doppelfenster waren zu sehen und immer wieder die eingewirkten Gärten. Das Ochsenblutrot des Rathausfachwerks brennt sich im Gedächtnis ein. In der Mühlvorstadt stand die braune Gerberlauge im Wasser. Besonders gefiel mir die Hirtengasse mit ihren leicht verwilderten Hang-Terrassen-Gärten, aus denen Schneeglöckchen hell strahlten. Die Rundungen von Kellereingangsbögen sind wie ein Rhythmus in die schmale Gasse gebaut.

In dieser Gasse, ein wenig erhoben, stehen kleine Badehäuschen — vor langer Zeit gab es in Ebern die Einrichtung des ,,Seelbades": einer alten frommen Stiftung zufolge stand Bedürftigen nach dem Empfang der heiligen Sakramente ein Bad zu, und anschließend wurden sie, auch das umsonst, mit Bier und Brot erquickt.

,,Seelbad" — was für ein schönes Wort. Vermögen Fernsehen und all die anderen Unterhaltungsserien ein solches Bad zu bereiten? ,,Badekur des Herzens" — so hieß ein Reisebuch Werner Bergengruens. Wer auf derlei hält, muß sich altmodisch vorkommen.

Dann eine Weile nichts anderes als Fachwerke mit roher Füllung, Gartenhäuschen, Seidelbast und Winterlinge, Holzlegen.

Orte

Es ist Fälschung der Gegenwart, wenn man glaubt, es gäbe noch immer ,,die" Franken. Ab und zu deutet etwas auf überlieferte Verhaltensweisen hin; ab und zu ist es noch glaubhaft, wenn man im Umgang mit Alteingesessenen vermeint, sie seien nach außenhin zaghaft. Ein offenes Wort wird jedenfalls geschätzt. Immerhin wurden in Ebern 1849 ein Seifenfabrikant, ein Kupferschmied, ein Kaufmann, ein Büttner und ein Schreiner wegen ihrer Teilnahme am Bamberger ,,Demokratenkongreß" wegen ,,staatsgefährdender Tätigkeit" eine Weile inhaftiert. Ein offenes Wort... Immerhin nennt man in einem Stadtführer die Entnazifizierungsverfahren bei einem richtigen Namen: ,,Desinfektionsverfahren".

Zunächst erfaßt der Blick das Bildhafte: die schieferverschindelten Türme; das Glockenspiel oben auf dem Grauturm, mit den scherenschnittscharfen Figuren von Tod und Engel.

Was heutzutage als ,,Kunst am Bau" erscheint, mutet oft wie eine Verlegenheitslösung an: man muß vorhandenes Geld dafür ausgeben, aber einen inneren, notwendigen Zusammenhang gibt es nicht immer. Wie aber in die Häuser gewachsen muten die Hausmadonnen in Franken an; und in Ebern kommt noch etwas hinzu: stumme Geschichten sind oft über den Portalen, manche in koboldhafter Farbigkeit dargestellt.

In der Kapellenstraße, Haus 17, sah ich vor dem Fachwerk, unter rötlichbraunem Baldachin, einen eigentümlich gekleideten Mann die gelbgekleidete, blaubemantelte Barbara malträtieren: mit der einen Hand packt er sie am Haarschopf, mit der anderen fuchtelt er furchterregend mit blankem Schwert, und mit dem Stiefel tritt er ihr in die Knie.

Die Essenz eines Lebens, das der heiligen Barbara, in einer einzigen einprägsamen Szene. Bei solchen Bildern empfinde ich: man hat den Sinn einer Erniedrigung und Beleidigung erfaßt — während in Zeitungen und im Fernsehen allein ein Vorgang mitgeteilt wird, schon morgen mit einem anderen vertauscht.

In der Ritter-von-Schmitt-Straße, Haus 152, ein anderes plastisches Ensemble: Unterm Vordächlein drei Figuren vor einer Hauswand — die eine mit der Weltkugel, die andere mit dem Kreuz, die dritte, in der Mitte, mit einer Krone. Hausschmuck — wie eine Sinnkrone über dem, das nicht alle Tage zu so einem hohen Sinn aufsteigen kann.

Als ich in die große St. Laurentius-Kirche trat, waren vier Menschen beim Kehren; sie störten die Kirchenstille nicht. Das Vortrageschild mit einer weitmanteligen Maria gefiel mir, und gut paßt der neue Pelikan des Tabernakels zum rauhen, grauen Sandstein der Epitaphien. Daß doch immer wieder alte Tierbilder wie Sinnbeschwörungen in den Kirchen noch ihren Platz haben. Bei den Epitaphien verwunderte es mich, wie die Kirche diese, als Stiftungen getarnten Selbstdarstellungen protziger Ritter duldete — waren sie nicht schon eine Art frechen Personenkults? Selbstdarstellung zu höherem Ruhm und Lob der jeweils Amtierenden? Ist so ein Bild vom Firnis der Geschichte überzogen, bleibt nur noch das Bild — die Menschendarstellung.

Noch etwas anderes fiel mir auf: die archaisch anmutende Gegenwart von Tieren. Wo Kirchenschiff und

Chorraum ineinander übergehen, stehen rechts und links jeweils ein Reiter: der Heilige Martin, der seinen Mantel teilt, gegenüber der Heilige Georg, der einen zwar nicht gerade feurigen, so doch widerwärtigen Drachen ersticht.

Diese Tiere sind nicht nur als Tiere da – sie sind übers Abbild hinausweisende Verkörperungen, archaische Erinnerungen. Fällt es uns heute nicht immer schwerer, in widrigen Erscheinungen das Drachenhafte zu sehen – und das Besiegbare? So gehörten früher nicht nur Verkündigung, nicht nur Liturgie zum Gottesdienst, sondern auch solche Begleitungen, Szenen. Der Pelikan am Tabernakel greift das nochmals auf: Tierwelt als mythische Welt – zugleich Grundlage religiöser Welt. Was daraus spricht, ist ein Wissen, das des Bildes bedarf: Alles gehört zum Heil.

Den Straßenmarktplatz entlang gehend: wieder das Ochsenblutrot des Rathauses; daran vier kleine, schon angewitterte Steinköpfe mit Nasenringen.

In diesem Ort sind die wuchtigen Gasthöfe noch Gast-Höfe im eigentlichen Sinn: durch eines der breiten Tore kommt man herein, schaut in den Hof und kommt erst durch einen hallenlangen Durchgang in die Gaststube. Behäbigkeit, fränkische.

Schließlich am Grauturm das Heimatmuseum. Ein Wort, das nach Bewahranstalt riecht: Heimat im Museum – als ob sie dort am besten aufgehoben wäre. Woraus hat man sie vertrieben, die Heimat? Aber diesmal störte mich das Wort nicht. Ich wußte ja, ein Heimatmuseum ist dazu da, um ans Vergangene, ans Überholte zu erinnern, um zu sammeln, zu erhalten.

Die Wärterin ließ mich mit meiner damals acht Jahre alten Tochter allein mit den Schätzen: Eine Uhr mit vier rotbefrackten Musikanten — gußeiserne Öfen — die Miniaturen der Heimatgeschichte — Werkzeuge — Türschlösser — und die naturgetreue Nachbildung des Grauturmes mit Streichholzschachteln; ich sah dem Kind an: jetzt hat es eine Anregung fürs eigene Tun bekommen — du wirst zu Hause keine Streichholzschachteln mehr wegwerfen dürfen . . .

Wäre meine Frau dabeigewesen, wir wären im Stande gewesen und hätten ein herrlich bemaltes Bett, unter eigenem Holzdach, ausprobiert — auch auf Strohsäcken müßte es einmal ganz angenehm sein . . . Wer läßt sich heute sein Bett noch so liebevoll bemalen?

Wir stiegen in das nächste Stockwerk hinauf. Das Kind ging in einen Raum — stutzt, staunt, ruft entzückt: ,,Eine Schule, Papa, eine Schule!"

Saß ich nicht selbst in solchen Klappbänken — drei Mann nebeneinander auf sauhartem Holz, das Tintenklappfäßchen dazu . . .? Vier Reihen, eine kleine Tafel. Das Pult, ein Rechengestell und eine Scheibe mit den Vokalen unserer Sprache — zu denen das Kind sogleich bemerkte: ,,Da sind ja alle Himmelstöne aufgeschrieben; Papa, komm, wir spielen Schule!"

Uns hatte in der mittelfränkischen Dorfschule niemand etwas davon gesagt, daß die Vokale unserer Sprache ,,Himmelstöne" seien — bei uns war Sprache lediglich ein Mittel der Verständigung gewesen.

Wir spielten Schule im Museum: Erst Schreiben, dann Rechnen, dann aus dem Fenster schauen und sich die Formen der Türme merken: vom Diebsturm über den

Grauturm bis zum Gänsetürmchen – also Zeichnen und Formenerkennen und Formenbehalten.

Anschließend Exkursion in die Natur – gleich im Zimmer nebenan. Sahen wir früher schon einmal so behutsam ausgestopfte Vögel?

„Kennst du den?"

„Ja, das ist der Spatz. Und wo, Papa, ist der Zaunkönig? Der hat doch den Menschen vom Himmel das Feuer gebracht und sich dabei die Federn versengt, und da haben ihm die anderen Vögel jeweils etwas von ihren Federn abgegeben, bloß die stolze Eule nicht." Das war mir neu.

Die Eule sahen wir und das Goldhähnchen.

„Ist ein Reh wirklich so klein, wenn es neugeboren ist?"

„Ich glaube schon."

„Huch, und wer ist denn das?"

„Ein Dachs."

„Hab ich noch nie gesehn. Und das, ist das der kleine Dachs?"

„Dummchen, das ist ein Maulwurf."

„Wirft er mit dem Maul?"

„Die Erde wirft er halt auf, mit seinen Schaufelpfötchen, der Moltewurf; so hieß er früher mal."

„Aha. Und schau mal da, das ist vielleicht ein schöner Vogel. Bestimmt ein Zaubervogel – so blau, so seidig. Darf ich den mal anfassen?"

Es war eine Blaurake. „Ausgestorben in Deutschland", stand dabei. Ein solcher Vogel fehlt – da kommt die Elster mit ihrem diamantblauen Gefieder nicht mit. Auch der Eichelhäher ersetzt ihn nicht.

Ach, es war bezaubernd in diesem kleinen bescheidenen Heimatmuseum: Man spürt in solchen alten Stuben, was heutiger Pädagogik vielfach fehlt: es geht nur noch um Methoden — viel weniger um gelebte Inhalte, noch weniger um Erlebnisse. Überall ein Schwund. Es ist wie bei der Literatur: es kommt nur noch darauf an, daß möglichst viele Medien zur Kenntnis nehmen, daß es ein neues Buch gibt — gelesen wird es dann kaum.

Wir beiden erlebten hier etwas von der Anschaulichkeit der Natur. Gewiß: auch sie in jeder Gestalt effektiv, aber zugleich aufs herrlichste verschwenderisch: Das sahen wir in den Schmetterlingskästen.

Ins nächste Geschoß hinaufsteigend kamen wir an einer Bildersammlung mit Briefmarken vorbei; Titel: ,,Dokumente einer irrsinnigen Zeit" — statt 350 Pfennig waren die Marken überdruckt mit 75 Tausend und 20 Milliarden. In der Tat — der Irrsinn, die unaufhörliche, menschenverachtende Steigerung: dargestellt auf einer winzigen Briefmarke des Deutschen Reiches.

Das ist vorbei. Es schmerzt nicht, all das ,,vorbei" zu sehen. Dennoch muß man sich vergegenwärtigen: Der Mensch will's ja immer besser haben — sei froh, daß du nicht mehr zwei Ochsen vor den Pflug spannen mußt. Trotz unentwegter Steigerung natürlich auch zunehmender Verlust. Es scheint, als scheue sich der Mensch, auf engstem Raum mit seinesgleichen auszukommen — vielleicht kann man erst dann von Fortschritt sprechen, wenn es in Kalkutta ,,schön" ist.

Hier die Gegenstände, eine Fülle von Werkzeugen: bei den Gerbern, die ihre ,,Narbenroller" besaßen und ein Glas zum ,,Abglasen" von Rindsleder.

Orte

In Gedanken wünschte ich mir wieder jene Gemeinschaft, die es nötig hatte, Kuchen auf riesigen Blechen zu backen — und nicht auf unseren zweieinhalb-Personenhaushalts-Miniatur-Sparausgaben ... Es war in solchen Gegenständen, das spürt man, nicht nur mehr Mühe, sondern auch mehr Zeit.

Die Peitsche, die im Schaft eines Holzpfluges steckte, ließ ich laut knallen — zum Lob der Faulheit.

Ich bin hernach aus der kleinen Stadt zum Schloß Eyrichshof gefahren. Es liegt tiefer im Tal, wirkt dunkler, zugleich fester als das andere Rotenhan'sche Schloß in der Nähe, in Rentweinsdorf, das so graziös seine beiden Seitenflügel, wie Schenkel, leicht auswärts winkelt.

Ich schätze Häuser, deren Eigenartigkeit aus einem Privileg entstand, aus einem Vorrecht, ja aus einer Bevorzugung. Mir will nämlich scheinen, daß Familien durch ihre Taten zumeist etwas dazutaten, daß sie vor anderen Menschen ausgezeichnet wurden, so daß ihnen das Nicht-Gleiche zustand.

Die Frau im Hof, die sich bereit erklärte, mir das Innere des Schlosses zu zeigen, fragte einen Arbeiter nicht: ,,Wo ist mein Mann?", sondern ,,Haben Sie den Herrn Baron gesehen?" Solche Formulierungen mögen einem fürs erste einen Stich versetzen, der einen in alte Zeiten zurückversetzt — doch schwingt da noch etwas mit, was von Haltung gekennzeichnet ist.

Vor der Renaissance-Tür des einen Saales stand ich dann lange: ihre kannelierten Säulen aus Holz, die Pilaster, Intarsien aus verschiedenen Hölzern — in ihren Farben spielend bis zum braun ausgedunkelten Rot eines Pflaumenbaums; Gesimse, all diese antiken Erinnerungen, die man sich in der Renaissance nochmals als Maß, als Stil, als Ordnung vergegenwärtigte — wie das dunkel klingende Wort vom ,,Hausehren"— ein Haus ehren: wer tut das heute noch?

Es ist ja nicht die Tür allein; ihre Geschichte kommt hinzu: als Hochzeitsgeschenk hierher gebracht, verkauft, wieder zurückgekommen, versetzt von einer Urgroßmutter, die auf Neugotik versessen war. Schließlich die Geste selbst: für jemanden eigens eine Tür anfertigen lassen — es kam nicht allein auf die Behausung an, sondern aufs Verschwenderische.

Die Tür selbst sollte ja nicht bloß funktionieren, sondern den Schönheitssinn derer prägen, die täglich durch sie ein und ausgingen. Die Serientüren bescheinigen indirekt dem Benutzer: wir sind genauso austauschbar wie du; du willst es nur nicht wahrhaben.

In solchen Häusern kommt unweigerlich die Rede auf Menschen, die ein wenig sonderlich waren. Ich schaute mir in der Bibliothek unter einer schweren Holzdecke die Bibeln einer Ururgroßmutter an; die Dame soll ein wenig bigott gewesen sein. Nun, es war auch ein Rotenhan, der lange Zeit ein guter Freund August Graf von Platens war, der einmal zu Fuß nach Ebern kam, um Rückert zu besuchen.

Familie . . . In solchen Häusern spürt man, welchen eigentlichen Sinn dieses Wort haben kann: das Seßhafte und Ausschweifende, das Weiterreichen von einem festen Punkt aus, und die oft tragikomische Art, einen alten Anschein zu waren — man darf in solcher Umgebung einfach nicht ,,Frau" zu der Frau des Hauses sagen — ,,Dame" ist angebracht.

Orte

Auf dem Rückweg schaute ich in den Friedhof von Ebern. Es reizt mich immer wieder zu sehen: wie gehen die Lebenden mit den Toten um. Bei der hochschultrigen Friedhofskapelle: Weihwassersprengel an manchem Grab, Engel aus Sandstein; Grabinschriften, die einen schmunzeln lassen — die „Jungfrau" Maria Renter zum Beispiel; zwischen den Steinen einmal ein ganz von Efeu umwuchertes Kreuz; das Wehende der Zypressen; Frühlingsblumen; eine den Fremden freundlich grüßende Frau . . .

In der älteren Abteilung dominiert noch die Kreuzigungsgruppe — in der neueren erschienen mir die Steine breiter, massiver; vom Buntsandsteinrot bis hin zu blau Schillerndem. Jeder Stein weist eine kleine Eigenwilligkeit auf. Man kann den hiesigen Grabsteinmetzen Einfallsreichtum nicht absprechen.

Ein anderer Unterschied fiel mir auf: während in der neueren Abteilung jedes Grab für sich allein wirkt, fiel mir in der älteren etwas auf, was ich so noch nirgendwo bemerkt hatte: Was ich zuerst für gleich-rhythmische Steine hielt, ist in Wirklichkeit der an der Umfriedung angelegte Kreuzweg. In regelmäßigen Abständen die alabasterweichen Steinschnitzereien der zwölf Kreuzwegstationen. Zunächst vermutete ich, hier seien am Ende zwölf Menschen unmittelbar hintereinander verstorben und hätten sich sozusagen eine Begräbnisstätte in Fortsetzung errichten lassen. Es ist schöner: jeweils ein Bewohner hat eine solche Kreuzwegstation gestiftet. So ist jedes dieser zwölf Gräber nicht nur ein Grab für sich, sondern zugleich eine Kreuzwegstation. Solche Entdeckungen werten kleine Orte auf.

Die kleine Stadt Ebern

In einem zwanzig Jahre alten Führer hatte ich von einem Judenfriedhof gelesen, der aufs Jahr 1633 zurückgehen solle, dessen Grabsteine noch aus dem 17. Jahrhundert stammten. Es solle eine ,,malerisch in der Landschaft liegende Begräbnisstätte" sein . . .

Zwischen Eyrichshof und Ebern ging ich unter einer Bahnunterführung hindurch, einen schon frühlingsweichen Weg an Büschen bergauf, und auf einer Kuppe plötzlich dieser Blick: Als hätte ein Zauberer eine scheu aus dem Wald tretende Schafherde aus Sorge jäh zu Stein verwandelt.

Aus der Ferne ist lediglich das Gerundete der Steine zu erkennen – in unregelmäßiger Anordnung auf dem leicht nach Westen zu abfallenden Hang.

Wenngleich das Betreten verboten ist, trat ich in das ummauerte Gelände. Eichenlaub lag auf dem Boden. Hangabwärts fehlen die Bäume.

Dies ist der alte Zauber jüdischer Friedhöfe.

Sie zeigen nichts anderes als ziemlich gleichförmige Steine – oben gerundet, ohne Grabflächen davor, ohne Blumen. Die Steine hingestellt, wie's grade kam, und der Witterung überlassen. Ich kann mir vorstellen, daß da bei den Andersgläubigen so etwas wie Haß, zumindest Verachtung entstand: ,,Wir geben uns solche Mühe mit den Friedhöfen, und ihr Juden laßt das einfach verkommen . . ." In diesem uralten, wetterzerfurchten Grün steckt etwas Würdiges – und eine leise Vorhaltung: Hier ist eine Schrift, deren Sprecher auch einmal unser Land bereichert haben.

Ich stehe davor und versuche mich von rechts nach links über Lamed und Gimel und Sajin vorzulesen bis zu

Orte

einem Aleph ... Der schwer klingende Anfang des Alten Testaments fällt mir ein: „Be'reschit baraj Elohim ..."

Der jüdische Schriftsteller und Übersetzer des Alten Testaments, Martin Buber, hat geschrieben: „Alles wirkliche Leben ist Begegnung."

Das war einmal unsere gemeinsame Wurzel – und wurde auseinandergetrieben wie zwei Kontinente –, wie, ja eigentlich wie Westdeutschland und Ostdeutschland. Zuerst muß der Wille gebrochen werden ...

Das absichtliche Verwildernlassen der Gräber: manchmal schräg im Wind stehende Steine; manche ganz tief schon in die Mutter Erde eingesackt, als sehnten sie sich, ganz zu verschwinden von dieser Welt, die immer noch weit davon entfernt ist, wieder ein Paradiesgarten zu werden. Kein Angehöriger legt hier mehr einen Kiesel auf die Schulter der Steine.

Manche Steine bilden ein Doppelrund; ein anderer weist eine beidseitige Schneckenwindung auf; wieder ein anderer läßt die gerundete Dachüberwölbung auf zwei Seitenpilastern hochsteigen – oben auf der Krümmung ein runder Stein. Dazwischen das zurrige Stachelgrün des Wacholder. Und immer wieder nur diese runde Form – beschriftet wirken die Steine in ihrem Zusammen-Sein: Es sind nicht nur Totensteine, sondern Hinterlassenschaften: den Stein aufstellen – und sich dann wieder der Begegnung zuwenden.

Aus solchen Steinen spricht keine Todesangst; ihre Gleichmütigkeit erinnert an ein Wissen um eine tiefe Geborgenheit. Wenn die Zeit der Trauer vorbei ist, soll der Mensch ans Leben denken.

Wozu geht man auf solch einsame Felder, wenn nicht, um wieder einmal eine Vorstellung vom Maß des erreichbaren Schönen zu gewinnen. Es hat Jahre gedauert, bis ich Manès Sperber und seinen Büchern begegnete, um zu begreifen, daß für den Juden das Wichtigste das Geistige ist; das Leben galt nur als eine Fassung, die man verlieren kann – wozu da noch großen Aufwand treiben mit den Ruhestätten der Toten. Das höchste Lebendige ist allein der Mensch.

Aufstieg zur Veste Coburg

Welche Menschen auch immer an seinem Zustandekommen mitgewirkt haben: dieser Ort ist ein Glücksfall. Wer sich ihm von Süden her nähert, spürt, wie sein Inneres durch ihn eingenordet wird wie ein Kompaß. Coburg ist unsere Nordstadt.

Es ist jedesmal schön, den Ort und seine Veste oberhalb plötzlich zu sehen – nach einer Wegbiegung stehen sie da. Es geht weniger darum, etwas Vertrautes wiederzusehen, sondern die Ausbreitung einer Stadt. Es gehört zu ihrem Bild, daß man zuvor an vielen Möbelfabriken vorbei muß und große Lkw-Stellflächen sieht, dazu ganze Flottillen von Lastwagen. Diese großen, eintönigen Flächen bilden den Rahmen des Stadtbildes. Der Marktplatz, von dessen einem Haus ein starkes Blau leuchtet, goldfarbene Leisten dazwischen, erinnert daran, daß eigentlich immer nur das Einmalige unser

Orte

Ziel sein sollte. Dies aber dürfte uns niemals verächtlich alles andere betrachten lassen — sonst schmeckte man auch nicht mehr den Geruch der beiden Bratwurstbuden auf dem gepflasterten Marktplatz, die ihre thüringischen Würste feilbieten. Ihr Rauch ist das Ferment des Lebendigen.

Marktplatz und Theaterplatz geben der Stadt eine innere Spannung. Hat auch der Hof, von dem so viele verwandtschaftliche Beziehungen zu europäischen Herrscherhäusern reichten, seine Ausstrahlungskraft verloren, so ist noch immer die Anziehungskraft seines Theaters geblieben: nicht um die Kunstleistung des Theaters geht es zuerst, sondern um ein Gebäude, in dem sich menschliche Gemeinschaft versammelt, einander begegnet.

Vor vielen Jahren sahen wir in den ersten, noch hellen Novembertagen das Licht, die Farben der abreißenden Blätter und die Veste über der Stadt: da beschlossen wir, jedes Jahr um diese Zeit in diesen Ort zu fahren. Es ist gut, wenn zu einem Lebensrhythmus solche regelmäßigen Besuche gehören wie selbst gewählte Verpflichtungen. Das setzt einen Akzent ins Jahr, auf den man auch zulebt. Bei dieser Gelegenheit den Laden eines Glasbläsers besuchen, ihm zusehen, wie gleichsam aus seinem Munde eine Christbaumkugel sich hellhäutig glänzend wölbt, herauswächst. Es ist ja ein Unterschied, ob man das abgepackte Fertige kauft oder etwas erwirbt, auf das man zusehend wartet. Mit dem Gegenstand verbindet sich die Erinnerung an die Tätigkeit eines Menschen. Der Gegenstand ist dann kein bloßes Ding mehr, sondern er stellt einen Zusammenhang her mit einem

Ort. Indem uns die Kugeln an Coburg erinnern, werden sie Stellvertreter, und nicht mehr Namenloses umgibt uns.

Zu solchen Regelmäßigkeiten gehört das Hereinschauen in die alte Hofapotheke am Marktplatz. Nur das Erlebnis, zu dem man selbst den ersten Schritt tut, bewahrt uns vor der Leere des Sightseeing. Später stellt sich Schmunzeln ein, wenn man bei manchem Geschäft noch die prunkende Aufschrift liest: ,,Hoflieferant". Das hat damals als Auszeichnung, als Privileg gegolten — heute wirkt es lächerlich, wenn Firmen sich damit groß tun, daß sie die alleinigen Belieferer von olympischen Spielen seien. Dieser Anspruch hat nur noch mit Geld zu tun und wirkt genauso einfältig wie Skirennläufer, deren Anzüge über und über mit Firmennamen beklebt sind. Während diese Beschleunigung mittels Geld ins Uferlose abtreibt und langweilig wird, spürt man, daß alle Beschleunigungen einen Rhythmus bislang nicht brechen konnten: den der Jahreszeit. Die kürzer werdenden Tage lassen sich künstlich nicht aufhellen. Immer längere Stücke der Tageszeit fallen ins Dunkle. Wenn dann die Sonne schon tief steht: hinaufgehen zur Veste — durch dieses herrliche Stück angelegte Natur, den Hofgarten.

Hinter einer Brüstung mit hellen Treppen beginnt er und zieht sich weit den Berg hinauf. Nicht ein Blatt gleicht dem anderen in seiner herbstlichen Färbung, und doch sind's alle Blätter. Das gilt auch für uns Menschen. Der Park ist nicht überladen mit Denkmälern. Hier bestimmen Eichen mit ausladenen Kronen, Kastanien, auch der dreigeschweifte Stamm einer Buche. Der

Orte

Hofgarten hat nichts Geometrisches, und im Laufe der Jahrzehnte ist er gewachsen zu einem Park, der uns überzeugt, daß auch der gepflegte Park Natur sein kann − städtische Natur. Fehlt ihm auch die wilde Tierwelt des Waldes, so erheitert uns die Welt seiner Bäume. Vielleicht ist die schönste Hommage à Coburg Erwin Keuschs Film „Der Flieger", in dem nicht nur zweihundert Worte für grün erwähnt werden, sondern ein Ort durch einen verwegenen Traum eines jungen Menschen wahrhaftig dargestellt wird.

Nach einem langen Weg wird der Blick auf die Veste frei, die wie eine Einöde den Berg bekränzt, unbewohnbar und abschreckend. Die massiven Mauern, an denen immer wieder restauriert werden muß, sind die Fassungen eines einmaligen Gebäudes, das als Festung längst überholt worden ist. Diese eigentümliche Starrheit eines militärischen Bauwerks... Wie unbeweglich doch damals die Kanonen waren ... Als man noch über soviel Zeit und Geld verfügte, die kupfergrün glänzenden Rohre nicht nur mit Griffen zu versehen, sondern mit Schmuck, Zierrat und Wappen. Vermutlich hat diese Festung schon zum Zeitpunkt ihrer Fertigstellung den Anforderungen der Kriegsführung, oder auch nur der Verteidigung, nicht mehr genügt − so, als käme Verteidigung immer zu spät. Und doch: mit welchen Raumproportionen wußten die Architekten damals umzugehen. Das Kriegerische der Veste wurde von der Zeit weggebeizt, und auch das zeichnet eine Stadt aus, wenn sie mit solchen Erbstücken etwas Sinnvolles anzufangen vermag: Hier oben ist eine der reichhaltigsten Grafiksammlungen Deutschlands zu sehen. Der Sinn solcher

Ausstellungen kann ja nur darin liegen, daß man nicht allein Reichtum ansammelt, sondern das Beste vorweist, was im Lauf der Jahre zusammengekommen ist.

Ein Stück Weltbewältigung: die Veste mit den kleinen Wächterhäuschen, starr und zu Stein geworden – in den Räumen die andere Weltbemächtigung: durch die Zeichnung. Fast ist es, als wäre die Dauer des Mauergesteins etwas Leichtes, beinahe Luftiges, während die Bilder an eine ganz andere Dauer erinnern. In den Sammlungen spüren wir, daß zum Sammeln vor allem das bewußte Auswählen kommen muß, die Konzentration. Auch darum ist Coburg mit seiner Veste so ein magnetischer Ort. Und was für ein Glück: daß der Herr der Sammlungen in einem Trakt der Veste wohnt, als Hausherr den Schätzen nahe ist, die er umsorgt und nie besitzt; allein die genaue Kenntnis ist eine uneinnehmbare Festung.

Wintertag in Kulmbach

Bei Kulmbach denkt man sofort an Bier. Es geht eine eigentümliche Faszination davon aus, wenn man einen Ort besucht, der sich über Jahrhunderte hindurch einer so ausschließlichen Fabrikationswelt verschrieben hat. Das Bier allein macht aber Kulmbach nicht aus, wiewohl die Gebäude der Brauereien mehr Raum einnehmen als die Plassenburg.

An einer Brauerei fuhr ich vorbei, sah das backsteinrote Gebäude einer Mälzerei; dann fiel mir eine jener typisch oberfränkischen Zeitungsholzbuden auf. Ich kaufte die ,,Frankenpost" und die ,,Bayerische Rundschau": am 4. Dezember seien die Barbarazweige zu schneiden: Süßkirsche, Pfirsich und Forsythie vorzugsweise.

Ich sah ein Denkmal, eine kleine Kirche und dahinter einen Park mit seltsam anmutenden Steinen. Ich bin ein Sonderling, den solche Anlagen ansprechen. Dort, wo die Perfektion zum Stillstand gekommen ist, wo etwas Altes und Eigenartiges, etwas Eigenwilliges und Eigensinniges zu sehen ist, da gehe ich am liebsten herum: Der alte Friedhof von Kulmbach ist einer der bezauberndsten von Franken.

Es mischt sich in seine von hohen Bäumen, darunter etliche Zypressen, durchsetzte Hanglage, von unsymmetrisch angelegten Wegen durchzogen, die Vorstellung, daß von solchen Orten eine ansonsten verschüttete Kraft ausgeht. Während die landläufigen Friedhöfe oft nichts anderes sind als Massengräber, getarnt durch das postume Einfamilienhäuschen aus dem uniformem, schwarzglänzenden Stein, ist hier die Individualität eines jeden Steins eindeutig. Vorwiegend graugrüner Schilfsandstein: modrig, brüchig zumal. Manchmal eine Figur. Dann, auch das eine Kulmbacher Besonderheit: das Monumentale der Grabanlagen – zumeist ist eine große Gruft für eine ganze Familie angelegt. Manchmal sind drei solche Grüfte dicht beieinander; zumeist liegen die Steine schwer, wie Abdeckplatten, inmitten ihrer Umfriedung. Manche erinnern an Grabgehäuse von Paris oder Rom. Dann streckenweise nur Grün, manchmal eine Säule, einmal am Weg ein Stein, der wie aus einer Tropfsteinhöhle anmutet.

Ich wünsche den Kulmbachern, daß bei der Umwandlung des Friedhofes zu einer öffentlichen Parkanlage nicht allzuviel eingeebnet oder gar beseitigt wird. Solche fast verwunschenen Wildeneien sind selten geworden. Wahrscheinlich schmerzt es uns noch gar nicht, daß nicht nur in den Städten, sondern auch schon in kleinen Orten die Liegezeiten für Gräber immer kürzer werden, so daß schon innerhalb einer Generation die Gräber von Großeltern liquidiert werden: Auch so kann man Geschichte vernichten. Hätte mich nicht ein in Braunschweig lebender Kulmbacher Arzt darauf hingewiesen: ich hätte sonst nicht gewußt, daß auf diesem alten Friedhof auch dreihundert kriegsgefangene Franzosen bestattet sind, die auf der Plassenburg am Fleckfieber gestorben sind: 1793.

Friedhofsgänge zur Weihnachtszeit ... Wie eine Stadt mit ihren Toten umgeht, das wirft ein bezeichnendes Licht auch auf die Lebenden. Hier noch das Wilde, das Trübe, das Verlassene; ausgewittert schon das ehemals Repräsentative – geblieben sind die Gesten, die uns an unsere Nachlässigkeit erinnern.

Der Zauber, der von solchen Orten ausgeht, liegt auch darin, daß sie gegen das Gleichmacherische der Maschinenwelt gerichtet sind. Sie stimmen uns nachdenklich, und wir vergleichen: was damals den Menschen zugemutet wurde und was heute. Damals, am 19. Januar 1793, kamen 461 Mann, gefangene Franzosen der Revolutionsarmee, auf die Plassenburg – die 17 Of-

Orte

fiziere durften auf Ehrenwort herausgehen, sie waren zudem privat einquartiert. In acht Etappen waren die Gefangenen aus dem Raum um Würzburg hierher eskortiert worden — auch eine ,,Reise durch Franken'': Würzburg— Kitzingen — Prichsenstadt — Burgwindheim — Oberaurach — Scheßlitz — Hollfeld — Kulmbach, das damals ,,eine sehr niedliche, kleine Stadt'' war, wie Ludwig Thieck im selben Jahr, während seiner Pfingstreise, schrieb; jener Thieck, der Dürers Nürnberg zum Ausgangspunkt eines Romans wählte.

Zur heutigen Zeit zählen zum Zumutbaren: KZ und Stress, Vorschriften und beispielsweise die Zonengrenze. So hat jede Zeit ihre Erniedrigungen, die erst von später lebenden Menschen als lächerlich empfunden werden, während man das zur eigenen Zeit Gehörige wie etwas Selbstverständliches annimmt, da es ja den Anschein hat, als hätte man sich gegenüber den früheren Erniedrigungen erhoben.

Gleich in der Nähe des alten Friedhofs der ,,Kaufplatz''. Mit Beton wird zunächst nur für schnellen Umsatz gebaut. Es liegt auf der Hand, daß die großen Kunststoffleuchtkerzen des Weihnachtsschmucks an solchen Häusern zwar die eigentliche Weihnachtsatmosphäre meinen, aber doch nichts anderes sein können als ein blendender Ersatz. Es ist die Als-ob-Stimulanz der Reklame — echt nur eben in ihrer absichtlichen Imitation und ihrer Neigung zur Gleichschaltung. Dieses scheckige Bild verschwindet sofort, betritt man das Innere Kulmbachs.

Gewiß, nicht jedes Haus kann ein Meisterwerk sein, so wie uns nicht jeder Tag gelingt — aber wenn aus dem

Ensemble von Häusern mehr als nur eines ins Auge springt, wenn wir nicht nur ein Gebäude als schön empfinden, sondern durch das Zusammenstehen etwas Drittes entsteht, etwas, das Vorhandenes verbindet, zu einem Gesamtbild erhebt, dann spüren wir den Sinn, der beim Bauen über die blanke Funktion hinaus das Schöne im Sinn hatte. Ich sah noch nirgendwo in Franken eine Rokokofassade eines Rathauses so plötzlich ins Auge springen und es so verblüffend erfreuen. Das sachte Gelb, das weiße Band der vier Pilaster, darüber der hellgrüne Turm, die seltsame Abrundung, die der Fassade zugleich etwas Gedrungenes gibt. Der Glücksfall — er ist ja immer der Einzelfall.

Hinter dem Rathaus geht es von einem Platz weg in ein Gewinkel von Gassen: Oberhang und Oberhacken. Das verzahnt sich, verästelt sich in lebendiger Enge. Manches Haus hat noch einen Vorhof. Oben, zwischen den Walmdachfenstern, schnurrt der Plausch zweier Frauen hin und her. Komfortabel wird es darin nicht sein — aber anmutig wirkt es. Das Gestrüpp der Gassen gehört dazu mit seiner Enge, die wir so aus Dörfern nicht kennen. Schließlich die Querverbindungen des Unteren, Mittleren und Oberen Stadtgäßchens, die allesamt auf die Obere Stadt stoßen. Nicht das ,,Mekka der Bierfreunde'', wie es reklame-einfältig heißt, nicht das Geschminkte des sommerlichen Bierfestes macht für mich die Essenz dieses Ortes aus, sondern das Gedrungene, das Geschlossene des Ortskernes mit seinen überraschend vielen, wie aufgequollen wirkenden Häusern aus der Gründerzeit. Man sieht daran, wie jeder einheitliche Stil sich mit Nachdruck von den vorherigen Gene-

Orte

rationen ablöste — und sich zum stehengebliebenen Alten dazugesellte. Gerade die Bauwerke in solch kleinen Städten zeigen, daß Stadtgeschichte immer Entwicklungsgeschichte ist, und das Herrliche daran ist, daß wir — offener als bei einem Menschen — die Geschichte seiner Entwicklung abgehen können, und so das Werden begreifen, das niemals Abgeschlossene des Ganzen, wenn auch viele Stücke ein für allemal vollendet sind.

Ich ging an einer ,,Papeterie" vorbei, am schmiedeeisernen Schild des ,,Weißen Rosses", las auf einem Plakat des Jugendzentrums die Worte ,,Trotz und Träume". Beide Worte gingen mir nahe und lange nach, als ich die Treppen des Kapellengäßchens und den Röthleinsberg hinaufstieg zur Plassenburg.

,,Trotz und Träume" . . . Wie war das mit Maria und Josef? Hatten sie nicht einen großen Traum, und aus Trotz, weil man sie überall abwies, gingen sie eben in den Stall. ,,Trotz und Träume . . ." Also die eigene Situation selbst in die Hand nehmen, nicht warten, sondern handeln, soweit man es in seinem Bereich vermag. Mit ,,Trotz" meine ich allerdings nicht ein bockiges Sich-Verschließen, sondern das Trotzige, in dem das Trutzige steckt — das in der Plassenburg Gestalt geworden ist.

Ich bin hinaufgegangen. Schnee lag. Die Mauern kalt und hoch, fast böse der fensterlose Stein. Das Massive, das Menschenabweisende der Mauern — aber auch das Beschützende, das ja ebenfalls zur Macht gehört. Gibt es am Ende eine Verwandtschaft zwischen Plassenburg und Zonengrenze, dem Mauerbau von heute? Schützte jene nicht ebenso besessen etwas, was man dahinter für das alleinige Richtige hält? Nur, daß letztere eben kaum Fugen zuläßt und sich erkühnt, die allen Bewohnern zukommende Wahrheit für die einzig richtige auf so schamlos bevormundende Weise zu ummauern? Steckt das nicht in jeder Burg? Wieder fallen mir die französischen Kriegsgefangenen ein, nicht nur auf der Plassenburg. Annähernd 2300 Soldaten der Revolutionsarmeen befanden sich damals in vielen fränkischen Schlössern als Gefangene. Der Wechsel des Gebrauchs, die verschiedenartige Verwendbarkeit solcher Gebäude: noch immer ist die erste Absicht baulich gewahrt, doch das Innere hat sich gewandelt. Wie herrlich, daß aus dem Inneren der Veste Coburg eine der schönsten deutschen Grafiksammlungen wurde; auch die große Festung Kronachs wird nach und nach Bilder aufnehmen.

So kalt es auch auf der Plassenburg war, so erheitern einen doch die Spielereien des Zinnfigurenmuseums. Diese Leidenschaft mancher Menschen, das einmal möglich Gewesene originalgetreu nachzubilden . . . Die Schlachtendarstellungen: sie verkleinern — wie auch die Krippen — den Schmerz, der hernach kam. Der spielerische Umgang mit Geschichte — hernach . . . Und die Zinnfigur: ist sie nicht eine urdeutsche Erfindung? Die Liebhaberei, die Welt zu verkleinern: ganz ernst genommen die winzigste Nuance . . .

Von der Plassenburg herab wirkt der Anblick der dichtgedrängten Häuser der Kulmbacher Altstadt anmutig: Fachwerke und spitze Dächer. Nur so muß das enge Nebeneinander erträglich gewesen sein. Mit einem solchen Blick vor Augen werden die Betonburgen unserer Riesenstädte vollends zum Ausdruck der Menschenverachtung. Nicht weil es an Platz mangelte, sind diese oft so widerwärtig, sondern weil man rasch bauen mußte, damit die Kasse stimmt. Wenn die Hochhäuser das Mittelmaß überstiegen haben, wenn sie das Format wie in der Frankfurter Innenstadt erreichen, dann beginnen auch sie zum Baukunstwerk zu werden.

Noch etwas anderes kam auf dem Rückweg dazu: auch deshalb wirkt das Gefüge dieser Stadt in seiner Beengtheit, weil die Häuser nicht auf ebener Fläche stehen. Ich sah es in Ost-Berlin: wie niedergedrückt depressiv man dort werden kann, weil Flächen oft zu groß sind, unzumutbar groß. Hier das Steigen über Treppen, das Erreichen von Terrassen — besonders an der Petrikirche, wo es auf breiter Treppe hinabgeht. Ich konnte mir gut das Bild vorstellen, wenn im Advent von da aus der Laternenzug zum Marktplatz sich bewegt, zum gemeinsamen Singen. An solchen Plätzen wird auch einleuchtend, warum sich gerade große Städte mit ihrer Unwirtlichkeit zum Aufruhr eignen.

Ich ging wieder durch das Gewirke der Gassen — durch den Oberhacken. In einem der alten Türme, dem Heilingsschwertturm, ist auch das Archiv untergebracht. Nein, ich wollte jetzt keine Quellenstudien treiben: ob man sich hier schon immer als zum Landesende gehörig empfunden hat oder ob es besondere Kennzeichen der Seßhaftigkeit gab. Natürlich hätte ich nachschauen können, wieviele ,,Franzosenkinder" von jener Zeit übriggeblieben sind, inwieweit die Französische Revolution auf Kulmbach ausstrahlte. Stattdessen schaute ich mit dem Archivar das Inventar der Vereine durch; manch kurioser Club darunter: der ,,Klub Humor" und der

,,Männerunterstützungsverein", der nicht, wie ich annahm, gegenseitige Hilfeleistung vorsah nach nächtlichen Bierproben bei EKU, Sandler, Reichel oder Mönch: Es war ein Verein um einander bei der Bezahlung von Beerdigungen zu unterstützen.

Mir fielen die schwarzgebundenen Rücken des ehemaligen ,,Kulmacher Tagblattes" und der ,,Bayernrundschau" ins Auge. Gelegentlich trauert man ja den verschwundenen kleinen Lokalzeitungen nach. All diese abgesunkenen, gebündelten Schichten des Gewesenen . . . Es geht mich diese Geschichte nichts an, und doch juckt es mich zu wissen: was war hier Wirklichkeit in den Tagen, als du auf die Welt gekommen bist? Ein seltsames Bild; ich bestreite seinen Schauder nicht, den es auslöste. Berichte vom Krieg, von Kriegsschauplätzen — auch so ein seltsames Wort: der Schauplatz eines Krieges: als ob es damals Schauplätze noch gegeben hätte, wo doch schon alles miteinander verzahnt war, und dennoch jedes Geschehen aus dem großen Ganzen herauszulösen ist. Zwischen diesen Berichten beinahe rührend kleine Annoncen mit der Heimatkriegsgebiets-Bescheidenheit. Schließlich Weihnachtsansprachen und Gedichte — nichtssagend und vielsagend. Wie da an einen Weihnachtsfrieden gedacht werden konnte: war das die Utopie — damals? Und welcher große Wunsch rund vierzig Jahre später? Zwei Jahre nach 1943 ist das ganze Gespinst der Verlogenheit zerrissen. Welche Verlogenheit wird man, wiederum vierzig Jahre später, unseren Zeitungen ankreiden und uns zur Last legen müssen, hüben wie drüben? Zwischen den Zeilen das scheinbar Immer-Dasselbe: Weihnachten.

Bad Neustadt — Bibliothek der Salzburg

Tambach − Schloß

Orte

Schulstadt Münnerstadt

Zwanzig Jahre danach: Was ist geblieben von damals? Wozu hat man sich aufgemacht und was erwartet? Merkwürdig: es war überhaupt nicht sentimental. Keiner hat da geschwärmt von goldener Jugendzeit, die unwiederbringlich verloren sei. Die Stunden sind nicht abgesackt in rührseliges Gründeln: ,,weißt du noch, damals?" Und man saß auch nicht ums romantische Lagerfeuer, in das man die Scheite der Lehrer-Anekdoten hineinwerfen muß, damit's einem warm ums Herz wird.

Zwanzig Jahre: es ist eine lange Zeit; und rechnet jeder seine rund zwanzig Jahre vor dem Abitur dazu, so sind wir jetzt alle ungefähr um die vierzig: also Mitte des Lebens könnte man sagen, Halbzeit.

Als ich die bekannte Strecke von Schweinfurt aus hinauffuhr, auf dieser Schnurgeraden nach Norden zu, war mir klar: Es gibt keine Wiederholung, und das, was du in ,,Mürscht" erlebt hast, das ist vorbei: es gibt keine Fortsetzung. Diese Zeit ist zugesiegelt in deinem Gedächtnis; eine Tür ist zugeschlagen — es gibt kein Zurück mehr, und wenn du ehrlich bist: eine Menge davon hast du vergessen, ist für immer dahin; und die vier Mädchen, die du mochtest: wie hießen sie eigentlich? Einen Augenblick lang dieser Stich des Gedächtnisses: Du besitzt das alles allenfalls noch als Geschichte. Damals, da hast du es noch nicht gewußt: Leben ist nichts anderes als ein Weitergehen — und eine Illusion wäre es zu glauben, allabendlich kehrtest du in denselben Hafen zurück. Damals aber war die Zeit noch etwas Grenzenloses, für dich.

Und dann kommt die bekannte Kurve: Die Wacholderhänge, die den Weg zur Talkirche säumen: sie sind immer noch wundersam naturbelassen. Auf den ersten Blick hat es den Anschein, als hätten all die Zubauten kein Übergewicht bekommen gegenüber dem alten Kern der Stadt. Das Städtchen ist größer geworden, gewiß — aber seine Gestalt, so wie du sie erlebt hast, scheint kaum verwandelt. Es fallen noch immer als erstes ins Auge: das Obere Tor, das Jörgentor, das langgestreckte Renaissance-Gebäude vor der Kirche, die Stadtpfarrkirche selbst.

Im Innern der Stadt scheint dir alles ein wenig lichter geworden — das mag am Verputz liegen; mancher Winkel ist gerade gerückt, manches Dunkel verschwunden; wahrscheinlich ist manches Geschäft jetzt ganz anders — mancher Name kommt dir bekannt vor: es gibt noch den Wilz, aber nicht mehr den Büchs — aber, spielt das eine Rolle? Daß der Laden des ehemals einzigen Buchhändlers verschwunden ist — sollst du das bedauern? Wenn er noch lebte: was hättest du ihm zu sagen? Dankbar für manchen Hinweis (unterm Ladentisch) hoffst du, daß der wahre Dank den Gemeinten schon erreicht — auf den Schleichwegen der Metaphysik.

Ja, es ist schön, wenn ein Ort sein Gesicht bewahrt hat — von ihm zu verlangen, daß er die Kulissen aufheben sollte, vor denen du vor 20 Jahren zwei Jahre lang als kleiner Schulkomparse gespielt hast: das wäre doch vermessen. Kein Ort soll still stehn — heute, so scheint mir, ist das Areal um die Stadtpfarrkirche herum schöner, intimer geworden. Im Großen und Ganzen hat sich wenig verändert. Ja, du bist eine Weile froh, deiner Frau die

Waldhänge zeigen zu können: nach Strahlungen hinauf oder zur Hustenburg: ,,Schau, sie haben das nicht kaputt gemacht. Jetzt kannst du verstehen, wie schön das war: stundenlang laufen können durch Wildnis. Verstehst du, Liebe, in dieser so kleinen Stadt haben wir als Hauptsache gelernt, auf eigenen Füßen zu stehen, für sich selbst verantwortlich – egal, ob einer im Semi, im Kloster oder ‚in der Stadt' gelebt hat. Eigentlich waren wir in diesem eng Umgrenzten auf eine wundersame Weise frei. Es hatte die Woche ihren Rhythmus – und dazwischen gabs Luft genug." Und ganz natürlich weißt du, woran das auch lag: inmitten der Stadt gab es eigentlich kein Haus, das sich nicht irgendwie eingeprägt hätte – die Siedlungen, die sind ja überall egal, aber hier innendrin, da hat ja jedes Haus sein Gesicht; und gewirkt hat das alles nur darum, weil's zu den andern Gebäuden in einer Beziehung steht.

War es das? Es hat sich da doch, sozusagen als Ouvertüre deines Lebens, das abgespielt, was man Einführung in die Gemeinschaft nennt. Freilich, du selber hast dich oft schwergetan – als Individualist; ja, du hast die andern manchmal beneidet, wie leicht sie zusammen Cliquen und Gruppen gebildet haben – während du in den Büchern nach dem Sinn des Lebens gesucht hast. Aber, und das fällt dir erst jetzt ein: es gab da keinen Menschen, der von dir Unterwerfung verlangt hätte. Ja, war es nicht so, daß hier jeder den anderen gelten ließ?

Diese anderen – wie mögen sie geworden sein?

Wiedererkennen – ach, ist es nicht herrlich, wie man jetzt, von Angesicht zu Angesicht, mühelos zwei Jahrzehnte überschlägt: und vor einem steht er wieder, der

Buffi zum Beispiel. In das Antlitz des Buffi von jetzt springt wie ein Kobold der Buffi von damals, und es ist ein und dieselbe Gestalt — nur eben (wie bei einem Baum) um zwanzig Jahresringe voller.

Bei manchen ist die Identifizierung ganz leicht — mancher steht seinem Klassenkameraden gegenüber: ,,Natürlich, ich kenn ihn; bloß verdammt: wie heißt er denn nur?" Man fragt, man überlegt — schließlich und endlich verwandelt sich so ziemlich jeder älter Gewordene in den, den man einmal viel besser kannte. Es stellt sich heraus — und auch das natürlich von Fall zu Fall verschieden —, daß du den einen oder anderen völlig vergessen hast; erst herumgereichte Klassenbilder rufen dir wieder ins Gedächtnis: ,,ach ja, das war der!" Und manchen hast du völlig vergessen.

So geht das eine Weile hin und her — zwei sind sich nicht schlüssig, ob der Liebst nun Ludwig oder Wolfgang mit Vornamen hieß; und bei manchem ist ohne Schwierigkeit jede Identifizierung auf einen Schlag möglich: ,,klar doch, das ist die Unke und das der Lumba!" Kommt die ,,Ameise" nicht mit demselben nervösen Schwung durch die Tür wie wenn wir jetzt Geschichte hätten: Thema — die letzten 20 Jahre?

Es geht auf Mittag zu; von 9a und 9b (anno 64) sind sozusagen die harten Kerne da; kleine Grüppchen bilden sich an den Tischen — mit unverhohlen frohem Triumph stellt einer fest: ,,Wir können keine Geschiedenen vorweisen." Ungewöhnlich ist das nicht — aber wer im zweiten Jahrzehnt verheiratet bei vielen Künstlerkollegen auftaucht, der wird schief angeschaut, wenn es bei ihm ,,immer noch hält".

Orte

Es hält sich, und auch das ist ja ein schönes Zeichen, so eine Art freundlicher Neugier dem anderen gegenüber, wenn jeder auf seine Weise im Eilverfahren zwanzig Jahre seiner Geschichte nacherzählt. Nun, in der Schule waren uns gewiß die Kurzbiografien am liebsten – jetzt möchte man eigentlich genauer wissen: ,,Wie war das mir dir? Warum und wieso hast du dich so und nicht anders entschieden?'' Jedenfalls: es stellt sich mit einem Mal – für mich, und nur für mich kann ich ja schreiben – so eine Art Schulbankgleichheit wieder her: es wird keiner beurteilt; jeder sagt her, was ihm wichtig ist.

Viele haben sich für den Lehrerberuf entschieden; ein Anwalt kommt im schnittigen 633er BMW, der Arztfrau reicht ein Porsche und der eine der zwei (schließlich und endlich bei der Stange gebliebenen) Augustiner-Mönche kam mit dem Fahrrad von Würzburg herauf. Der Lucky aus der Oberpfalz – strahlt er nicht noch genauso freundlich wie damals? Der ist jetzt in Rosenheim – doch beim Psychologen gewordenen Schmitts Joachim hat das Deutsch untrügliche Einfärbungen seiner Wahlheimat Zürich.

Irgendwie, so scheint dir, paßt zu jedem Gesicht der Beruf. Indem du den Liebst vor dir hast, glaubst du mit einem Mal: der ist wirklich mit Leib und Seele Offizier der Bundeswehr, der betreibt das nicht als Job, der hat sich einer Aufgabe verschrieben als Stabsoffizier.

Eigentlich, wenn man es so auf eine Kurzformel bringen kann, ist doch aus jedem was geworden; jeder hat die Chance dieser verhältnismäßig ruhigen, friedevollen zwanzig Jahre genutzt und aus seinen Fähigkeiten etwas gemacht. Ja, fast scheint es, als hätte mancher besondere Einwurzelfähigkeiten in dieser nächsten Umgebung entwickelt: einer ist Bürgermeister in Maßbach geworden und einer, nebenher, 2. Bürgermeister in Veitshöchheim. Manchmal gibt es auch Umkehrungen: einer, inzwischen als Jurist Kanzler der Musikhochschule in Würzburg, präzis in seinen Schilderungen: war der, fragst du dich, schon damals so entschieden? Aber, solche Fragen soll man nicht stellen, die führen zu nichts – es hat ja ein jeder sein Bild vom anderen; und das besteht aus dem, wie man auf den andern jeweils wirkte.

Längst ist Mittag, es wird gemütlich gegessen (fränkische Hochzeitsplatte ist vielfach gefragt), Fotoalben gehen reihum – mancher wird noch erwartet; von manchem weiß man's nicht; nur zwei kommen bestimmt nicht mehr: Der eine, der ab der achten Klasse um ein Jahr zurückgeblieben war, der hat sich als Student aus einem Zimmer gestürzt, und der Goldhammer Johannes ist ebenfalls tot. Vierzig Jahre: mit einem Mal fährt's dir jäh in die Knochen – viel ist das eigentlich nicht.

Die gemeinsam verbrachte Zeit am gemeinsam ausgehaltenen Ort – das ist es, was einen noch immer verbindet; verknotet mit den Gestalten der Lehrer. Viele davon sind ganz einfach untergegangen im Meer des Vergessens; die leichten Einschläge von Kauzigkeit gaben manchen besondere Kontur.

Wiewohl damals ob seines Optimismus und der Lehre vom Gleichgewicht belächelt – es ist doch jedem (auf seine Art) die Besessenheit des Alo noch gegenwärtig. Daß Latein durch Thommis Witze erst erträglich wurde, versteht sich von selbst – und daß uns der Bummi in den

Orte

Kunststunden angesichts tausender Dias schlafen ließ, das hat auch mitbewirkt, daß man diesem Mann glaubte: der mag all das, was früher den Menschen an Schönem geglückt ist. Nein, tiefere Analysen finden jetzt nicht statt – aber es besteht Einigkeit: den meisten Lehrern von damals gelang es, daß sie durch ihre Person etwas vermittelten; ja, war es nicht manchmal so, daß man grade ihnen zuliebe etwas lernte? War's nicht der Muth, der selbstverständlich über selbsterklärte Unterlassungen hinwegging und dann aber ermunterte, sich selber übers Vokabelpauken hinaus was anzueignen von griechischer Philosophie? Und war's nicht auch der Salbenduft über speckig glänzender Soutane beim Pater Schmunzel, daß sich eingrub im Gedächtnis: auf Griechisch heißt der Priester ,,Beter'' – ich seh seine Gebärde noch immer. Hunderte von Schulstunden eingeschmolzen wie Roheisen zu Weißglut – bis so ein paar Sternstunden blieben . . . ,,Reiten, reiten, reiten . . .'' – dem Papa Pülz hat man die Verehrung für Rilke geglaubt. Ich jedenfalls. Es wurden uns damals Schlüssel gegeben – ich habe noch viele zu Hause, sie sperren mir auf: die Welt der griechischen und lateinischen Klassiker; nur für Hebräisch war ich zu faul: nun kann ich bloß die Septuaginta und Vulgata lesen, nicht aber den hebräischen Urtext des Alten Testaments. Aber die Lust auf Sprachen: hier wurde sie geweckt . . . durch Bücher und Menschen.

Ein paar Gänge durch die Stadt. Die Riemenschneiderfiguren – sie sind jetzt anders gefaßt; es stellt sich nicht mehr dieselbe Empfindung wie damals ein, obwohl sie noch immer sehr schön sind – nur eben jetzt etwas weiter weg, in einem neuen Altar gefaßt. Aber aus den vier Tafelbildern des Veit Stoß noch immer dieses Lodern der Farben. Es hat mich damals tief ergriffen, daß der Künstler zwar die Kilianslegende dargestellt hat — aber in Wahrheit die sündige Schönheit einer Frau malte: Gailana, die ihren Schwager Gozbert heiraten möchte — und im letzten Bild, wo sie schon der zottige Höllenteufelshund davonschleift, ist sie noch immer sehr schön.

Wir sind dann hinübergegangen, an der alten Klosterschule vorbei — wo das Knabengetob längst erloschen ist, zum Semi. Noch immer ,,Deo et juventuti" über der Tür. Pater Germanus — hat er sich eigentlich verändert? Ist es nicht seltsam: manche Menschen scheinen nicht rapide zu altern . . . Das Schüler-Pater-Direktor-Verhältnis ist ja jetzt weg, fast ist es ein von-gleich-zu-gleich; dir scheint er milder geworden, gleichmütig; diese heranbrandenden Schülergenerationen: muß man da nicht werden wie ein abgeschliffener Fels? Wer schreibt, der sucht ja immer wieder nach Urbildern, nach Gewißheiten — dieser Mann jedenfalls, auf mich wirkt er wie die Verkörperung von Beständigkeit.

Und das Semi — es ist natürlich längst nicht mehr das, was es einmal war; es ist auf den neuesten Stand gebracht: mit Flippermaschinen und Fernsehräumen; alles viel perfekter, schülerfreundlicher wohl auch oder soll man es gar liberal nennen? Nichts mehr da von allmorgendlicher Frühmessenfron. Und da scheint nun plötzlich Einvernehmen zu bestehen: um diese neuen Freiheiten beneiden wir unsere Nachfolger nicht. Es ist ja am Ende nur die eigene Geschichte, die uns angeht.

Die Gruppe geht treppauf treppab; die neue Kapelle
– sehr hübsch und eigenartig kühl durch die Glasfensterfarben; dazu das Kapellchen mit der Ikonostase für Gottesdienste nach dem ostkirchlichen Ritus – sehr schön, sehr schön, aber es geht uns ja nicht mehr so an wie damals. Eher die Vorstellung, daß irgendwann einmal zwischen Semi und Penne die geplante Umgehungsstraße hindurchgefurcht werden wird und wieder einmal die Göttin Notwendigkeit ihren Triumph feiert über das, was man eigentlich in Ruhe lassen sollte. Wehmut...
Ich weiß schon: mit ihr läßt sich die Welt nicht gestalten.

Wir sind dann durchs ehemalige Klosterseminar gegangen, wie durch eine Baustelle. Ein paar von uns sind ja aus der Kirche ausgetreten, viele werden noch immer zur Kirche gehen – und es ist dann doch etwas ganz anderes, wenn einer von unsereinen, Priester geworden, für uns eine Messe liest.

Man sieht da mit einem Schlag: auch in der Kirche hat sich da manches geändert in diesen zwanzig Jahren – und wenn auch der Pfarrer im Meßgewand immer ein wenig Abstand zu einem hat: es ist ein anderes Verhältnis zu ihm, wenn nun der ehemalige Klassenkamerad (von dem man ja wußte, der bleibt dabei) in das Meßgewand schlüpft und für uns die Messe zelebriert. War das ein wenig Befangenheit? Wie da jetzt der Klösterer-Willy zum Pater-Roger wird und ganz sanft (und nachdrücklich zugleich), doch so, als wolle er uns nichts zumuten, sagt: ,,Eigentlich könnten wir ja jetzt danken für diese 20 Jahre – denn von Unheil und Not sind wir seltsamerweise verschont geblieben..." Ich fand das in der kleinen Klosterkapelle sehr schön. Einer hat sich zu einem ganz anderen Weg entschieden — und gehört genauso dazu wie der andere, der nach Jahren der Priesterzeit diesen Stand verließ und jetzt in Heilbronn bei der Stadtverwaltung arbeitet. Und so ist jeder etwas geworden; aus jedem ist was geworden — auf wessen Weiterweg wird man neugieriger sein? Ich weiß es nicht.

Hernach kam die Sonne durch. Wir saßen an herausgestellten Tischen vor dem Café Winkelmann. Die Auslage in dem Schreibwarenladen an der Ecke mutete an, als wäre sie nie ausgewechselt worden. Hernach teilt sich die Schwadron in Grüppchen auf — ein wenig seiner eigenen Wege gehen. Das war's ja, was mir so gefiel an damals . . . Gemächlicher Gang, zum Oberen Tor hinauf.

Irgendeine Art von Vertraulichkeit, ja fast Zutraulichkeit muß doch während der Schulzeit entstanden sein, daß man untereinander so offen berichten kann — meine Unterhaltung mit dem Major Liebst war ein gutes Gespräch über die Entwicklung und den derzeitigen inneren Zustand der Bundeswehr.

Wir sind am Oberen Tor vorbeigegangen, über die Lauer, durch Gärten, in denen die Beeren reiften — und die Ecke am Jörgentor: ist sie nicht noch immer ein entzückendes Idyll? Die Bäume vor dem Tor, das klare Wasser des Bächleins, jenes kleine Haus mit der Veranda direkt an der Stadtmauer. Hier wohnten für mich Menschen, die damals sehr wichtig waren: Friedrich und Gertrud Hielscher. Aber, das würde jetzt zu weit führen, und es ginge ja auch nur mich etwas an — wie da damals neben dem Seminarkatholizismus auch die Tür aufging in eine andere Welt: Nazizeit, aus der Perspektive der Opposition, und eine entschiedene Haltung gegen das Christentum. Das war mir schon damals klar – nur die Folgen waren noch nicht abzusehen: was das heißt: immerzu nachdenken, die Welt im eigenen Kopf hin- und herrollen – das tut nur eine besessene Minderheit (und reich wird sie damit auch nicht); doch wer, wenn nicht sie, diese Querköpfe, hätten denn die Bücher geschrieben, die einen fortan nicht mehr loslassen? Friedrich Hielscher öffnete mir mit seinem Buch ,,Fünfzig Jahre unter Deutschen" auch einen Zugang zu Ernst Jünger.

Spät am Abend, als es gurgelt und brodelt in Erzählungen, da spürst du mit einem Mal: es sind eigentlich viele von deinen Kameraden, die auch deinen Weg nicht bloß verstanden haben, sondern ihn auch aus der Ferne mitverfolgten. Du freust dich, wenn der Opa Werner dich auf einen Text in einem Merian-Heft anspricht, und wieder ein anderer sagt, er hätte oft was von dir im Radio gehört.

Aber, so weit ist es noch nicht. Die Nachmittagssonne ist mild, macht alles noch ein wenig weicher – und es ist alles ganz entspannt: fast so, als hätte keiner in diesen 20 Jahren dramatische Kämpfe durchzumachen gehabt: Wie wir dann alle im Garten vom Deutschherrnkeller sitzen, immer wieder ein neuer Tisch dazugestellt werden muß: Ist es nicht merkwürdig, daß jetzt Unterhaltungen stattfinden, die während der Schulzeit kaum oder gar nicht möglich waren – die Keils Ingrid lebt seit Jahren in Südkalifornien; mit einem Mal wird's interessant, ihr zuzuhören. Da ist jemand also ganz weit weg – wie der Bodensteiner Ferdl, der andere Augustinermönch, ganz weit weg im afrikanischen Busch. Hinaus in die

Welt — so hieß es doch damals, nach dem Abi; und das ist natürlich immer relativ. Für den einen ist schon Würzburg eine weite Welt und manchem genügt der Mürschter Umkreis, während der Wigbert bei Inspektionsreisen zu den Tochtergesellschaften des Unternehmens, in dem er arbeitet, halb um den Globus herumgekommen ist. So mischt sich das nun alles am Abend.

Tja, was hat man sich eigentlich zu sagen, nach zwanzig Jahren? Erfolgsberichte werden nicht abgegeben — und das ist ja geblieben, von damals: daß keiner dem andern ein X für ein U vormachen kann. Spät abends, es sind dann noch ein paar dazugekommen, fragt dann der Schuster: ,,Und dein Schreiben, naja, in Deutsch warst du halt schon damals was besonderes, und ist nicht damals dein erstes Gedicht in der Main-Post erschienen? — ernährt es seinen Mann?" Und ich muß sagen: ,,Mein Lieber, den Mann schon, aber nicht die Familie. Es ist eine riskante Sache, frei zu schaffen."

Vielleicht war es sogar ganz gut, daß kein Lehrer an dem Abend gekommen ist; vielleicht wäre dann alles doch ins Sentimentale abgerutscht — denn diesen Generationenabstand, den wird man ja doch nie los. Eine Ausnahme gibt es auch da: gleichsam alterslos, mit stets derselben Zuwendung, der Pater Germanus, der ganz einfach selbstverständlich kommt mit seinem Aktentäschchen — und wenn einer schon gar kein Latein mehr kann, eins weiß er bis heute: ,,Vinculum" ist ein Synonym für ,,Mürscht". Der Pater Germanus — für ein paar ist er noch immer nur der ,,Fax" —, der hält die Fäden zusammen, der klettert hurtig wie ein Eichhörnchen in den Namen der Abschlußklassen herum; es müssen

Legionen sein, in deren Namensgestrüpp er sich auskennt. Und auch das war ja das Schöne an Mürscht, damals: es war keiner verurteilt, namenlos zu sein.

Man hat einander also wiedergesehen und sich dabei Gewißheit verschafft: ,,die meisten gibt es noch." Und wenn wir uns fragen — so in zehn, oder wieder zwanzig Jahren —: ,,was haben wir denn nun zustande gebracht auf dieser Welt?" (mit unserer Mürschter Schulausrüstung, die nicht schlecht war, wie sich jetzt zeigt): die Antworten werden nicht uninteressant sein. Bis dahin wird jeder wieder seines Weges gehn, in dem kleinen Brotbeutel Gedächtnis auch etwas von dem, was unvergeßlich geblieben ist. Und auch das Unvergeßliche wird ja irgendwann einmal vergessen sein. Doch bis dahin hat es noch lange hin. Ich habe sie alle gern wiedergesehen.

Bamberg und Würzburg als Bischofsstädte

Anfahrt

Als ich vor einigen Tagen vom Ausland zurückkam und zum ersten Mal wieder deutsche Nachrichten hörte, erschrak ich: von fünf Meldungen berichteten drei über Bombenanschläge. — Ja, man kann das Wichtige der Welt so sehen, denn unbestreitbar gibt es das und zugleich erscheinen mir diese Tatsachen doch als ein allzu erbärmliches Armutszeugnis über diese Welt. Nun ging mir schon eine Weile durch den Kopf eine Antwort, die der französische Dichter Ionesco auf die Frage gab, was er sich für die Zukunft, die eigene und die der Welt wünsche — Eugène Ionesco sagte: ,,Daß das Göttliche weniger geizte mit Zeichen seiner Gegenwärtigkeit." Nun, ich habe nicht vor, auch nur die geringste Banalität unseres Lebens als lächerlich abzutun — zugleich aber erscheinen mir alle unsere Verrichtungen, die allein dem Lebensunterhalt dienen, nicht hinreichend genug sinnvoll zu sein, wenn sie sich nicht nach und nach einer Lebensordnung zuwenden, in der der Einzelne das Mörderische einer Planerfüllung überwindet, in der der Einzelne sich allmählich befreit von aller Feindseligkeit, von jenem eigenartigen Streben nach Überlegenheit. Gertrud von le Fort kam zu der Einsicht, daß ,,das Religiöse" dort begänne, ,,wo das eigenwillig Subjektive endet." Müßte man demnach als ,,subjektiver Mensch" kapitulieren? Wir können wohl immer nur ,,subjektiv" sein — aber eigentlich wollen wir ja gemeinschaftsfähig werden, so daß man alles Rätselhafte nicht als einen Ausdruck der Feindseligkeit der Welt uns gegenüber verstehen müßte.

Es hat mich in Städten immer wieder fasziniert, wie sich hier offenbart, daß der Mensch zu einer Gestaltung fähig ist, die weit über die Befriedigung seiner elementarsten Bedürfnisse hinausführt, daß ihm höchst individuelle Ausprägungen von schönen Zusammenfügungen gelungen sind, die suggestiv beweisen, daß erst ,,das Ganze" jenes ,,mehr" erschafft, in dem wir erst zu leben vermögen. Von all dem gibt es unzählige Bilder, aber erst Sinn-Bilder befreien das einzelne Bild von der drückenden Last, daß es nur es selbst ist; das Sinn-Bild ist zugleich ein Ausdruck einer höheren Sicherheit, die mit Gewalt nicht zu erreichen ist.

Als ein solches Sinnbild emfinde ich den Bamberger Domplatz, auf dem Romanik, Gotik, Renaissance und Barock eine sich öffnende Einheit bilden — Harmonie verschiedener Generationen und Stile ist möglich. Im Sinnbild offenbart sich auch Zuversicht.

Krippengänge

Um die Weihnachtszeit herum kann man leicht dem Zauber erliegen, von einer Bamberger Krippe zur anderen gehend, zu glauben, hier wäre das ,,Religiöse" wieder erblüht. Und es ist ja in der Tat ein anderes Tun, wenn Menschen eine Krippe aufbauen — anstatt mit komödiantischer Verstellung für ein neues Waschmittel zu werben, um aufzugehen in bloßer Umsatzsteigerung. Es ist bei solchen Wintergängen von der Oberen Pfarre, über die Stephanskirche bis zu Sankt Gangolf zu spüren, daß in solchen Krippen etwas Heiliges sich mitteilt, das sich nicht so leicht auslaugen läßt wie das Profane; man spürt, daß zur Kraft des Heiligen die Wiederholung gehört: die Form und dann die Hinwendung zu einem Geschehen, dem mit Computern nicht beizukommen ist.

Ich kann Städte nicht mehr als Objekte anschauen. In meinem Leben müssen sie eine Rolle spielen, denn auch das unabänderliche Verhältnis als Gast setzt ja einen Bezug voraus, der zu Beziehung wird. Ich mag Städte, die man nicht fortwährend verändern will, sondern bei allen Zusätzen so beläßt wie Paris oder Venedig.

Seit vielen Jahren fahre ich mit meiner Familie alljährlich am zweiten Weihnachtsfeiertag nach Bamberg. Die Krippen haben es uns angetan, weil da Menschen für andere etwas Regelmäßiges an vorgegebenen Orten aufbauen. Alle aufgeplusterten Veranstaltungen können mir gestohlen bleiben — ich mag, was zum Rhythmus eines Jahres gehört, was die Mühsal des Alltags manchmal erhöht. Nicht der Krippenschau in der Maternkapelle gilt meine Aufmerksamkeit, sondern den Krippenlandschaften vieler Kirchen. Zu einer bestimmten Zeit wird etwas Regelmäßiges getan — und mögen die Festivalerfinder noch soviel Aktivitäten entfalten. Für eine Weile ist Bamberg Krippenstadt, und man spürt: das kommt aus innerer Notwendigkeit. Wer sich daran erfreut, der ist überzeugt, daß auch er sich durch Wiederholung einbeziehen kann in eine Dauer, die mehr ist als Fassung und Weihnachtsschmuck. Die Szenerie der Krippen verbindet uns mit jedermann; das ist noch Gemeingut. Bambergs Krippen entstammen barocker Tradition. Verbote während der Aufklärungszeit zerbrachen sie nicht. Noch gibt es sogar Jahreskrippen, die das Jahr als Kirchenjahr, also als etwas Ganzes darstellen. Auch das gehört zu einer ,,Traumstadt".

Jedes Jahr ändert sich ein wenig der Krippenweg, dem sich Freunde anschließen. Mir behagt die Strenge: daß etwas nicht zu jeder Zeit zu sehen ist. Wenn es kalt ist, beglaubigt das Wetter manche richtige Wahl eines Straßennamens: Eine Wegschlucht heißt zu Recht ,,Eisgrube", und ich bin froh, kleine Häuser anzutreffen, vor deren Fenstern Konservendosen und Speck hängen.

Wiewohl mir alle Krippen gefallen, spricht mich am meisten die der protestantischen St. Stephanskirche an. Die Bildhauerin Bechtel-Kluge hat in ihre Steinkrippe nichts vom fränkisch Beschaulichen hineingelassen, das geradezu theatralisch herrlich in der Oberen Pfarre erfreut. Hier sind Schafe zu Gruppen zusammengefaßt — in einem Stein. Schafstall-Behaglichkeit kommt hier nicht auf: Krüppel, Behinderte und Menschen unseresgleichen machen sich auf zu Josef und Maria. Unsere Zeit, noch immer ergriffen vom Weihnachtsgeschehen, hat sich hier ihre gemäße Ausdrucksform geschaffen.

Wie homogen auch immer eine Stadt wirken mag: versperrt sie sich der Mischung, wird sie zu ödem Stillstand. Und wenn sich eine Stadt als Ganzes einprägt, nehmen wir sie als Wert an, der das Wiederkommen lohnt, weil wir vermuten, daß sich das wiederholte Anschauen nicht verbraucht, sondern Überraschungen auf

Krippengänge

Jahre bereithält — auch wenn man manchen Schwund hinnehmen muß: wie die Einstellung des Schiffsverkehrs auf dem oberen Arm der linken Regnitz, ab der Concordia. Wer wünschte sich nicht überdies, daß die alten Kanalkräne aus ihrem Schlummer erwachten und wieder zu tun hätten . . . Jede bedeutende Stadt verwirklicht etwas von einem Traum, einer Sehnsucht nach Dauer, so daß sie sich als Bild einprägt.

In einem anderen Jahr machte ich den Vorschlag, den Krippengang in die Außenbezirke zu verlegen, denn eigentlich erwarte ich, daß eine gute Stadt auch an ihren Rändern gut gebaut ist und mit Überraschungen aufwarten kann.

Der Stefanstag begann mit Schnee. Wir suchten als erstes St. Wolfgang auf — eine Kirche unserer Zeit, als Zelt entworfen, ohne Turm. Im lichten Inneren der Weihnachtsbaum allein mit Strohsternen geschmückt, in einer Holzkrippe davor das Jesuskind; zwei Kerzenleuchter als Wächter daneben. Der Gottesdienst klang soeben aus, ich dachte: dies sind noch Ereignisse, die jenes ,,Allgemeine eines Volkes'' bilden, von dem Dostojewskij in seinem ,,Tagebuch'' schreibt und das alle miteinander verbindet. In der kleinen, neu errichteten Krippe war das Lukas-Evangelium dargestellt, und mir fiel auf, wie genau die Kinder hinschauen, ob Maria auch das richtige Gewand trage — blau und rot.

Die Schneestraßen führten uns durch Wohnviertel — hin zu dem backsteinroten Bau der Maria-Hilf-Kirche. Ganz dicht sind hier die schmalen Häuser an die Kirche herangerückt; ein Reiterdenkmal ergänzt sinnvoll die Ulanenstraße; die Tortüren, die den Häusern ein besonderes Maß geben, fielen uns auf. Die Krippe in einem großen Holzkasten mit Glasscheibe erstrahlte in einer Winterstimmung: ein blaues Tuch stellte den kalten Winterhimmel dar. Wir sahen die Schafe, darunter auch einen Widder mit starkem Gehörn, in einer Mooskuhle — für die Wege hatte man weißen Quarzsand gewählt. Zum Moosgrün kam das harte Grün einer Stechpalmenart, die an das Dunkelgrün unserer Preiselbeeren erinnert.

Dann fuhren wir an den Rand der Stadt, an der abgeschlossen wirkenden Wohnsiedlung der amerikanischen Streitkräfte vorbei, und wieder kamen wir in ein eigenes Viertel, dessen weiten Platz die scheunenartige Fassade aus Kalkstein von St. Kunigund beherrscht. Die langgestreckte Halle dieser Kirche verblüffte uns durch ihre Ausdehnung. An den Galerien unterbrachen schmiedeeiserne Leuchter die langen Geraden; vor dem Altar hatte man eine Holzhütte aufgebaut, angefüllt mit Stroh und darin das Jesuskind. Sollte das die Krippe sein? Wieder streifte der Blick die langen Emporen, die das Kirchenschiff parallel begleiten; nun erst sah ich die grünen Buschen, die zum Schmuck der Leuchter daranhingen — und es war eigenartig, hier eine Kopie des Isenheimer Altars von Grünewald zu sehen. Dann sagte ich zu den Freunden: wenn man sich die Atmosphäre von ,,Kulturläden" oder ,,Parteibüros" vorstellt, dann spürt man, daß es am Ende doch die Kirchen sind, die Kulturräume blieben, die wahre ,,Halle des Volkes".

Die Guckkastenkrippe im Vorraum stellte zwei Szenen dar: die Verkündigung der Engel an die Hirten auf freiem Feld und das eigentliche Ereignis im Stall, die uns in eine orientalische Welt führten, denn anstelle des üblichen Stalles war hier eine Tempelruine aufgebaut, die an Griechisches und Ägyptisches denken ließ.

Wieder querstadtein — in ein anders wirkendes Viertel: zu St. Heinrich. Was für ein merkwürdiger Bau. Die Kuppel an der Apsis über dem Chor mutete an, als stünden wir inmitten von Einfamilienhäusern und den Wohnblöcken einer schon zurückliegenden Industrialisierungsphase vor einer romanischen Kirche. Die beiden Türme am Eingang erinnerten mit ihrer Kantigkeit, mit ihren rauhen Steinen und durch die Verkantung der Winkel an Türme von staufischen Festungen in Apulien — während im Inneren eine Betonwucht mit nur schmalen Fensterschlitzen zunächst eine bedrückende, dämmrige Zwielichtigkeit entfachte. Doch wie verscheuchte das Jauchzen der Kinder diesen ersten Eindruck. Die Krippe war für sie schon deshalb lebendig, weil in einer Ecke ein Brünnlein plätscherte. In dieser Landschaft geschah viel; über dem Stall jubilierten Engel, die zugleich den Bethlehemstern schmückten. Von einem Apfelbaum war Astwerk so zurecht geschnitten worden, daß es nun selbst einen kleinen Baum verkörperte, der mit bunten Strohblumen und trockenem Strandflieder ausgeziert war, als überzeuge er die Winterlandschaft von einem dennoch vorhandenen Immerblühen und Immerfruchten. Freilich gibt es auch Menschen, denen das alles nichts bedeutet, die eher langweilt dem Entzücken der Betrachter folgen und solche Betrachtungen mit einer Besichtigung verwechseln. Ich will ja auch niemanden überzeugen, indes freut es mich jedesmal, wenn ich in der engeren Heimat auf solche Schauspiele stoße, die ansprechen und anregen, so daß man noch als Vierzigjähriger gerne zum Nachahmenden wird, der einen Gegenstand aufnimmt und überträgt als Bereicherung für das Eigene. Nur wenige Tage darauf suchten wir unseren Hephaistos in Winkelhaid, den Schmied Hahn auf, um ihm unseren Wunsch nach einem geschmiedeten Christbaumständer vorzutragen, dessen Vorbild wir in St. Heinrich gesehen hatten. ,,Unsere Zeit braucht unsere Formen'', sagte der Schmied, eine glühende Kugel mit seinem Hammer noch kugliger schlagend — wir pflichteten bei, denn jede geglückte Form erlangt eine Gültigkeit, auf die man sich immer wieder neu beziehen kann.

Im Dom

Und so stellte sich denn bei einem dieser Krippengänge immer zudringlicher die Frage: Gibt es das heute noch — eine Bischofsstadt?

Gewiß: Bamberg und Würzburg ließen sich genauso gut als Garnisonsstädte beschreiben, als Orte sehr eindringlicher amerikanischer Präsenz. Aber merkwürdig: auch wenn man Städte als Handels- oder Industriestädte bezeichnet — es haftet dem stets etwas Auswechselbares an; es sind dies Bedeutungen, bei denen man übers Faktische kaum hinauskommt — da schmeckt Geschichte auch nicht nach Dauer.

Wie aber kam ich auf das Bischofs-Motiv?

Der Blick auf das Marodierende in der Politik wird es nicht gewesen sein, dorthin, wo mittlerweile Regierende

Im Dom

schon ebenso rasch geschaßt und gewechselt werden wie im Millionenspiel Fußball. Spielt da herein das Motiv vom „verlorenen Sohn", der sich anschickt ins Vaterhaus der Kirche zurückzukehren? Sind es behutsame Annäherungsversuche an die sichtbare, Menschen verbindende Welt des Glaubens? Ist es Suche nach glaubwürdiger Dauer, nach Lebensform?

Jedenfalls wurde ich rasch gewahr, daß von zweiundzwanzig deutschen Bischofsstädten immerhin sieben in Bayern liegen — drei in meiner unmittelbaren Nähe. Bamberg ist ja schon seit dem Jahr 1007 Bischofssitz, von hier kam der Papst Clemens II., hier regierten die Fürstbischöfe Schönborn, von Hohenlohe, Schenk von Limpurg. Der Bischof ist ein uraltes Amt — episkopos heißt „der Wächter" — er ist einer der Nachfolger der Apostel — er hat Weihegewalt wie der Papst — er hat Hirtengewalt und richterliche Gewalt — er hat Vermögen zu verwalten und sich zu sorgen um Glaubenslehre und Seelsorge — eine geradezu universale Fülle. Das Bischöfliche — ist es zu sehen, wenn man jetzt nicht an Mitra und Ornat, Ring und Stab denkt?

Ich ging mit einem anderen Vorsatz in den Dom — der Bamberger Domchor war zu hören.

Daß Bamberg ab und zu mit Rom verglichen wird, ist verständlich — diese Stadt ist ja durchsetzt von Kirchen, von sakralen Zeichen, und doch ist es eigenartig, daß bei dem suchenden Blick nach dem, was die Atmosphäre einer Bischofsstadt ausmacht, nun im Dom mit einem Mal die uralten Kunstwerke ein wenig zurücktreten; die Aufmerksamkeit gilt jetzt weniger dem Reiter, dem Veit-Stoß-Altar, dem von Riemenschneider gestalteten Grab

— erst diesmal gewahrte ich die zahlreichen Bischofsgräber im Dom. In jedem anderen Raum würde man die Gegenwart von Gräbern als seltsam empfinden — man stelle sich nur den Bundestag mit seinen Präsidentengräbern vor: etwas Unziemliches wäre das gewiß. Es muß, so scheint mir, an den Bischöfen etwas zu Tage treten, was sie zwar verkörpern, was aber über ihren Körper hinausweist . . . Ich sah die Epithaphien von Lothar Fechenbach und Laudenbach, von Jacobus de Hauck, von Joseph Otto Kolb — und sie erschienen mir jetzt als Fortsetzer, so, als hätte jeder auf seine Weise zuerst das Amt angenommen — ein Amt, das bei allen Veränderungen offenbar etwas Unwandelbares in sich trägt. Auf individuell unterschiedliche Weise offenbaren die Antlitze der verstorbenen Bischöfe einen Willen zur Bewahrung. Und überdies: es ist ja sichtbare Gestalt geworden in Bamberg, zumindest im Kern der alten Stadt: erst die Kirche und mit ihr all die verschiedenen Kirchen bilden das Antlitz der Stadt. Von hier aus kann man verstehen, was die Russen mit ihren ,,svjatye goroda", mit ihren ,,Heiligen Städten" meinten: es sind Orte, in denen die Menschen dem Heiligen großen Raum einräumten. Das Menschen-Mögliche als Ausdruck der Verherrlichung, der Verschönerung — das war immerhin möglich, und das ist noch immer zu singen . . .

Beim Erzbischof von Bamberg

Ich ging an den uralten Sinnbildern des Doms vorbei und war mir gewiß, daß solche Orte heute nicht mehr dieselbe Bedeutung wie früher haben können, daß sie aber noch immer wie eine Oase dastehen, als eine Komplementärkraft zu all dem, was wir tagtäglich tun, um zu leben. Ich ging durch die alte Hofhaltung, vorbei am Sekretariat für kirchliche Raumordnung und Seelsorgeplanung, vorbei an den Domherrenhöfen, hinauf zu jenem hellen Haus mit dem herrlichen Blick zum Michaelsberg — hinter den Klingelknöpfen lugte diskret das Objektiv einer Fernsehkamera hervor; ich ging durch das helle Treppenhaus, ich wartete in einem hohen Raum mit altroter, repräsentativ wirkender Seidentapete, sah auf einem Gemälde das einprägsame Profil eines Bischofs von Erthal, und mir fiel Ernst Jüngers Bonmot ein: ,,Die Demokratie erstrebt einen Zustand, in dem jeder jedem eine Frage stellen darf." Schließlich sind wir ja mit dem ,,Spiegel" großgeworden, jenem verdienstvollen Organ, das das Fragen bis zur Schamlosigkeit steigerte, so, als gäbe es für einen Journalisten keine zu würdigende Intimität mehr. Im Grunde wollte ich nichts anderes in Erfahrung bringen als Antwort auf meine Frage: ob in einer pluralistischen Gesellschaft die geistliche Residenz über die reine Präsenz hinaus noch eine Bedeutung hat und ob ,,der Bischof" letztlich eine andere Instanz ist als jede weltliche ,,Macht".

Im langen schwarzen Gewand trat der Erzbischof herein — es leuchtete daran bischofsrot die Paspelierung... Schafft diese äußere Erscheinung Distanz?

Bamberg und Würzburg als Bischofsstädte

Es war gut, daß der Erzbischof meinen alleinigen Blick auf die Bischofsstadt selbst auf das ganze Bistum lenkte:
„Wenn ich mit den benachbarten Bistümern vergleiche, dann ist Bamberg in einer anderen Lage — die Bischofsstadt ist nicht das Zentrum der Erzdiözese; die bedeutendste Stadt ist Nürnberg, und überdies sind wir hier schon in einer Diaspora, da hier mehr Nichtkatholiken leben."

Mehr als ein anderer Amtsinhaber steht ein Bischof in einer Tradition — in der Nachfolge Christi und in der Kontinuität seiner Amtsvorgänger: Geschichte, an der man gemessen wird: ist sie eine Bürde?

„Ich seh das in gar keiner Weise als Belastungen an, im Gegenteil, ich freue mich, einer in einer langen Reihe zu sein. Ich sehe die Bilder meiner Amtsvorgänger, wenn ich des Morgens in die Hauskapelle gehe, und im Dom bin ich ja inmitten auch der Bischofsgräber. All diesen Amtsträgern gegenüber fühle ich mich verpflichtet."

In ein hohes Amt berufen, seinen Verpflichtungen gehorsam — ist es da nicht Grundvoraussetzung, auch zum Hauptort eine besondere Beziehung zu haben? Kann die Bischofsstadt selbst wie eine Art tragendes Schiff begriffen werden? Ist da Beziehung möglich — und zwar Beziehung zu einem Ort, der sich ja nicht in dem Maße wetterwendisch wandelt wie ein Mensch, auf den man sich einläßt?

„Wenn man in dieser Stadt als Bischof lebt, ist man der Stadt natürlich besonders verbunden, dann ist auch der Domberg und die Kathedrale für einen selbst der natürliche Mittelpunkt. Freilich, als Spaziergänger geht man nur selten durch die Stadt, und der Bischof ist hier kein Fremdkörper, man begegnet ihm ganz ungezwungen."

Einen Augenblick halte ich inne — ich spüre, daß alles Fragen nur einen Blick auf den Erzbischof freigibt — so wichtig alles Fragen sein mag: wäre er als geistliches Oberhaupt nicht fragloser zu erleben bei einem Pontifikalamt, als der, der die Liturgie feiert? Und doch ist es wichtig, zu wissen, wie sieht das Alltägliche aus, also all das, was von jedermann nachzuvollziehen ist als ,,Amt"?

Überdies ist der Bamberger Erzbischof ja auch deutscher Militärbischof — aus Erfahrungen der Vergangenheit entschied man sich für dieses Amt jeweils einen residierenden Bischof zu bestimmen; hinzukommt, daß Erzbischof Elmar Maria Kredel Vorsitzender der Bischofskommission für sozial-caritative Fragen ist — danach ist jetzt zu fragen und nach den Arbeitsschwerpunkten; denn im Gegensatz zum protestantischen Bischofsamt ist das römisch-katholische ja wesentlich umfassender angelegt.

,,Der Schwerpunkt ist eindeutig — das ist die Seelsorge. Ich lege großen Wert darauf, im Laufe eines Jahres in möglichst viele Pfarreien zu kommen, um eine lebendige Begegnung zu haben. In der Regel geschieht das bei der Spendung des Firmsakraments, so daß man schon eine intime Kenntnis der einzelnen Pfarreien bekommt. Das ist es, was mir an diesem Amt besonders Freude macht. Darüberhinaus stehen Verwaltungsaufgaben an, die Post, verschiedene andere Verpflichtungen. Auch das Amt des Militärbischofs ist etwas Selbstverständliches: Wir sind an einem Leben in Freiheit interessiert — wir brauchen unsere Bundeswehr, und so haben wir uns auch von der Kirche her um die Menschen zu sorgen, um die Soldaten."

Die Fürstbischöfe früher waren mit einer ganz anderen Macht ausgestattet; sie hatten weltliche Verfügungsgewalt — manchmal waren sie mehr Fürsten denn Bischöfe, und es wird sich nicht bestreiten lassen, daß das Herrschaftliche, ja sogar das Herrische eine der Voraussetzungen war, daß durch Architektur entstand, wovon wir noch heute zehren. Einfluß und Macht — hat das ein Bischof heute noch?

,,Als Macht empfinde ich es natürlich nicht — eher empfinde ich die Verantwortung sehr stark und manchmal stöhnt man auch ein bißchen — aber Macht, so würde ich das nicht sehen. In erster Linie ist es Verantwortung, vor allem bei Fragen, die man nicht auf andere abschieben kann."

Gleichwohl ließ sich Bischofsgeschichte auch als Machtgeschichte beschreiben — untrennbar damit verbunden der Bischof als Mäzen, als Förderer und Fordernder für die Kunst . . . Heute, so scheint es, ist dieser Grund gelegt, das Haus ist gebaut — der Bischof ist nicht mehr der ,,architektonische Gestalter" seiner Bischofsstadt . . . Und den alleinverantwortlichen Kunstmäzen gibt es so nicht mehr:

,,Zunächst überlasse ich das den zuständigen Gremien, aber wenn es um beachtliche Summen geht, dann ist man auch aufgefordert, unter Umständen einmal nein zu sagen — und auch da ist man ja denjenigen gegenüber verantwortlich, die ihre besondere Kenntnis haben."

Der Bischof und seine Stadt — die Bischofsstadt als eine Stadt in der Stadt . . . begreifen läßt sich dieses Amt nur dann, wenn man es (auch von außen) eben nicht nur als eine ,,Verwaltung" zu sehen vermag, sondern als einen Dienst, als einen Gehorsam — und so gesehen wird dann erkennbar, was den politischen Ämtern zumeist fehlt: die Würde. Die Würde — ein gewisses Zurücktreten der Person hinter die Aufgaben des Amtes — tritt zu Tage, wenn man sich vorzustellen versucht das Jahr, das Kirchenjahr, als etwas Ganzes, an dem der Bischof maßgeblich mitwirkt:

„An den Hauptfesten bin ich immer in Bamberg. Die Feier der Liturgie gestalte ich maßgeblich mit — das gilt natürlich auch für die für Bamberg so spezifischen Feste, wie das Heinrichsfest oder Fronleichnam. Da gehört der Bischof als der Liturge selbstverständlich in die Bischofsstadt. Daß es davon abgesehen eine Entfremdung im Großen und Ganzen gibt — auch zwischen Jugend und Kirche, das bestreite ich nicht. Es ist Aufgabe der Kirche, ihre Auffassung vom Sinn des Lebens vorzuleben. Es ist ja ein wesentliches Element des Bischofsamtes, daß man draußen weiß: hier wird ein Kurs gehalten, hier auf diesem Schiff weiß jemand Bescheid, so daß sich die Menschen geborgen fühlen; das ist es ja auch, was junge Menschen brauchen."

Der Erzbischof hatte Auskunft gegeben und er war dann nicht rasch aufgestanden und fortgegangen — er führte mich zu einem hohen Fenster: wir schauten hinaus, auf die alte Domschule, auf den Michaelsberg — und mir schien jetzt, daß man hier die Tatsachen nur versteht, wenn man nicht allein die Tatsachen sieht. Es gleicht dieses erzbischöfliche Palais — wenn man in Sinnbildern denken kann — einem Schiff, dessen jeweilige Besatzung darauf bedacht ist, das Schiff als Form zu erhalten. Gewiß, die Ausschließlichkeit früherer Zeiten ist geschwunden, das Meer ist gleichsam von ganzen Flotten überzogen, heute; aber das Bischofsschiff hat seine eigene Form — und auch das Geläut der „Schiffsglocke" ist noch immer von eigenem, unverwechselbarem Klang ...

Rundgang zwischen Kirchen

Wie jede gut gebaute Stadt so ist auch Würzburg ein Kosmos für sich, eine Antwort der Menschen, aus der Mitgift der natürlichen Lage etwas Eigenes zu machen. Auch in Würzburg wird es einem jeden so gehen, daß jene architektonischen Besonderheiten „das" Bild der Stadt prägen, und für jeden wird die Bedeutung anders sein, die er der Festung, dem Käppele oder der Residenz beimißt. Gewiß werden einem in Würzburg die „neueren" Kirchen auffallen, manchmal nimmt man wacher die zahlreichen Kirchen wahr und liest all die Straßennamen, die auf Sakrales hinweisen — auch das monumentale Standbild des Fürstbischofs Echter von Mespelbrunn wird sich einprägen —: aber wo ist das „Bischöfliche" zu sehen?"

In Bamberg hat der Dom einen herausragenden Platz, er ist gleichsam architektonisches Urgestein, dem die anderen Kirchen auf ihren Hügeln zugeordnet sind. Die Lage der Bischofskirche in Würzburg ist ganz anders — mir war, als sähe ich das erst jetzt und zum ersten Mal: diese glückliche Fügung des Nebeneinander von Neumünsterkirche und Dom, deren lange, parallele Schiffe durch den Winkel der angebauten Schönbornkapelle einen gefaßten Platz bilden. Man geht auf solchen Plätzen anders, denn hier ist von Menschen der Raum anders geordnet als sonst auf Plätzen — Mir schien an diesem Vormittag, als könnten solche Plätze (und wenn auch nur für eine Weile) die Bedeutung einer Oase annehmen: außer Fußgängern kein Verkehr, und dann eben wieder die Kunst des Menschen, seine eigene Zeit, das Zeitgenössische, also das Zeitgemäße einzubringen in das Alte: zwischen den wieder aufgebauten Kirchen, bei der barocken Schönbornkapelle das Heute: die weißgesprenkelte Gestalt des heiligen Kilian, der hier als Brunnenfigur in einem Schiffsbug steht. Also auch da ein Sinn-Bild. Es wurde mir auf diesem Platz ganz klar, daß wir zur Disharmonie dieser Welt etwas hinzufügen müssen und etwas geschenkt bekommen müssen, soll sie sich zu einer Harmonie fügen, die keineswegs nur ein Wunschbild ist. ,,Die Harmonie der Welt" ist nicht nur ein Wunsch, sie ist eine tiefe Wirklichkeit, in der ,,alles" aufgeht, wenn es einem gelingt, das Unsichtbare als wirksame Kraft zu empfinden — wie es zum Beispiel Paul Hindemith in seiner Komposition dargestellt hat. Harmonie der Welt heißt: Nebeneinander-Bestehen — man sieht das, wenn man in der Neumünsterkirche jene Christusfigur betrachtet, die ihre gekreuzigten Hände ablöst vom Querbalken des Kreuzes — das Schmerzensgesicht aus dem 14. Jahrhundert: und die Variation desselben Themas auf dem Platz draußen, nahe am Dom: der ,,Kreuzschlepper" aus Eisen, wo eine Eisenfigur ein geradezu gigantisches Gebirge aus Kreuzklötzen schleppt und diese Last nicht nur als erträglich darstellt, sondern beinahe leicht. Ein Kunstwerk unserer Tage, von Max Walter.

Bischöfe und ihre Städte . . . Das Auge sucht jetzt beinahe wie von selber . . . wie auf eine Fährte gesetzt – und hier, auf engstem Raum geht es, wie mit einer Sonde, durch die Schichten der Jahrhunderte: der eigenartige, hartnäckige Versuch des Menschen, sich die Gestalt des Göttlichen vorzustellen, es darzustellen, als brauche es, sozusagen nach der Schöpfung, nun die Aussage der Erfahrung der Menschen: ,,Ja, so haben wir das Göttliche, das Heilige, im Gegensatz zum Profanen gesehen – und immer wieder haben wir versucht, den Gegensatz von Heiligem und Profanem zu überbrücken, denn ihn zu überwinden, das gelingt uns ja nicht . . ." So berührt die Sonde der Augen jenen uralten, unversehrten, in sich ruhenden König: den romanischen Christus im Lusamgärtlein, das gotische Kruzifix aus der Neumünsterkirche, den Kiliansbrunnen von Helmut Weber und jenen Kreuzschlepper.

Und auch der Würzburger Dom war jetzt eine Überraschung – es ist ja für jeden von uns immer wieder eine Entdeckung, wie man im Laufe der Jahre wahrnehmungsfähiger wird – es ist mit einem Mal eben nicht nur ,,der Dom", sondern die Zeugengalerie, die zweifarbige Parade der Bischofsdenkmäler, die, beidseitig an die Säulen gelehnt, gleichsam die Menschensäulen dieses Gebäudes sind und es mittragen – doch nicht nur den Dom selbst, sondern, als Sinnbild, das Gebäude der Kirche. Nicht im einzelnen besah ich mir die Bischofsgräber – jene hellgrauen im Seitenschiff und jene marmorhellen an der Innenseite des Hauptschiffes –, ich spürte

Rundgang zwischen Kirchen

nun, wie sie zusammen eine schweigende, anwesende Macht bildeten: es geht nicht ohne die Schultern der Menschen. In diese Präsenz der Geschichte mischte sich jetzt der starke Eindruck, den die Figuren unserer Zeit gebildet haben: erst ein Verständnis unserer Zeit hat in den Eingangsraum dieser Bischofskirche einen Akzent gesetzt, der die Räume der Zeit als einen großen Zeitraum erscheinen läßt: es ist der massive siebenarmige Leuchter, der übermannshoch den Blick auf sich zieht, vorbei an jenem schmückenden schmiedeeisernschwarzen Gitter — die Erinnerung an das Alte Testament, an das siebenarmige Leuchten der Psalmen — ,,Harmonie der Welt'' ... Das Auge muß sich erst einstellen auf das lichte Grau im Altarraum, auf das hoch aufgeschossene, geradezu lodernde Sakramentshaus von Schilling, das mit seiner Gestalt eine frühchristliche Tradition wieder aufgriff: das Ciborium — in frühchristlichen Kirchen Oberitaliens ist das ja noch besonders deutlich zu sehen: mächtiger als der Altar ist das Sakramentshaus — das zeigt, wie sich die Bedeutungen auch in der Kirche wandelten: welche man als besonders bedeutsam erachtete, was einer besonderen Fassung bedurfte. Daß es vorhanden ist, daß es getan wurde, das ist das Überzeugende — der Akt des Hineinstellens eines Kunstwerkes in unsere Lebenslandschaft — und es liegt die Vermutung auf der Hand, daß es dem Menschen immer wieder gelingt, sich zur Verherrlichung durchzuringen, nicht zur Schmähung dieser Welt — wenn auch das Metaphysische denkbar, erfahrbar ist, was freilich nicht immer aus eigenem Willen gelingt; und so meine ich manchmal: es bedarf dieser geheiligten Plätze, um uns das den Menschen Ergänzende vorzuweisen. Draußen vor dem Dom, die Brunnengestalt des Heiligen Kilian — es kann doch gar nicht anders sein, als daß ein Mensch derlei erlebt haben muß, um es gestalten zu können — Erfindung allein kann das nicht sein — also hängt es doch von uns selbst ab, ob wir zu sehen vermögen, daß das Göttliche doch nicht so geizt „mit Zeichen seiner Gegenwärtigkeit"...

Beim Bischof in Würzburg

Im Grunde genommen müßte ein jeder Mensch einem anderen Menschen begegnen können — wenn er nicht ausschließlich von ihm etwas will, sondern sich auf seine Art einlassen möchte; wenn er etwas vom anderen begreifen möchte, um dadurch sein Bild von der Welt weiter zu fassen... So also ging ich an der lächelnden Pforten-Schwester vorbei, hinauf durch ein lichtes Treppenhaus in dem bischöflichen Palais, dessen Äußeres brandrot leuchtet. Es war eine Überraschung, daß ich als erstes auf Bilder eines Zeitgenossen hingewiesen wurde — und die kleine Schwelle der Befangenheit war rasch überschritten, als mich der Bischof, Dr. Paul-Werner Scheele, in einen hohen, lichten Raum bat, in dem nicht nur Bücher, nicht nur Porträts früherer Bischöfe auf ihr Anwesenheitsrecht pochten, sondern ein leuchtendes Bild aus Griechenland andeutete: Hier bist du im Heute.

Der Bischof war nicht im bischöflichen Ornat — er trug das einfache schwarze Priestergewand — und auf meine Frage, ob im Amt des Bischofs nicht etwas vom längst vergangenen Königtum aufschimmern müsse, antwortete er mit einer Klarheit, die wach macht, bereit zum Zuhören:

„Vom Königtum weniger als vielmehr von Christus selbst abgeleitet, gibt es diese Aufgabe; sie ist sogar die eigentliche Sendung. Christus hat ja Zeugen in Pflicht genommen — und das ist dann nicht irgendein Amt, sondern es sind persönliche Zeugen, die einstehen für das, was sie empfangen und erfahren haben. Das ist gleichsam das Grundgesetz für einen jeden Bischof. Das bedeutet eine Kontinuität, weil man nicht nur als der Einzelne gefordert ist, sondern in der Gemeinschaft der Zeugen steht. Als Bischof lebt man in dieser Gemeinschaft der Glaubenszeugen — rund um den Erdball miteinander verbunden."

Einem Bischof wird eine Stadt anvertraut — er muß sie gleichsam neu zu „seiner" Stadt machen — was bedeutet es: eine Beziehung zu einer Stadt zu haben, wenn man in ihr seit sechs Jahren an herausragender Stelle sein Leben einsetzt?

„Ich hatte schon vor meinem Amtsantritt eine innere Beziehung zu dieser Stadt, denn ich studierte und lehrte hier. Ich war beeindruckt vom Leben dieser Stadt, das sich wie ein Gesamtkunstwerk darbietet. All dieses ist ja durch den Feuersturm der letzten Kriegstage gegangen, und es hat sich im Aufbau nochmals als lebendig erwiesen. Als ich dann Bischof wurde, hat sich das Verhältnis wesentlich vertieft — schon allein durch die Kette der Vorgänger, wenn man als Siebenundachtzigster dieses Amt übernimmt. Das Elementarste dieser Arbeit ist natürlich

die Verkündigung und die Feier der Sakramente, die ihrerseits durch die Geschichte geprägt sind. Von dort aus lebt vieles, was in den Augen anderer nur vergangen zu sein scheint. Ich habe es auch als wesentliches Element angesehen, Ereignisse der Geschichte in meine Tätigkeit einzubeziehen — etwa, wenn wir uns auf die Feier der Erinnerung an die Mission und das Martyrium der Frankenapostel Kilian, Totnan und Kolonat vorbereiten. Sie haben ja die Frohe Botschft mit ihrem Lebensopfer bezeugt. Das ist ja etwas, das jeden Zeitgenossen angeht."

Wer sich auf einen Menschen einläßt, der muß sich auf seine Geschichte einlassen — Geschichte wiederum ist niemals ohne Ort — und indem man sich einem Ort verpflichtet, öffnet er auch die Schätze seiner Geschichte; zugleich aber kann alles Vergangene erst dann wieder Sinn für uns gewinnen, wenn wir ihm etwas abgewinnen . . . Würzburg und die Präsenz seiner Glaubensgeschichte . . .:

,,Zu dieser Präsenz gehört zum Beispiel auch ein Mann wie Riemenschneider — man muß ihn nur als einen dieser Glaubenszeugen ansehen; überdies ist er in dieser Stadt ja ganz gegenwärtig, und wer immer tagtäglich durch Würzburg geht, begegnet ihm. Auch der Dichter Friedrich von Spee gehört hierzu — wichtige Lieder, die wir noch heute singen, hat er in dieser Stadt konzipiert."

Ich gehöre zu jenen, die bei allen Veränderungen die Überzeugung nicht aufgeben, daß es Grundwerte geben muß, die nicht fortgesetzt den veränderten Produktionsbedingungen der Wirtschaft angepaßt werden, so daß der Einzelne eben nicht nur wie Freiwild in einer ,,mobilen Gesellschaft" herumgehetzt wird — vielleicht hoffe ich darum, daß auch die Kirche eine Bastion für ständig gültige Werte sein müßte . . .

„Eine Bastion wäre noch nicht genug; denn hier geht es nicht nur um ein äußeres Verteidigen, sondern um ein vitales Vermitteln. Das Martyrium der Frankenapostel muß man ja auch verstehen als einen Kampf um den Wert der Ehe. Kilian trat für die christliche Ehelehre ein — er wurde dafür getötet. Damit ist ein Grundwert genannt, der unerläßlich ist, eben weil er auch heute gefährdet ist."

Draußen stehen die stummen Zeugen, die Fassungen der Glaubenswelt — mit Bewunderung, mit Sehnsucht gar sind sie nicht zu erhalten — was ist das überhaupt: Bischofsarbeit? Und an welchem irdischen Ziel arbeitet sie mit?

„Zunächst versieht der Bischof den sakramentalen Dienst. Er ist der erste Zelebrans der Eucharistie in seiner Diözese. Die Gestaltung besonderer Feste und dann seine pastorale Verantwortung als Hirte, als Mitbruder — man kann ja nicht für alle Glaubensbrüder in gleicher Weise präsent sein, doch den Mitbrüdern im Amt gilt in besonderem Maße die Sorge. Da ist manches Gespräch notwendig — denn es geht ja zum Beispiel in der Eucharistie nicht um ein persönliches Happening, und man kann keiner Gemeinde alle Irrgänge von Amtsbrüdern zumuten. Schließlich gilt eine Hauptsorge der Einheit — nicht nur der Kirchen, sondern vor allem einer Einheit, die durch Spaltungen bedroht ist, die quer durch alle Konfessionen gehen; ich denke an die Spaltung zwischen Männern und Frauen. Diese Spaltung zwischen Mann und Frau sehe ich als eine große Gefahr an — das muß man sehen! Verkleistern nützt da nichts."

Wer unsere Lebensführung betrachtet, der kommt vielleicht zu dem Schluß, daß unser Leben immer aufwendiger geführt werden muß, um nicht nur ,,Gewinn" zu erlangen, sondern Freiheit überhaupt – in vielen Berufen müssen zusätzliche Aufwandsentschädigungen gezahlt werden. Zu diesem aufwendigen Leben gehört auch das zwielichtige Spiel der Werbung, das ,,marketing", mit der Doppeldeutigkeit von Worten zu arbeiten – möglicherweise ist das eben jene ,,Tugend", die man aus der ,,Not" der Lage macht; dennoch verlangt es einen immer wieder nicht nur nach einer Eindeutigkeit von Worten, sondern daß ,,hinter den Worten" sich andere Räume und Bedeutungen eröffnen, so daß man mit Worten nicht nur Tatsachen bezeichnet – wie: es regnet, es schneit –, sondern mit ihnen Sinn erschließen kann . . . Wäre es demnach eine zu hohe Erwartung, wenn gerade angesichts eines Bischofs die Person selbst zurücktritt und er, eben durch seine individuelle Gestalt, das vermittelt, was über die Einzelperson hinausgeht?

,,Ich bin überzeugt, daß jede richtige Verkündigung und Sakramentsfeier eine Hilfe ist. Schließlich wissen wir ja auch um die Sünden und Fehler der Apostel, und wir versuchen, Verständnis zu zeigen, ohne dabei Grundwahrheiten aufzugeben. Das alles wird getragen vom Erlebnis des gemeinsamen Feierns – und die Verkündigung ist ja eine Feier. So nähern wir uns immer erneut den Glaubensgeheimnissen an. Wenn das richtig geschieht, dann wird auch Gemeinschaft wieder erfahrbar."

Gewiß würde ich mich selbst täuschen, wenn ich annähme, daß dies alles in jener makellosen Harmonie geschähe, von der man sagen könnte, ,,es wäre alles in

Butter". Auch der Lebensrhythmus eines Bischofs wird von ,,rauher" Wirklichkeit geprägt, nicht wahr?

,,Der Rhythmus wird oft durch Konferenzen, den Schreibtisch und Sitzungen bestimmt, so daß man es nicht immer so in der Hand hat wie man sich das wünschen möchte. Gleichwohl hängt das Wohl und Wehe, auch das Ergebnis von Sitzungen davon ab, daß man gewisse Grundvollzüge sich Tag und Tag erarbeitet. Es gehört ja zu den ersten Pflichten eines Bischofs, daß er still wird und auf das Wort Gottes hört, um es weiterzugeben. Freilich empfinde ich mich manchmal auch wie ein gehetzter Hund, der von Termin zu Termin getrieben wird. Aber auch in solchen Situationen kann man zu sinnvollen Einsichten gelangen, die man auch bei längerem Meditieren nicht so schnell erlangt hätte."

Wer eine Stadt als Bischofsstadt betrachtet, der sieht Dauer – wie sie ein Einzelner allein nicht zu leisten vermag; nur auf dem starken Fundament einer großen Gemeinschaft kann derlei erwachsen. Die Vorgaben der Vorbilder sollten aber nicht allein auf die Vergangenheit lenken, sondern Mut zu eigener Größe machen. Der Bischof also auch in der Pflicht, ein Förderer der Künste zu sein?

,,So wie die Schönbornbischöfe kann ich das nicht. Meine unmittelbaren Vorgänger hatten diese Möglichkeit noch in größerem Maße, und nach den Kriegszerstörungen gab es auch für die neue Kunst manche Gnadenstunde. Wenn heute von der Kirche her Kunst in Dienst genommen wird, so scheint mir dabei das Wichtigste zu sein, daß der Künstler ein solcher Glaubenszeuge sein muß, daß er also die entscheidenden Wahrheiten auf seine

Weise vermitteln kann und darf. Die Ergebnisse solcher Kunst lassen sich nicht vorprogrammieren. Überdies darf man dem Irrtum nicht verfallen, Künstler, die für die Kirche arbeiten, seien am Ende frömmer als andere – sie sind genauso fehlbar. Die Kirche hat diese Förderung gewiß in den zurückliegenden Jahren noch zu wenig ernst genommen. Die Kunst, auf die es ankommt, wird nur durch existentiellen Einsatz erbracht, und ein überzeugendes Kunstwerk kann nur aus Ehrfurcht geschaffen werden; und selbst vom Gelungenen wissen wir am Ende zu wenig."

Eine Weile den Klängen des Würzburger Komponisten Bertold Hummel zuhörend, überlege ich, welches Bild mir jetzt als Sinnbild vorschwebte, wenn ich Maler wäre. Ich stellte den Bischof im einfachen Priesteranzug dar – zuhörend; oder wie er mir am Ende unseres Gesprächs mit Freude die schwarzlavierten Bilder des Malers Bücker zeigte: Archaische, einleuchtende Gestalten: Homer, Sokrates, zwei Apostel – jedes Bild die Kraft einer Figur offenbarend, so wie es in früherer Kunst noch nicht geschah. Oder sähe ich ihn Riemenschneider betrachtend und ihn als ,,Zeugen der Seligkeiten" erkennend? Oder müßte ich ihn zeigen, wie ihm die zunehmende ,,Demokratisierung" auch in der Kirche das mißliche Absitzen von Kommissionssitzungen aufbürdet? Genügte der Augenblick, da er zu einer Nonne heiter ,,ehrwürdige Schwester" sagt und dabei andeutet: dies könnte überall die Umgangsform sein?

Die Summe dieser Bilder müßte klarmachen, daß des Bischofs Lebensmotto an die Fähigkeit zur Übereinstimmung erinnert: ,,Friede und Freude".

Das Mantelfutter der Heimat

Landtage in einem Dorf im Rangau

Seit 1976 haben wir in Neidhardswinden ein kleines Bauernhaus gemietet, das noch aus dem vorigen Jahrhundert stammt. Sein ehemaliger Besitzer war Bauer und Schuhmacher. Seither ist der Rangau auch Heimat geworden — für mich, neben der Stadt.

,,Deutsche Welt hat einem ausschließlichen Zentrum immer widerstrebt". Jakob Wassermann, aus Fürth stammender Schriftsteller, wog die daraus entstehenen Vor- und Nachteile ab, und er kam 1935 zu dem Schluß: ,,Der Vorteil war eine größere Buntheit, Vielfältigkeit und seelische Freiheit, die etwas hervorbrachte, was es bei anderen Nationen kaum gibt, etwas was ich den Triumpf der Provinz nennen möchte . . ."

Ich verstehe diesen ,,Triumpf" nicht als etwas Hochmütiges, sondern als etwas, das Kraft und Anregung schenkt.

Ich sage nicht: hier wäre eine unberührte Idylle, hier wäre alles in Ordnung, hier herrschten Frieden und Eintracht; jedes Jahr auch hier Schwund. Freilich: so wie man einem Kind nicht gut begegnet, indem man es nur an seine Schwächen erinnert, so ziehe ich es vor, dort zu beginnen, wo etwas zu spüren ist, das der Bestärkung und der Zuneigung würdig ist.

Kochen, Waschen, Melken, zwischendurch auf einen Sprung zum Friedhof, ein rasches Wort zur Nachbarin,

Sternberg – Gutshof

Neundorf

wenn man sich am Auto des Bäckers trifft: alles Selbstverständlichkeiten. Für die Kinder verrichten die Eltern nicht eine ferne, undurchsichtige Arbeit: sie erleben die Eltern als fortwährend Beschäftigte. Sowohl abends im (inzwischen ausgestorbenen) Wirtshaus, als auch auf der Straße: zwischen den Männern werden Kenntnisse ausgetauscht — und doch ist um jeden Hof etwas Abgeschlossenes; jeder verrichtet seine Arbeit für sich.

Das Fallbeil des Fernsehens durchtrennt auch hier manchen Kontakt. Dennoch: was auszusterben drohte — das gemeinsame Handeln —, es faßt wieder Fuß; nicht nur im Kirchenchor, der auch zum Gratulieren auftritt, sondern auch in einer kleinen Sängergemeinschaft, deren Kern 30jährige Bauern bilden. Freilich: die Schule ist dem Ort genommen, der Pfarrer kommt sonntags beinahe wie ein Gastarbeiter, bald wird man die hauseigenen Brunnen lahmlegen — aber noch ist es zu erleben, das Vertraute der Straßen, das Freie der Wiesen, das Nahe der Wälder, das Rad der Jahreszeiten und das Geschenk: immer wieder dieselben Wege gehen zu können, um immer wieder etwas Neues zu sehen: die anschwellenden Palmkätzchen, die Leberblümchen, die Erlen am Bach, die Blaubeeren in den Föhrenwäldern, das gemeinsame Holzschlagen im ,,Kompaniewald" der Gemeinde, die Treibjagd, das Herumgehen der Kinder vor dem Erntedanksonntag, die von Haus zu Haus Früchte sammeln, die immer noch in den Gärten mit Sorgfalt gezogen werden: der Kosmos zwischen Rosenkohl, Weißkraut und ,,Kümmerli", den kleinen warzigen Gurken, Bohnen und Kürbissen — und die alten Frauen, die eine glückliche Hand beim Blumenziehen haben.

Landtage in einem Dorf im Rangau

Es dauert lange, bis einen die Menschen durch das Tor ihrer Sprache einlassen — denn wohl sind sie neugierig, aber zugleich auch verschlossen, zögernd, stets gewärtig, überrascht, übervorteilt zu werden. Haben sie aber das Gefühl, ernst genommen zu werden und daß sie der Fremde nicht korrigieren will, öffnen sie sich — und die alten Tugenden wirken ganz frisch: sie schenken Rezepte und Selbstgebackenes, sie laden zur Schlachtschüssel ein, und es ist schön zu sehen, wie leicht es einer Bäuerin fällt, einen zur Brotzeit einzuladen.

Man hört dann, wie auch sie die zunehmende Beschleunigung schmerzt, wie der blanke technische Fortschritt auch ihnen seine Leere zeigt und sie sich nach der Festigkeit von Werten sehen. Dies freilich kann nur wieder voll zur Entfaltung kommen, wenn jeder einzelne in seinem Bereich handelt. So wie der eine Bauer, der über genaue Imkerkenntnisse verfügt, im Winter regelmäßig seine Weidenkörbe flicht; so wie eine 80jährige Frau in ihrer Bibel liest; so wie die Nachbarin ihre Blumen umsorgt; so wie wir versuchen, das manchmal Unpraktischere zu erhalten: weil es schöner ist und einmalig. Und schließlich, ohne daß man darüber reden muß, ist auch das zu erleben: das Wort Treue — vorgelebt in einem rangau-fränkischen Dorf.

Das Jahr teilt sich mit als ein Dutzend schillernder Monate ...

Das mir Wichtige habe ich im Tagebuch verzeichnet; bei der Abschrift der Eintragungen aus den Jahren 1980 bis 1986 wird mit einem Mal das Datum unbedeutend ... Viele Bilder aus verschiedenen Jahren verschmelzen zu einem Monatsbild ...

Das Mantelfutter der Heimat

Januar

Schnee war gefallen. Ein Bauer hatte einen alten Bulldog zerlegt: Bei schwarzen Zwetschgenbäumen oben auf dem Hang stellt er die Hinterachse so auf, daß sie als Wendespule feststeht. Er schirrte das einzige Pferd des Dorfes an; der Haflinger zog an einem langen Strick die jungen Schifahrer hangauf, indem ihn der Bauer hangab trieb. An das Seil waren Schlaufen geknotet, so daß sich jeder am Pferdeschlepplift einhängen konnte. Auch die Kleinen mit ihren Schlitten fuhren mit und keiner greinte, wenn der Rodel kippte.

Heimat: Ohne Furcht vor Niederlagen die ersten Schritte wagen. Zum ersten Mal auf Schiern den flachen Hang hinabsausen, pfeilgrad auf einen Holzstoß zu, aufgefangen werden . . . Noch im Hochsommer wird die Erinnerung aufleuchten: ,,Das war mein Schihang".

Wenn nicht alles zu jeder Zeit möglich ist: das Beste aus dem Angebot der Zeit machen — mit der Hoffnung auf Wiederkehr, Steigerung. Außerhalb der Stadt ist die Handschrift der Jahreszeiten noch ausgeprägter: die Natur streckt ihre Hand aus, Menschen schlagen ein.

Durch den Wald hallen Axthiebe. Jeder findet das ,,Hörrla". Holz für den Hof — eine Festung mit Vorrat. Das Antlitz eines Bauern, hoch in den Achtzig, leuchtet: niemand wird ihn fotografieren, weil er sich nicht zur Schau stellt. Eine Fingerkuppe hat er sich zerquetscht: zu einer Operation winkte er ab — dem bißchen Finger trauert er nicht nach.

Bei einem anderen Rodelberg, in einem Garten, futtert die Schwanzmeise, der Wintergast. Blutspritzer im

Landtage in einem Dorf im Rangau

Schnee: vom Entenschlachten, und das matt glimmende Bauchrot eines Gimpels. Die Erlenwürste schimmern violett, die der Haseln gelbgrün. Aus einer Hecke schnarrt aufs Schneefeld ein Rebhuhn: am Bauch seidengrau, der Rücken rötlich golden. Jäger umstellen einen Stall, sie stellen dem Marder nach. Ein Beutestück hing schon kopfunter, mit buschigem Schwanz und weißem Kehlfleck, in einer Garage. Schwer zu unterscheiden: jagen und ausrotten.

In den Stuben stehen noch Weihnachtsbäume. Jede Familie legt Wert darauf, den eigenen zu haben. Einer leuchtet rot und weiß, Lametta daran. In einer Holzschale Getreide: während sich die Alten unterhalten, schläft ein Kind auf dem Fußboden ein: Hausfrieden.

Beim Eichenschlag ächzten gebrochene Föhren: der erste Schnee, zu ,,batzert", hatte sie erdrückt. Wenn jemand in der Stube auftaut und von seinen Tabletten und Depressionen erzählt, ahnst du, daß jeder nur sich selber helfen kann – wenn er will. Wenn der Schnee taut, verfärbt sich das Geäst zu einer Schwärze, die ins Haus treibt. Schlägt Windgewalt daran, schreit das Haus nach Pflege. Ein Neubau hält einem zerfallenden Haus hämisch sein Alter vor. Dazwischen holt ein Mann aus einem Ziegenstall seine dort untergestellten Fässer mit Zwetschgenschnapsmaische. Hier laufen noch immer Fäden zwischen Häusern zusammen – Verbindungen, haltbarer als Verkabelungen: ein Mensch macht sich zu einem anderen auf. Überdies sind hier untertags die Häuser unverschlossen.

Auf der Fensterbank des Wirtshauses im Nachbardorf – hier sind die Wirtshäuser ja alle ausgestorben –

blühte übervoll ein Kaktus kardinalrot: ,,Mei Fraa hat Blumä-Händ", sagte der Wirt. Wenn jeder ebenso sagen könnte: ,,Mei Fraa hat Männerhänd . . ." Ich sah eine rotblühende, hibiskusblütige Zimmerlinde vor mir, die eine Bäuerin im Dorf während des Winters im ,,öberschten Dehner" durch die Kälte bringt, so daß sie im Sommer das alte Haus wieder schmückt: im Hof.

Februar

Den Tag mit Anschüren beginnen: das Haus erwärmen. Es gelingt nicht jeden Tag, die Menschen, mit denen man zusammenlebt, mit einem guten Gedanken aufzuwärmen − manchmal kann ein Gedicht, ein Hinweis auf die Eisblumen am Fenster wirken wie ein Glas Schnaps. Auf den Dächern wehen die Rauchfahnen aus ,,eigenem Holz". Wenn auch die Neubauten wetterfester sind und die Feuchtigkeit abwehren − die eigentliche Wärme kommt von Menschen.

Durch den Schneewald gehen und Pläne für die nächste Zeit machen: so daß man nicht nur den mühseligen Alltag bewältigt, sondern darüber hinaus etwas schafft. Da überqueren Rehe den Weg . . . Wenn eine Landschaft solche Überraschungen bereithält, ist sie noch reich. Auf der Lichtung oberhalb der Finkenmühle rätschte ein Eichelhäher. Weißblaue Federchen sind seine Erkennungszeichen; auch das Unverwechselbare an einem Menschen kann man erkennen. Es wäre schön, wenn es einem immer wieder gelänge, jedem Menschen vorbehaltlos zu begegnen.

Im Kompaniewald sind Bauern beschäftigt. Es soll vorkommen, daß sie sich, auf offenem Anhänger sitzend, genieren: wenn sie so jemand Fremder in den Wald fahren sieht. Dabei müßten sie stolz sein auf diese gemeinsame Arbeit: jeder ist mit seinen Handgriffen anteilsmäßig verantwortlich für ein Stück Wald. Manchmal meint man, viele Bewohner halten ihr Dorf noch für ein reines „Bauerndorf", in dem auch der kleinste „Industriebetrieb" fehl am Platz sei – dabei kann man die Vollerwerbsbetriebe schon an einer Hand abzählen. Das Geld, das alle brauchen, ist im Dorf nicht mehr zu verdienen.

Eine ältere Bäuerin trägt noch immer sichtbar am Leiden an dem Tod ihres Mannes: sie spürt, daß sie eben doch nicht mehr zu den Kindern gehört – jede Generation ist auf eine eigene Weise für sich und also allein, und nur in einem bestimmten Alter kann man den Ton angeben. Die Frau erzählt, wie ihr Mann ihre Arbeit begleitete – und wenn er am Abend sagte: „So, hast dei Ärbert g'macht", dann war das, als hätte er sie gestreichelt. Nun stellt sie bekümmert fest, daß man nicht mehr wie früher so einfach zu den Nachbarn könne: wenn der Fernseher laufe, habe man das Gefühl, ungebetener, störender Gast zu sein. Junge Mädchen dagegen können sich, auch sommers, oft nicht sattsehen am Fernsehen: sie schauen das „ganze Programm", als ob es draußen nichts zu sehen gäbe für sie.

Regen weicht den Schnee auf. Bauernregeln verlöschen. Nur noch zwei unumstößliche Festigkeiten gibt es für den, der Vieh hat: die morgendliche und abendliche Fütterungszeit. In den Gärten schlafen die Farben; bei

den Menschen schlummert die Sehnsucht nach regelmäßig wiederkehrenden Festen . . .
. . . da geht eines Nachmittags ein bunter Kinderschwarm durchs Dorf. Die Verkleideten nehmen die kleinen ,,Maschkerli-Geschwister" bei der Hand und ziehen von Haus zu Haus. Im Singsang sagen sie ihre Bettelsprüche auf:
,,*Lustig is die Fosernacht,*
wenn mei Mudder Kiechli backt;
wenn sie obber kanne backt,
pfeif i auf die Fosernacht."
Die Kinder werden bedacht:
,,*Etz hommer wos g'richt,*
etz dank'mer recht schee,
no kämmer im nächsten Jahr ah widder her."
Das alte schöne Lied: es zählt nur, was man selber macht.

März

Scheinbar bezichtigt jeder Traktor fahrende Bauer das alte Lied ,,Im Märzen der Bauern die Rösslein einspannt . . ." der Lüge. Was bei aller Mechanisierung unbeirrbar richtig in diesem Liedchen erklingt, ist die Aufbruchsstimmung. Zu diesem Aufbrechen, nicht nur der Erde, gehört offenbar auch das sorglose Abbrechen alter Häuser: als wolle man eine Last loswerden. Bedenkenlos wird an ein altes Haus eine Art Kobel vorgesetzt, so daß die alten Maßverhältnisse verschwinden: man will

Landtage in einem Dorf im Rangau

nicht immer nur mit der Mitgift der Väter leben. Immer wieder das Neue tun, das scheint „das Alte" in einem Dorf zu sein. Der Mensch weist seine Tatkraft nach, indem er etwas tut. Und wie er da zupacken kann: wenn man nach dem Verschwinden des Frostes in Eigenarbeit einen Anbau fertigstellt oder den Hof neu pflastert ... Dafür wird ein Urlaub geopfert. Der Mensch ist, was er tut — und das kann man sehen; was er denkt, behält er meistens für sich. Gefragt wird meist so, daß man der gewünschten Antwort gar nicht ausweichen kann: „Haint werd gwiß Brot backn?" Auf die Frage „was git's Neues?" gibt es zwei entwaffnende Antworten: die eines Kindes: „Ich wüßt' grod net ..." und die eines Mannes: „Is Alt' is nunni vergangä." Da beißt man sich lieber die Zunge ab.

„Im Märzen der Bauer ...": Man kann hie und da schon junge Bauern auf dem Traktor sehen, die in ihrer gläsernen Kanzel sitzen, die Kopfhörer des „Walkman" auf den Ohren wie Schalldämpfer. Wiederum kann man kleine Kinder erleben, die beim Spielen ein Lied summen, das sie im Kindergarten gelernt haben.

Noch liegt Schnee auf den Feldern: ein lästiger Gast. Die Erde riecht noch nicht, dafür stinkt der eine Zulauf des Neidbächleins wie eine Klärgrube. Die Meisen sind zu hören, und wenn ich die eine ältere Frau in ihr Haus huschen sehe, erinnere ich mich daran, mit welchem Leuchten sie meiner Frau ein Tuchsäcklein mit Sauerteig-Samen schenkte.

Der Schnee geht immer noch nicht weg. Alte Kinderbücher betrachtet: jene Voss-Alben, die es nach dem Krieg in der Molkerei gab — mit Tierbildern zum Einkleben. Auf diese Weise bekam ich eine Vorstellung vom Reichtum der Welt. Die Erinnerung ist deshalb stark, weil es für das Kind nur wenig gab, womit es sich beschäftigte – dafür nachhaltig.

Im Garten Sträucher und Bäume ausgeschnitten. Viele Obstbäume wurden gesäubert; der Wildwuchs liegt wie eine abgeworfene Dornenkrone zu ihren Füßen. Der Kompaniewald wird gelichtet; Eichen überläßt man sich selber. Auch das eigene Haus muß man immer wieder „lichten": Im Märzen . . .

Schneelappen auf den Feldern. Hartnäckig hält sich die Kälte – Lesen wärmt. „Lesende Bauern": dieses Bild gibt es hier nicht; allenfalls schaut man in die Zeitung oder ins „Mitteilungsblatt". Auf Island hat fast jeder Bauernhof auch seinen Bücherschrank.

Das Wetter . . . „Er hat g'meldt", sagt eine Nachbarin – sie meint natürlich „das" Radio, sagt es aber so, als spräche sie von einer bekannten, verläßlichen Person. Überhaupt das unausgesprochen Selbstverständliche . . . So, wie eine Nachbarin an der Kerwa uns selbstverständlich immer eine Backschüssel mit Kiechli herüberlangt.

April

Kalter Wind. Jeder Tag müßte gut eingefädelt werden, so daß man sich schon freut, das, was man sich vornahm, zu tun: freiwillig.

Beim Morgengang, in der tiefen Kerbe des Neidbächleins, einen Mann mit vollgeflecktem Nagelstock und

Landtage in einem Dorf im Rangau

Hund getroffen. Es ist ungewöhnlich, morgens einen Menschen aus dem Dorf im Wald anzutreffen. Er kehrt sogleich um und zeigt stolz seinen neu hergerichteten Forellenteich. Aus den tonhaltigen, bläulich leuchtenden Erdschichten der Schlucht tritt manche Quelle hervor. Als wäre die Erde angestochen wie ein Faß: unermüdlich kommt das Wasser und speist ein angelegtes Becken. Hier hat der Mann fünfzig Regenbogenforellen eingesetzt. Es spricht gegen ,,unbekannt", daß er sich genötigt sah, seinen Teich unter Eschen und Fichten einzuzäunen. Ein wenig bachaufwärts haben es ihm Kinder nachgetan und einen mit Schnüren überspannten Teich gegraben. Wie gut, daß es solche Zufluchten in der Wildnis für Kinder gibt, wo sie, sich selbst überlassen, das Ihre tun können.

Die Quelle erinnerte mich an einen Sommer: Wir waren durch den Urwald der Bachschlucht, über das Wässerlein und durch Schlehendickicht gegangen, um auf einem Baumhaus zu nächtigen. Die Stille war den Kindern lange unheimlich. Morgens tranken wir das frische Quellwasser aus hohler Hand.

Inzwischen ist das Wasser aus den Dorfbrunnen schon so schlecht geworden, daß es der Verwaltung leicht fallen wird, den Anschluß an die Fernwasserversorgung zu erzwingen. ,,Die Verwaltung" — und auch das sind alles namentlich bekannte Menschen — ist zu feige, selbst etwas beizutragen, das Wasser zu verbessern; sie wird sich mit ,,Verordnungen" solange aus der Affäre ziehen, bis jeder klein beigibt. Erpressung überall: dem Wasser wird die Güte genommen, dem Dorf sein Milchhäuslein, das jahrelang ein Morgen- und Abendtreffpunkt war.

Während Hitler noch Gefolgsleute für seine Tyrannei brauchte, genügt heute die ,,Rentabilität". In dieses Bild paßt auch die staatliche Förderung von ,,Großgruben", aus denen der Odel nur noch einmal im Jahr auf die Felder ausgebracht zu werden braucht — was die Erde natürlich nicht mehr verdauen kann. Mit Empörung ist aber nichts gewonnen. Wer seine Felder von der ,,Drogenabhängigkeit" durch's Spritzen heilen will, muß mit Umsatzeinbußen rechnen und daß er ,,blöd angeredet" wird. Da hilft dann oft nur das Ausweichen in eine Nebenerwerbstätigkeit — der Bauer wird zeitweise anderswo wieder ,,Knecht".

Der Eiswinter hat uns Brunnenpumpe, Boiler und Badeofen zerrissen. Ich habe aufgehört, ,,Stadt" mit ,,Land" zu vergleichen; die Aufmerksamkeit kann überall etwas wahrnehmen, das eine Weile erfreut, weil es ohne eigenes Zutun sich zeigt: Im Wald das Hauchweiß der Buschwindröschen, dazwischen Schlüsselblumen und Veilchen; der Hahnenfuß fängt an, sein Gelb zu flaggen; zartes Birkengrün. Die Jahre vergleichend, meine ich, daß jedes Jahr ,,sein Gutes" hat.

Im Grund ist ein Gärtein verschwunden: wegen der Flurbereinigung. Ein Schotterweg wurde zum geraden Teerweg. Um den harten Eingriff zu mildern, erzählt ein jüngerer Bauer stolz, habe es ,,Geldzucker" dazu gegeben: nun säumen junge Birn- und andere Obstbäume, mit Draht gegen Wildverbiß geschützt, den Weg.

Nachts Überfall: Schnee. Ein Buch wiederentdeckt: ,,An den Nachtfeuern der Karawanserail", anatolische Hirtenmärchen — der Zauber, daß und wie sich Menschen eine Weile behaupten . . .

Mai

Morgengang. Nach einiger Zeit bürgert sich das ein, und das Kind fragt ungeduldig: ,,Wann machen wir denn unseren Morgengang?"

Im Dachstuhl des neuen Gartenhäuschens nebenan werden junge Rotschwänzchen gefüttert; ihr Hungergefiep ist zu hören. Schwalben, Amseln, Katzengehusch, Bachstelzen; ab und zu der Bussardruf. Flieder, Lerchenspornblau, Knospenkugeln der Pfingstrosen; die roten Knospen der Apfelblüten — trächtige Apfelblüten: Mutterfreuden. Am Waldrand die weiten Sprünge eines Rehs: seine Decke hell, fast gelb. Scharfer Hahnenfuß, Wiesenbocksbart, Waldkerbel, Walderdbeere, kriechender Günzel, Sumpfdotterblumen (Adalbert Stifters ,,Feldblumen") In den Gärten die ,,ewigen Stiefmütterchen" — um uns vom Gegenteil des Stiefmütterlichen zu überzeugen. Beim Honigbauern: Einmal hätte er ,,vierzehn Partien Schwalben" im Stall gehabt; der Mensch werde sicherlich auch gegenüber dem Atomdreck widerstandsfähig. Ein Mann hat in seinem Gärtlein hölzerne Schutzkästlein für Jungpflanzen aufgestellt — ich sehe schon, wie uns seine Frau dicke Salatköpfe schenken wird.

Zusammen mit dem alten Bauern, den ich noch nie schimpfen hörte, über den orangenen Flor des Nußbaums gestaunt: und wie oft sei der über siebzigjährige Baum nicht schon zusammengefroren . . .

Zwei Schnecken am Wegrand: einander berührend mit voller ,,Fußsohlenfläche" — dazu das vierjährige Kind: ,,Die küssen sich".

Beim Schafbuck, an einem Heckendurchlaß, Steine und Unrat abgeladen. Ein junger Bursche, der sich früh aufs Traktorfahren verstand und schon manchen Motorradsturz hinter sich hat, sagte zu den unteren Schichten des Morasts, die bereits Erde wurden: ,,Des gabelt si scho nimmer." Er begreift den Verwandlungsprozeß und stellt ihn mit seinen Worten so dar, wie er ihn ,,anpacken" kann — mit der Gabel. Wie unermüdlich können Kinder in der Gartenerde graben — stell ihnen teueres Spielzeug hin . . .

Dinge haben erst dann einen Wert, wenn wir ihnen einen beimessen: Wir neigen dazu, Lampen in Geschäften manchmal geringer zu schätzen als jene sechsleuchtrige Lampe, die ein Bauer selbst aus Kiefer gefertigt hat — als forderte ,,Selbermachen" mehr vom Menschen als bloß ,,kaufen". Mit diesem Mann und seiner Frau ,,Feierabendziegel" betrachtend, spürt man, was verschwindet, wenn dafür keine Zeit mehr ist.

Zwei Mädchen bauen sich im Schilfschutz hinterm Weiher eine Hütte. Ein Dschungelweg führt dorthin. Im Fröschegequarr hören sie Bleßhühner, Wildenten und Karpfengeschnalz. Unter herabhängenden Erlenästen ist ihre Schlauchboot-Anlegestelle. Gemaunz erschreckt sie: sie vermuten ein Kind, es ist aber eine Katze, verwundet, die Füße in Leukoplast eingewickelt. Die Anhänglichkeit der Katze beunruhigt sie. Anderntags nehmen sie Katzenfutter mit hinaus — dann fassen sie sich ein Herz und bringen den geschundenen Wildling zu einer Bäuerin. Dank eines Ohrzeichens wird der Besitzer gefunden — jemand hatte böswillig das Tier ausgesetzt. Eine Rettung wie im Märchen.

Vom Herausreißen der Brennesseln brennen Hände und Arme. Niemand machte hier Limonade aus Holunder. Zu einem alten Nachbarn kannst du zu jeder Tageszeit kommen: was du brauchst und er hat, das leiht er gerne her — mit einem Unterton, der bedeutet, daß er besser mit dem Zeug umgehen kann. Auf ihren Armen trägt eine Bäuerin ein zwei Tage altes Kälbchen zur Mutterkuh — auch das eine Art Maiglöckchen-Geläut, mitten im Stallmist.

Juni

Nächtliches Gewitter. Am Morgen die Sonne wie eine Silberdistel. Sommerheißer Tag. Durch's Dorf flirrt Heugeruch: ,,Etz is Hai'ernt — dou is notwendi.''

Kinder zelten im Opelswäldchen. Wenn die Kinder aus dem Säistall kommen: das sollte ein Reklamefotograf aufnehmen — den ,,Geruch von Abenteuer''. Vor dem Einschlafen auf dem Baumhaus las ich weiter aus ,,Robinson'' vor.

Den Honigbauern, dessen Weidenzweige manchmal im Winter im einzigen offenen Dorfbrunnen gewässert werden, nach Körben gefragt — zwei hätten wir gebraucht: ,,Des konnt' i grad nu grodn . . .'' Was seinen Preis hat, das wissen sie allemal.

Aus dem Wald einen Korb mit ungewöhnlich großen Zietzermokkerli mitgebracht — ein älterer Bauer wußte gleich Bescheid: unten im Grund gibt's einen Schlag Schwarzkiefern. Derselbe Mann läßt wie ein mittelmeerischer Gastfreund die Kinder in seine Kirschbäume. Und die Linde im Hof: oft schon hätt' er sie schlagen wollen, ,,aber halt der Schatten im Sommer . . ."

Wie lange es dauert, bis einer etwas von seiner Geschichte erzählt . . . Der Tod der Frau: ,,Dou kann halt kanner wo's machn . . ." Beim Nachbarn zwei Kälber totgeboren; Waschschüsseln, Stricke – die Mühsal, die Tiere aus dem Mutterleib herauszuziehen. Rhabarberkuchen. Die Kinder auf Kirschen-stauchen. Ein roter Purpurschwärmer.

Für einen Außenstehenden ist das ,,Eppela-Fest" von einem Gottesdienst im grünen Wald zu einer Verköstigung im Freien geworden: mit Essen auf Paptellern. ,,Sunst kummt mer ja net zsamm . . ."

Mit einem Bauern zwei Fuhren Holz gesägt. Zwischen den Fraßgeräuschen der Kreissäge einige Sätze: Wieviel ,,echte" selbständige Bauern es noch gibt: Fast jeder muß woanders Geld verdienen. ,,Früher hätt' man dazu ‚Fron' gesagt." – ,,Früher hat man ja auch mit Holz gebaut, das mit Lehmstroh umwickelt war. Des war bestimmt besser, aber die Zeit bleibt halt net stehn." So wird ein Bauernsohn zum Lastwagenfahrer, ein anderer zum Honigmischer – am Ende ist's gleichgültig, womit einer sein Geld verdient: Hauptsache, er fühlt sich frei, und Arbeiten kann man wie Hemden wechseln.

Fütterungszeit – Anwesenheitspflicht. ,,Wenn man sich dafür einmal entschieden hat, ist's wie eine Art Mönchsgelübde . . ." – ,,So könnt' mer ah song, aber so sacht mer bei uns net."

Kerwa: Das Bierzelt summt. Üppige Blasmusik. Die Feuerwehrler sind doch die elegantesten und aufmerksamsten Kellner. Für die ,,junga Madli" ist Frühling. Vor Mitternacht holen ein paar Männer aus dem tiefen Keller ihres Gedächtnisses alte Kerwaliedli und tanzen auf der Bühne Arm in Arm. Beneidenswert: kein trauriger Mensch ist zu sehen.

Kinderkriege, Kindergeplärr: ,,Misch dich nicht ein!" ,,Die wern scho wieder gut mit'nander!" Ist auch kein Wunder: über Nacht wird die Bevölkerung ja nicht ausgetauscht. Kinder haben ihre eigenen Faustregeln. Geschwister halten auch dann noch zusammen, wenn eins weiß, daß das andere im Unrecht war – dann wird's einfach aus dem Gefecht genommen.

Eine Frau, die sehr schwer zu gehen hat, nie im Dorf herumgeht, spricht eines Tages: ,,Mei Mudder hat g'sacht: is Wedder is doch ka alde Fraa – des werd scho widder schee . . ." (Und in einem Brief schreibe ich, wie gern ich hier bin, so daß ich zu begreifen beginne, was ,,Vertreibung" sein kann).

Juli

Morgens beim Schmied in Dürrnbuch, den wir brauchen, um die neue Pumpe einzubauen. Wichtig ist, daß zunächst im Dorf schon jemand sagen kann, zu wem man in solchen Fällen gehen könnte. Dabei sehe ich mit Behagen zu, über wieviele gute Handgriffe hier mancher Bauer verfügt, die eigentlich nicht zu seinem Handwerk gehören. Viele von ihnen haben etwas Universelles an sich – einer kann dir Fensterscheiben zuschneiden und er hat auch Werkzeug zum Lösen verrosteter Schrauben. Und dann findet sich auch noch jemand, der für die neue Pumpe den passenden Motor hat — zum Tausch.

In der Schmiede hängt keine Stechuhr. Alle Geräte und Eisenteile wirken zunächst wie ein Wirrwarr, in dem sich allenfalls der Meister auskennt. Ich dachte dort an einen Unternehmensberater, der in großen Betrieben mit dafür sorgt, daß alle nötigen Ersatzteile nicht nur auf Lager sind, sondern daß man auf Tastendruck auch sofort die Bestände abrufen kann. Mit solchem Aufwand kann man ,,optimal" regeln: man kauft nichts Unnötiges ein; man weiß, wieviel man braucht und kann darum am preiswertesten bestellen. Das Organisieren, das man früher nebenbei erledigte, wird jetzt zu einer Hauptarbeit. Indem man dem Zufall jede Lücke herausplant, streicht man auch den ,,Fachmann", der das weiß — denn es darf ja keine Störung geben, wenn dieser Fachmann einmal blau machte. Eigenartig, wie das ,,Funktionieren" so hoch geschätzt wird. Ich frage mich immer wieder: ,,Und was dann, wenn alles funktioniert?" Eines Tages wird das Welttheater ohne Publikum gespielt. Hier jedenfalls wird für mich, wenn ich Lust habe, immer ,,gespielt" — die Welt zeigt mir immerzu etwas. Der Schmied brachte die richtigen Rohre und all das Handwerkszeug, mit dem man alles ,,passend" machen kann; die Rechnung kam erst zwei Monate später.

Im Garten Johannisbeerenrot. Nicht beliebt sind hier die schwarzen Johannisbeeren. Ihr Duft wird vom Schwäbischen gut getroffen: sie tun ,,Katze' seichele". Zu den Ungereimtheiten gehört auch der Löwenanteil des Schweinefleisches auf den Tischen — Fleisch von kasernierten Tieren, die in engen Koben zu Lebzeiten erst dann das volle Tageslicht erblicken, wenns zum Schlachter geht.

Nach einem Sommergewitter wieder einmal das Büchlein vom ,,Hänschen im Blaubeerwald" vorgelesen. Der Zauber solcher Bücher liegt in ihren Bildern und in der Verwandlung — ein Schutzpanzer gegen all das, was vorgibt, so wichtig zu sein.

Noch hat im Dorf jedes Haus seinen Brunnen. Eines Tages wird auch diese Unabhängigkeit ausgerottet sein — die Städter sterben ja auch nicht, weil sie keine Gärten haben. Instinktiv geizen die Bauern mit ihrem Grund: ,,grundlos" sein bedeutet: ohnmächtig. Daher muten die Höfe auch oft wie Festungen an — es gibt eine Schwelle, über die man keinen Fremden läßt. Dabei kann keiner das Gewand seiner Geschichte abschütteln. Natürlich weiß man voneinander, erzählt einander — aber wenn das alles aufgeschrieben würde, wäre es eine Art Beweisstück ,,gegen ihn".

Neben der freiwilligen Feuerwehr scheint jetzt der ,,Bund Naturschutz" eine Art neue Gemeinschaft zu bilden: man sitzt nicht nur gemütlich zusammen (wie früher die Männer sonntags im Wirtshaus), sondern man will etwas ,,besser" machen. Dazu gehört ein neues Wissen, und Macht, das Erkannte durchzusetzen. So hat ein Bauer angeordnet, daß auf den Wiesen, die er verpachtet, zum Schutz seiner Obstbäume nicht mehr auf einem ,,Sicherheitsstreifen" gespritzt werden darf. Noch ist er ungehalten, daß sein schönes Obst lächerliche Preise erzielt und die ,,Verwöhnten" lieber das teuere, fleckenlose kaufen.

Wird eine meiner Radiosendungen über etwas aus der Gegend angekündigt, kommt die Frage: ,,Is' gwiiß recht kriddisch?" Man möchte nichts Unangenehmes hören, nicht bloßgestellt werden. Über die Reklameplakate, die jeden Betrachter für blöd halten, empört sich niemand.

August

Die Haupternte ist geschafft. Jetzt wird Odel ausgefahren. Ein jüngerer Bauer, die Kinder betrachtend: als sie noch solche ,,Kunden" gewesen seien, hätt's im Bach noch Fische gegeben. Jeder wird auf solch Verschwundenes zurückblicken können — wichtig ist, daß es überhaupt Erlebnisse (und dazu Räume) gibt, an die man sich erinnern kann.

Der Kornapfelbaum trägt reiche Früchte. Man nennt sie die ,,weißen Äpfel". Als Kind saß ich in so einem Baum — so mußte sich ein König fühlen, wenn er sein Reich betrachtete. Solche Sorten sind von den Märkten fast verschwunden. Apfelstrudel: man muß Milch zugießen, daß es ,,quackert".

Ein Dorf gibt Geleit: jeder zieht zu diesem kurzen Gang Trauerschwarz an. Im Marschschritt geht die Soldatenkameradschaft mit einer Fahne voraus. Vier Bläser spielen die ,,alten Kameraden". Man sollte nicht fragen . . . Ich fragte einen der sechs Männer, die den Sarg trugen, ob das nicht ein komisches Gefühl sei; eigentlich wollte ich wissen, ob ihn in seinem Alter die Todesnähe beunruhige . . . Darauf er: ,,Des hat mer ja schon efter g'macht".

Im Reineclaudenbaum wepste es.

Der Sommer hat sich eingenistet mit seinem Wohlwollen. Sommer: wenn man sich jeden Morgen des warmen Himmels gewiß sein darf . . . Auf den Wiesen der ,,kleine Fuchs" und der ,,rote C-Falter".

Ein Kind fühlt sich als Sauhirt wohl und wischt fachmännisch die neugeborenen Suckerli mit Stroh ab. Ein Kind geht am liebsten auf den zu, der nichts von ihm will – sie wehren sich instinktiv gegen das Ausfragen. Die ersten Worte eines Kindes: als pflücke es von den gefühlten Gegenständen eine zweite Haut ab, um dahinein das Wort zu legen: ,,Beer-le" für Stachelbeeren. Später am Waldrand der große Brombeerschlag: ,,Schwar-ze Beer-le".

Eine Fledermaus hat sich in ein Zimmer verflogen. Während ich versuchte, sie durchs offene Fenster hinauszutreiben, fiel mir erschrocken ein, daß Fledermäuse, die so zufliegen, Unglück bedeuten. Anderntags erfüllte sich die Weissagung – obwohl wir also gewarnt waren: das Kind stürzte schwer die Treppe hinab und schlug auf dem Steinboden auf. Es hat einige Tage gebraucht, bis wir schlimmen Schaden nicht mehr zu fürchten brauchten.

Geschenkte Gurken eingeweckt. Wenn Düsenjäger im Tiefflug übers Dorf fetzen, ihren Schallschweif in unsere Ohren stechen, spürt man den halsbrecherischen Abstand zwischen ,,Hochtechnik" und einer Mistgabel. Das ist solange ohne Belang, als man nicht ständig gedrängt wird, mit anderen gleichzuziehen.

Das Mantelfutter der Heimat

„Wenn wir doch immer hier wohnten", sagt ein elfjähriges Mädchen, „dann ginge ich auch in den Kirchenchor." Verpflanzen: die Zypresse, vor dem Haus, und die Aucuba Japonica — beide vom Gardasee — haben die Anpassung geschafft. Man muß nur aufpassen, daß man sich nicht selber täuscht. „Zurück zur Natur" ist so eine Selbsttäuschung.

Die Grillen zirpen noch. Die Schwester der Abendkühle ist das Fernsehgeflacker. Wieder einmal Adalbert Stifters „Der Nachsommer" gelesen; das sind Länder, die immer offenstehen. Ein alter Mann steigt auf seinen Scheuernboden und holt zwei Kirschenkörbe: eine stolze Geste der Selbstsicherheit — wie ein einsamer Birnbaum auf dem Feld.

September

Auf den Morgendrähten unzählbare Schwalben: Abflugsübung. In den Gärten hacken Starenschwärme die Süßspeise der Birnen auf: „Die braung doch ah wos — und 's gibt nemmer viel", sagt der Uralte und ist über die Zwetschgenernte zufrieden.

Apfelschwemme. Man muß den Überfluß in Wiesen ertrinken lassen — oder fünf Wochen nur noch Äpfel essen, bis das schlechte Gewissen weg ist.

Nun treibt der Derwisch Wind am Himmel sein Spiel. Tintenschwarze Wolken — seidenblaugrüner Nachmittagshimmel. Unter einer Kiefer trinke ich die Landschaft als Bild. In den zehn Jahren hier sah ich nur einmal einen Eisvogel und einen Reiher. Als ich auf dem Heimweg dem jungen Mann begegnete, der ein wenig schwer zu verstehen ist, blieb ich stehen, schaute ihn an: verwundert, daß er mich erkannte. Ich habe hier begonnen zu lernen, daß man mit einem jeden reden kann – nur: frag' ihn nicht (aus), sondern erzähl, was du getan hast, dann schwindet jede Verlegenheit.

Es war unglaublich, daß alle neunzehn junge Enten von einer einzigen Entenmutter stammen: Sie hat sie wirklich ausgebrütet – und der junge Mann auf demselben Hof hat wirklich einen neuen ,,Hosakastn" gebaut, ein ausnehmend schönes Exemplar, mit Kipptüren.

Auf einer alten Fotografie ein französischer Kriegsgefangener – mit dem ,,Opels Koarla", einem großen Ochsen. Jedes Haus hat seine schlummernde Geschichte mit eigentümlichen Geschichten.

Eine Frau deutet an, daß man's als ,,zweite Frau" immer schwerer hätte, noch dazu, wenn die Großeltern ,,immer g'hetzt" haben. Auf der ,,guten Seite" steht, daß sie mit einer anderen Frau oben im Dorf schon ,,arg lang Freundschaft" halte. Früher hätten sie zusammen Brot gebacken – aber die Jungen zögen das ,,Beckenbrot" vor. An einer anderen Ecke, in einem Garten, in dem sogar weiße Himbeeren gedeihen, andere Bruchstücke: von Nachbarn versorgt werden – wie schwer es sei, eine Frau zu finden – eine mit einem Negerkind: ,,suwos geht doch net in 'äm Bauerndorf". Es käm' auf den Versuch an, sagte ich zu mir selbst und dachte an den Elektriker aus Erlbach, der sagte, daß der Reiz der Kindheit im Übertreten von Verboten bestünde – unser Land sei schon viel zu ordentlich geworden.

Das Mantelfutter der Heimat

Das Rotgeleucht der Äpel – des Pflaumenblau – das Birnen-Gelbrot – und auf einer Wiesenmöhre eine Raupe: ihr Leib steingrün, die einzelnen Glieder-Segmente von schwarzen Streifen quer überzogen, darauf orangene Punkte getupft („der liebe Gott mit seinem Pinsel", sag ich zum vierjährigen Kind) – und muß im Buch nachschauen: daraus also könnte ein Schwalbenschwanz werden. Fortan erkennst du diese Raupe.

Schritte weiter: hellgelb das gemeine Leinkraut. Die 13jährige erkennt das Schöllkraut – denn wir haben den Stengel oft gebrochen, seinen orangegelben Saft auf die Warzen der Hand geträufelt.

Gurkenschälen. Zwetschgenkuchen. Eine alte Bäuerin klaubt die Larven des Kartoffelkäfers: „Ich hab ja Zeit dazu". Eine Frau aus der Stadt beteuert, daß sie zu vielem überhaupt keine Zeit mehr habe – aber sie hat Birnen zu Hutzeln getrocknet. In Gärten Hellrot der Judenkirschen-Lampions; dazu passen die Judas-Silberlinge.

Bald werden die „Aurataler" wieder zu ihren Proben zusammenkommen und alten Liedern Asyl gewähren – auch wenn die Texte eine längst vergangene Zeit besingen. Vielleicht schreibt einer einmal ein Lied über die Cäsium-Maronen . . .

Inmitten des Erlengestrüpps am Weiher hat sich jemand ein Blumengärtlein angelegt: Eine Insel – lebensnotwendig wie die Ziegen für einen alten Mann; inzwischen hat ein junger Mann Bad und „Speisla" neu gemauert – hier darf sich kein Handwerker Pfusch erlauben, sonst holt man ihn nimmer. Heim-Arbeit geschieht hier noch in einem besonderen Sinn.

Oktober

Oft geschieht es, daß jemand grade an einem Festtag ,,platzt" und mit allem unzufrieden ist. Das mag auch daran liegen, daß man von einem Fest zuviel, also das Falsche erwartet. Überhaupt ist das ,,Erwarten" eine schlimme Sache: man schiebt den Schwarzen Peter einer Entscheidung einem anderen zu – und macht sich dadurch abhängig. Mir wird immer deutlicher, daß das Entscheidende eines Festes die eigene Vorbereitung ist.

Wenn zum Erntedankfest die Kirche ausgeschmückt wird, so ist das nicht nur die Mühe einer Frau und ihrer Mithelfer, auch nicht nur die Vorbereitung der Kinder, die in einem Zug zum Gottesdienst Gaben mitbringen – es sammelt sich da die ganze Kraft des Dorfes: Trotz allem Zutun der ,,Feldarbeiter" liegt das Gedeihen nicht vollends in unserer Hand.

Für ein Geburtstagsfest ging ich über den Schafbuck hinaus in den Grund, an den Waldrand, um Zettel für eine Schnitzeljagd anzubringen. Bei solchen Gängen schaut man genauer hin als sonst, man schätzt Entfernungen ab und versucht aus der Kenntnis vieler Jahre besondere Verstecke, auch listige Kniffe einzubauen – um mit all den verborgenen Gaben der Landschaft zu spielen. Wenn dann eine Horde Stadtkinder auf der Straße mit Hula-Hupp-Reifen spielt, ziehen sich die Dorfkinder für eine Weile in ihre Schlupflöcher zurück – als wären sie eifersüchtig, daß Fremde ,,ihr" Heiligtum gebrauchen. Auf einem Ackerwagen, vom Bulldog gezogen, ließen wir die Kinder durchs Dorf fahren; der Oktoberwind pfiff – mit rotglühenden Gesichtern machten sich die Kinder ans Stöckeschnitzen und an das Aushöllern von großen Rüben, die der Nachbar immer gerne herschenkt. Die frühe Dunkelheit läßt die Rüben-Gespenster leuchten.

Für eine Weile trug die gelblodernde Birke klingende Frucht: ein vermeintlicher Starenschwarm war eingefallen mit seinem Zwitschergelärm — es waren aber Drosseln gewesen.

Auch die Zeit übt Macht aus. Manchmal entwischen wir ihr — es sind seltene Augenblicke, in denen man fühlt: jetzt trödelt die Zeit. Den Bewohnern des Dorfes ist das kaum bewußt — aber man sieht, wie jetzt mancher einen Gang zurückschaltet.

Nochmals zum Macht-ausüben: wenn zwei sich streiten, und man wird selbst Zeuge, so darf man sie durch Erinnerung nicht darauf festnageln — sie könnten sich inzwischen versöhnt haben.

Aus dem Wald einen Korb Maronen mitgebracht. Die grünen Nußschalen beizen beim Schälen die Haut braun — frische Nüsse.

Aus dem Kopf das Gedicht Friedrich Georg Jüngers („Wenn die Nüsse raschelnd fallen . . .") — hervorholen wie eine Münze, die unerwartet in der Tasche steckte, aber rechtzeitig.

Die Welt zu Bildern verwandeln — nur das ist zu „haben".

Flieder, Kornapfel und Quitte eingepflanzt — als Ergänzung zum schon länger tragenden Weichselkirschbaum.

Nun hat jeder von uns vieren hier einen Lieblingsbaum, der besonders umhegt wird.

November

In lichten Farben verblutet das Jahr.
Der Sommer wird gar. Ein Koch mit rotem Haar
weckt ihn ein. Aufwachend: ein Traum, wunderlich,
schmolz die Tage zu Bildern zusammen,
und die Bilder sind blätterleicht –
Vorrat, der über den Winter reicht.
Auch die Toten mischen sich ein,
wollen am Tisch der Erinnerung sein –
nun keine Last, eher willkommener Gast.

   Das Dorf ist eine große Scheuer,
geheuer und ungeheuer. Nichts ist scheuer
als Liebe, so leicht zu verletzen:
Tote Rehe in feinen Netzen,
von uns selber gespannt,
und jeder von jedem unerkannt;
jeder leidet, der nicht anerkannt –
singen wir in der Kirche, sind wir alle verwandt.

   Durchs Dorf zieht der Geruch vom Schlachten.
Wir achten auf Pfeffer und Salz und Majoran,
lauern aufs graue Fleisch aus dem Kessel –
rasch schneiden die Hände, zielgebunden ohne Fessel.

   Ein großes Bett wird abends das Dorf,
Nebel breitet das Bett-Tuch aus,
und durch das große Katzenloch
schlüpft die Stille herein –
hier darf sie zu Hause sein.

Ich bin bei Büchern niemals allein.
Licht sind jetzt die Hecken,
vor dem andern kann sich hier keiner verstecken.

Dezember

Alle Merktage im Kalender sind üble Antreiber, wenn man ihnen nicht zuvorkommt; das heißt: man muß sich schon Tage vor einem ,,Merktag" auf ihn einstellen – so holten wir bei der einen Frau, deren Garten sommers von Enten, Gänsen und Truthühnern bevölkert ist, eine Martinsgans, brieten sie und luden dazu Freunde ein. Wir sind es, die aus der Erinnerung an einen ,,Merktag" aus diesem wieder einen Tag zum Merken machen. Zur Martinsgans gibt es ein kleines Kapitel aus einem Buch, ein Flötenstück. Seither beginnt die Weihnachtszeit an Martini, und dadurch gewinnen wir Zeit.

Am Nachmittag hinausgefahren und in der frühen Dämmerung vom Waldrand Moos und Zweige und Stöcke für den Bau der Krippe geholt. Um diese Zeit ist eine wunderliche Stille im Dorf: es ist jetzt wirklich alles leiser, und das Tageslicht reicht eigentlich nur zum kurzen Lichtschnappen.

In manchem Keller entfalten jetzt die gehorteten Winteräpfel ihren Duft. Manchmal zieht ein Duft von Backwerk, Silage und Gärendem durch die Wege zwischen den Häusern. Jetzt sind die Fenster Lichtflecken.

Wenn man sich darauf einstellt, wenn man das Tor dazu aufmacht: dann ziehen in den Rauhnächten tatsächlich große Träume ein — ob wir dabei vorausschauen, das weiß ich nicht: aber in diesen Träumen sehen wir mehr als sonst.

Wenn das Jahr allmählich zur Neige geht: es nicht wieder ,,von neuem aufnehmen", sondern überhaupt etwas Neues anpacken. Das Vergangene müßte sich zu einer Substanz, zu einer Art Geist-Schnaps, zu einer Art Himbeer-Gedanken-Geist verdichten, so daß man es mühelos mit sich tragen kann: ohne das Verlangen, zurückzuwollen. Und dann einmal wieder einen richtigen Rausch nach Hause tragen, dessen Fahne sagt: ,,Ihr könnt mich jetzt alle mal . . ."

Auch heuer leuchtet wieder im Dorf ein Baum mit Elektrokerzen. Da es keine ,,geometrische Mitte" gibt, bezeichnet der Baum jetzt die Mitte — und die große (mir heilige) Dorflinde beim Feuerwehrhaus (Gott und die Menschen mögen sie schützen!) tritt andächtig ein wenig zur Seite; ich hörte sie schmunzeln, als sie sah, daß es heuer gleich zwei Dorf-Weihnachtsbäume gibt. Am meisten freut sich der Baum, wenn er Frauen sieht, die die Straße kehren — ohne daß sie jemand dafür bezahlt oder ihnen gar einen Auftrag dazu erteilt hätte.

Die Weihnachtsgans geholt. Geschenke, Kerzen, Baum — alles nur Zutaten: wenn man nicht selber leuchtet. Wenn auch die dunklen Wolken mit Schnee geizen: man ahnt doch, daß in diesem besonderen Monat etwas steckt, etwas vor sich geht, was man nicht sagen kann.

So viele Jahre hat es gebraucht . . . Wir beginnen gemeinsam das große Abenteuer- und Rätselbuch zu lesen: die Bibel. Wenn Gott mit Menschen redet, fällt immer eine Entscheidung.

Inhalt

Harmonie in Lichtenberg
Zur Idee dieses Buches   5

Heimat – geschenkt
Ein Kindheitsdorf: Thalmässing   13

Nördliche Landschaften
Immer wieder in die Fränkische Schweiz   46
Schöner Garten Sanspareil   61
Bögen um Wirsberg   68
Wie ein offener Sack: Im Landkreis Kronach   77
Oberfränkischer Schiefer   88

Südliche Landschaften
Auf dem Jura   102
Stadtlandschaft Eichstätt   115
Brunnen und Zitronengärten in Nürnberg   124
Durch den Steigerwald   133
In Mainfranken   147

Orte
Die kleine Stadt Ebern   172
Aufstieg zur Veste Coburg   187
Wintertag in Kulmbach   191
Schulstadt Münnerstadt   202

Bamberg und Würzburg als Bischofsstädte
Anfahrt   215
Krippengänge   216
Im Dom   222
Beim Erzbischof von Bamberg   225
Rundgang zwischen Kirchen   230
Beim Bischof in Würzburg   234

Das Mantelfutter der Heimat
Landtage in einem Dorf im Rangau   241